# 中國學術思想 研究輯刊

## 二一編

林慶彰 主編

## 第21冊

### 晚清諸子學研究（下）

黃佳駿 著

花木蘭文化出版社

國家圖書館出版品預行編目資料

晚清諸子學研究（下）／黃佳駿 著 — 初版 — 新北市：花
木蘭文化出版社，2015〔民104〕
目 6+204 面：19×26 公分
（中國學術思想研究輯刊 二一編：第 21 冊）
ISBN 978-986-404-061-2（精裝）
1. 清代哲學
030.8                                                        103027162

ISBN-978-986-404-061-2

中國學術思想研究輯刊
二一編　第二一冊　　　　　　　ISBN：978-986-404-061-2

## 晚清諸子學研究（下）

作　　　者　黃佳駿
主　　編　林慶彰
總 編 輯　杜潔祥
副總編輯　楊嘉樂
編　　輯　許郁翎
出　　版　花木蘭文化出版社
社　　長　高小娟
聯絡地址　235　新北市中和區中安街七二號十三樓
　　　　　電話：02-2923-1455／傳眞：02-2923-1452
網　　址　http://www.huamulan.tw 信箱 hml 810518@gmail.com
印　　刷　普羅文化出版廣告事業
封面設計　劉開工作室
初　　版　2015 年 3 月
定　　價　二一編 27 冊（精裝）台幣 50,000 元

# 晚清諸子學研究（下）

黃佳駿　著

目
次

# 第四章　晚清諸子學的佛學詮釋

　　誠如梁啓超所言，佛學興起是為晚清學術之伏流，而該學與當代之今文經學、諸子學、西學皆有交集，故佛學對於諸子學之影響亦頗可觀。近代佛學研究與佛教事業之推廣，楊文會是為先驅人物，不過楊氏以居士身份參贊佛學，其並非單局限於佛學研究，而是致力於三家思想之會通，而以擴充儒佛、儒道之學為旨趣。再者，德園子的《道德經證》也以佛學詮說《老》學，本文留意其道佛合流思想，並以西方榮格對東方煉丹術之論說為佐證，闡釋其運用道教金丹所論證「道」之境界義與工夫義。晚清章太炎之學術興趣本在古文經學，然章氏被拘禁後學風一變，乃轉以發明佛學之唯識、華嚴。而章氏又以為先秦道家義理與佛學有所干涉，故其承認《莊》學高度與佛學一致，其《齊物論釋》則調和《莊子》的逍遙、自由平等與佛學的空無、緣起，通過「齊物」的方法理念，建構其無平等差別的哲學觀與致用思想，故又有「五無論」、「俱分進化論」之說。本文以上述三位學者之撰著為論述重點，取其精要處以探討晚清諸子學與佛學之聯繫。其中楊文會為晚清佛學的先導人物，為歐陽竟無、譚嗣同、章太炎皆隨其修習佛學，故放在首節部份；德園子之著作刻為鴉片爭以降，為光緒年間著作，故排列第二；而章太炎的諸子學著於 1906 年為光緒年代晚期，且其相關的思想亦有延伸至民初時期，而影響民國學術，故以章氏之論排為最末，以下。

## 第一節　楊文會《南華經發隱》的「以佛解莊」思想探析

　　晚清時期，因時運變革與學術思想的遞嬗，義理研究更為熱絡。其中，

子學研究的成績頗豐，學者能反溯於先秦學術，並結合考據學、西學、經世致用等理念，而成為當代研究的重要環節。俞樾在《諸子平議・序》說：「聖人之道具在六經，而周秦兩漢諸子之書，亦各有所得。雖以申韓之刻薄，莊列之怪誕，要各本其心之所獨得者。」〔註1〕故俞曲園於經學之外，亦肯定子學思想之獨特。梁啓超也說，晚清「諸子學」之復活，「實是思想解放一大關鍵。」〔註2〕可知子學於晚清學術是佔有一席之地的。陳平原則以為：「從梁啓超、錢穆到侯外廬、張舜徽、余英時等，都注意到清中葉以後諸子學的復興及其對作為主流意識形態的儒學的衝擊。張灝更將諸子學的復興、大乘佛學的重新崛起以及儒家傳統中致用思想的凸現這三種主導思潮，作為晚清志士思想得以形成與成熟的中土思想背景。」〔註3〕因此，論晚清學術發展，諸子學之復興影響甚巨，其理論與沿革亦是近代學者所熱列討論之議題，而大乘佛學之崛起則代表學者已留意佛學對時代問題的助益。本文乃試由楊文會的《南華經發隱》一書，探索其「以佛解莊」的議題與思想，並論析其學術於晚清子學、佛學發展下，學術會通的價值與意義。

楊文會（1837～1911 A.D）為晚清佛學復興的關鍵人物，其學術特點在於經由佛學理論，整理儒、道二家的經典，以致形成「以佛釋儒」、「以佛釋道」的思想課題。比較特殊的，楊氏是以「居士」身份薰習佛學，而非出家眾，這種以士人身份研究佛學，也成為晚清民初「居士佛學」的特色。楊氏之治學趨於開放，並著重儒、道、佛三家思想的會通，如其《南華經發隱》便以為《莊子》並非單述道家思想，而是隱含對儒家的推尊，又寄託對佛學的仰望與呼應，《南華經發隱・敘》言：「觀其內篇推尊孔子處，便可知矣」，〔註4〕以為《莊子》內篇是尊孔子、崇儒家，因此楊氏乃呼籲需對《史記・老莊申韓列傳》「詆訾孔子之徒，以明老子之術」的莊子論點作反省。除此外，楊氏亦認同道、釋合，其又說：「老莊列皆從薩婆若海逆流而出，和光混俗，說五乘法」，〔註5〕「薩婆若海」即佛智之淵，唯大智慧悟道者之行舉所能切合，

---

〔註1〕 俞樾：《諸子平議・序目》收入《新編諸子集成》（台北，世界書局，1991年），第八冊，頁1。

〔註2〕 梁啓超：《中國近三百年學術史》（台北，里仁書局，2002年），頁347。

〔註3〕 陳平原：《中國現代學術之建立——以章太炎、胡適之為中心》（台北，麥田出版社，2000年），頁303。

〔註4〕 楊文會：《南華經發隱》收入《無求備齋莊子集成》（台北，藝文印書館，1972年），第二十三函，頁1。

〔註5〕 《南華經發隱》，頁2。

故把老、莊等同「菩薩」的說法，足可見楊氏欲調和道、釋的企圖了。

晚清諸子學的興起，道家尤爲顯要，老學有魏源的《老子本義》、俞樾《諸子平議》、嚴復《評點老子道德經》、楊樹達《老子古義》；莊學則有王先謙《莊子集解》、楊文會《南華經發隱》、郭慶藩《莊子集釋》、章太炎《齊物論釋》。其中，楊文會《南華經發隱》運用佛理爲《莊子》作注，進而對晚清儒、道、佛三家思想作會通，故有其特殊價值在。而楊氏對三家會通的理念，也影響此時期子學研究的廣度，如稍後譚嗣同《仁學》、章太炎《齊物論釋》與民初熊十力《新唯識論》，莫不受到楊氏儒道釋三家會通意識之影響。本文乃以四個層面審視《南華經發隱》的重要思想，分別是：以「十大」比附「逍遙遊」的思想總綱、「結合斷念破塵的「心齋」工夫」、「一切唯心」的「空德」思想、依「轉識成智」證成的「渾沌」妙說等，論述如下。

## 一、楊文會「居士佛學」之醞釀與晚清思想界的溝通

楊文會，字仁山，安徽石埭人，晚清佛學思想家，生於道光 17 年（1837 A.D），亡於宣統 3 年（1911 A.D），年七十四歲。楊氏早年仕於南方，賓於各省要員的幕府，之後轉任外交官，並出使歐洲數年，故眼界之廣闊在當時是卓然先進的。但楊氏亦眼見滿清之腐敗，失望之餘，遂辭官歸家而致力於弘揚佛學。

楊氏對於晚清之學術思想，最大貢獻亦是在佛學方面。其歸隱後即在南京創建「金陵刻經處」，遍求諸散佚古經，以校經、印經、傳經爲己任，所搜羅的佚經甚至遠達日本、朝鮮等地，著作方面則撰有《大宗地玄文本論略注》、《佛教初級課本》、《十宗略說》、《等不等觀雜錄》等佛學論集。另在佛學人材培育，楊氏也不餘遺力，光緒三十四年（1908 A.D），楊氏集資蓋「祇洹精舍」，對佛學人材進行系統化培育，把授課的內容依程度深淺作等級的調整，所編寫的〈釋氏學堂內班課程〉，則成爲近代化佛學教育的章程、組織、學規的濫觴。清末民初的佛學研究者，受楊氏啓發者眾多，楊氏自言：「唯居士之規模弘廣，故門下多材。譚嗣同善華嚴，桂伯華善密宗，黎端甫善三論，而唯識法相之學有章太炎、孫少侯、梅擷芸、李證剛、蒯若木、歐陽漸等，亦雲夥矣。」〔註6〕此說乃標舉其門人對佛學有創見者，也認同譚嗣同、章太炎

---

〔註 6〕楊文會：《楊仁山全集》（安徽，黃山書社，2005 年），頁 587。

等人於佛學上之用力。譚嗣同爲晚清變法思潮的要角之一，其政論與康、梁同進退，又積極推動國學與新學之交流。其《仁學》匯集了儒學、佛學、西學的理論，有所謂「要通之以科學」的新視野，企圖把傳統學術與近代科學作一會整。譚氏撰寫《仁學》期間寓於南京，便曾受楊氏指導，梁啓超〈譚嗣同傳〉言譚氏之際遇：「金陵有居士楊文會者，博覽教乘，熟于佛故，以流通經典爲己任，君時時與之游，因得遍窺三藏，所得日益精深。其學術宗旨，大端見于《仁學》一書。」〔註7〕兩者的交遊即觸發了譚氏對佛學的深究，因此譚氏《仁學》有「凡爲仁學者，於佛書當通《華嚴》及心宗、相宗之書」之體認，〔註8〕其儒佛會通的意識，是受到楊文會之影響無疑。又《清代學術概論》說譚氏「自從楊文會聞佛法，其學又一變」，〔註9〕此乃直指譚氏學術之革變是受到楊氏學術薰陶的。

此外，章太炎《齊物論釋》的撰作，亦有楊氏影響之跡。章太炎早年研經於杭州《詁經精舍》，嫻熟經學與小學，中歲以後則轉習佛學，後又會通道佛，其間章氏在上海入獄，已能研治《瑜伽師地論》、《成唯識論》等典籍，後與楊文會之後學往來甚密，與楊氏亦有交集，史革新〈章太炎佛學思想概論〉以爲：「章太炎習佛就直接、間接地受到楊氏的影響。最早影響章太炎習佛的夏曾佑就是楊文會的弟子。章太炎在獄中讀的佛典《成唯實論》也是楊文會主持的金陵刻經處的出版物。楊文會的弟子歐陽漸（字竟無）亦把章太炎歸于楊文會的門下。」〔註10〕此說明章氏與楊氏佛學是有聯繫的，章氏與楊氏後學夏曾佑、余同伯的交遊，也證明章氏必然直接或間接的受到楊文會啓發。而在思想上，章氏也認同道、釋可會通，其詮釋「齊物」之論，係有「離言說相，離名字相，離心緣相，畢竟平等」之意，〔註11〕此謂需捨離名言、心識的拘謹，持執的泯滅，終可致於齊物的平等，所以章氏論述《莊子》之證「人法兼空」的旨趣，是合於般若所謂「平等性」。〔註12〕故《菿漢微言》

〔註7〕 梁啓超：《飲冰室合集》（北京，中華書局，1989年），頁109。
〔註8〕 譚嗣同：《仁學》收入《譚嗣同全集》（北京，中華書局，1990年），下冊，頁293。
〔註9〕 梁啓超：《清代學術概論》（台北，里仁書局，2002年），頁77。
〔註10〕 史格新：〈章太炎佛學思想概論〉收入《河北學刊》（北京，河北學刊雜誌社，2004年九月，第五期），卷二十四，頁148。
〔註11〕 章炳麟：《齊物論釋定本》（台北，廣文書局，1970年），頁1。
〔註12〕《齊物論釋定本》，頁1。

又說:「端居深觀而釋〈齊物〉,乃與瑜伽、華嚴相會」,〔註13〕此欲藉法相、
華嚴理論的微妙,進出《莊子》的齊物思想並予以調和,與楊氏的會通佛道
實有異曲同工之妙,章氏所撰的《齊物論釋》與楊氏的《南華經發隱》皆由
唯識學說「齊物」,二書前後的思想承接,不可謂毫無干涉。

　　固然,楊氏以儒士身份,開出晚清至民國以降的居士佛學,此是一創舉,
雖有異於沙門居士不開堂、不私授弟子的規矩,但楊氏實鑑於晚清佛門的衰
頹不振,不得已為之,其〈釋氏學堂內班課程當議〉自言:「蓋自試經之例停,
傳戒之禁馳,以致釋氏之徒,無論賢愚,概得度牒。于經、律、論毫無所知,
居然作方丈開期傳戒,與之談論,庸俗不堪,士大夫從而鄙之。西來的旨,
無處問津矣。」〔註14〕出家眾於基礎佛理竟無所知,如不能明識佛理,何以
弘法?此也道出了晚清佛門的不舉如此。楊氏有鑑於此,相繼創建「金陵刻
經處」與「祇洹精舍」,是以晚清民初佛門的復盛,其有振興的貢獻。在中國
近代佛學史上,受祇洹精舍啓迪的,則有歐陽漸與太虛和尚兩位重要人物。
其中歐陽漸於民國十一年在南京創辦的「支那內學院」,繼承「金陵刻經處」
的刻經、講學風氣,講授唯識學要義,傳授梵文、巴利文,是為中國近代唯
識學人材的搖籃,著名弟子有熊十力、呂澂等。太虛和尚則為民初中國佛教
界的重要領袖人物,其曾在「祇洹精舍」習經一年,之後創立「武昌佛學會」,
後又於重慶創「漢藏教理院」,與「支那內學院」相互輝映,太虛和尚也成為
世界佛教聯合會會長,對民國初期的中國佛教界有重要影響,大陸學者胡曉
說:「歐陽漸后來創辦的支那內學院和太虛后來創辦的武昌佛學院,在中國現
代佛學史上均意義重大,聲望卓著。」〔註15〕蓋歐陽、太虛二者皆受楊氏所
啓發,稍後的呂澂、印順法師與楊氏一系亦有干涉,因此楊氏對於中國近代
佛學的發展與弘揚,有其高度的影響力。

## 二、承先啓後的佛學詮釋論

　　歷來對儒佛、儒道、道佛會通有系統之研究,**魏晉玄學**已有所進展,
如玄學前期即有「儒道合」的傾向。首先,**王弼**論學視孔子為聖人,以為

---

〔註13〕 章炳麟:《菿漢微言》收入《章氏叢書》(台北,世界書局,1982年),頁961。
〔註14〕 楊文會:《等不等觀雜錄》收入《楊仁山全集》,頁333。
〔註15〕 胡曉:〈楊文會與近代佛教復興〉收入《江淮論壇》第二期(安徽,江淮論壇
　　　　雜誌社,2005年),頁119。

老不如孔，但在理論上又「祖述老莊」，以「無」爲本體，故有所謂「聖人體無」、「應於物無累於物」的說法。王弼治《周易》實由道家的玄理攝入，《周易略例》說「夫動不能制動，制天下之動者，貞夫一者也。故眾之所以得咸存者，主必致一也。」〔註16〕以「一」爲天下之貞，制以「天下之動者」，由靜而制動，此不異是《老子》「抱一爲天下式」的理解，故正始玄學於此所牽涉的，即儒、道二家在體用、有無、本末、一多思想上的交互論證。郭象的命題也大致接續此一看法，其調和名教與自然，事實上也是欲等齊儒道二端的思想，湯一介說：「郭象則認爲『名教』即『自然』、『山林之中』就在『廟堂之上』，眞正的『外王』必然是『內聖』，儒家與道家從根本上說是『一而二』、『二而一』了。」〔註17〕郭象注〈大宗師〉說「夫理有至極，外內相冥，……故聖人常游外以冥內，無心以順有」，此欲從有、無的整齊以致名教、自然的合同，因此郭象所認同的聖人不陷溺於名教、自然的執著，也合乎儒道所蘄求的最高理境，即內聖外王兼備的境界。不過王、郭之論仍停佇在對中國固有學術的調和與探析，對於外來佛學的交涉，仍未能留意。

到了東晉後期，般若學漸盛，學者爲了疏通中國固有學術與外來佛學的隔閡，便發展了玄佛會通的「格義」思想，《高僧傳‧竺法雅》云：「時依雅門徒，並世典有功，未善佛理。雅乃與康法郎等以經中事數擬配外書爲生解之義，謂之格義。」〔註18〕所謂「世典」即儒、道的典籍，一般學者雖大抵明瞭本國固有的經典，但對於外來佛教義理與艱澀文字的指歸，卻往往一知半解。因此譯經、說經者爲了傳法方便，遂大量運用中國本有的文獻字詞加以比擬、詮釋，此漢末支婁迦讖、三國支謙已有闡釋，入晉後道安之譯經，僧肇撰《肇論》則接踵之。事實上，僧肇的說法已較接近印度般若學的原意，如其破本無、心無、即色三宗的論點，精闢處已能修正上述三宗對印度佛學的認知，僧肇甚至批判道安的「本無義」並不能悟諸法的本來究竟，但《肇論》在字義、詞彙的會通上仍有「格義」佛學的影響，如《肇論‧不眞空論第二》說：「故《中觀》云『物無彼此。』而人以此爲此，以彼爲彼，彼亦以此爲彼，以彼爲此。……故知萬物非眞，假號久矣。……園林託指馬之況。」

〔註16〕 王弼：《王弼集校釋》《北京，中華書局，1999年》，下冊，頁591。
〔註17〕 湯一介：《郭象與魏晉玄學》（台北，谷風出版社，1987年），頁68。
〔註18〕 慧皎：《高僧傳》（北京，中華書局，1997年），卷四，頁152。

〔註 19〕其論述《中論・觀如來品》的「諸法實相，無有彼此」，所藉據則是《莊子・齊物論》「以馬喻馬之非馬」的齊物思想，雖僧肇說法未必便與齊物論相涉，然確定的是，其欲藉《莊子》的引喻，即「指」、「非指」，闡說彼與此二端以致「緣起性空」，因此僧肇在證「空」這一環節上，固然是以般若學為基礎，然亦有依據於《莊子》的觀點可知，因此僧肇的佛學仍是帶有玄學之色彩。整體而論，玄佛合流所講究的「格義」，實開展了兩個方向，一是傾向以三玄對佛典的解釋，此表現在高僧譯經、解經的範疇上；二是透過佛理再融通玄學，此于名士、高僧的談玄可窺究之。順此發展，則中國固有經典便得與外來的佛學相互交流，以致道佛二家理論的交會漸有規模，此乃魏晉玄學發展之助益，故可留意之。

五代延壽所集的《宗鏡錄》亦有藉道家而說佛學處，其論述不諱老、莊言，並通過老、莊「道」之說以析辨佛理，如以《老子》「天地不仁，以萬物為芻狗」解「唯道無心」，「無心」則萬物圓備，便得般若真空。〔註 20〕又以〈齊物論〉「朝四暮三」、「朝三暮四」解諸法之異同，〔註 21〕以〈達生〉「靈臺」解自性心，〔註 22〕喻之為「心鏡」，視為洞鑒觀照森羅萬象的本我。總之，《宗鏡錄》由哲理的詮解著手，大抵認同道、釋二家是可貫通的。

到了明代馮夢禎、方以智、釋德清，亦專以佛學解道家，方以智、憨山等人對佛理本就有高度興趣，在此氛圍下，又進一步用佛理以注釋老、莊經典。如憨山著《莊子內篇注》與《老子注》、《觀老莊影響論》等；方以智之《藥地炮莊》，則專由《莊》學觀點，論證道佛、道儒會通之可能，並提出「三教同源」的議題。

至於晚清，諸子學興起後，三家會通也受到學者重視，「以佛解莊」即是欲由佛理向道家思想延伸的一個詮解方法。楊文會所撰寫會通道佛的相關典籍，如《道德經發隱》、《南華經發隱》、《冲虛經發隱》、《陰符經發隱》等創作皆是。楊氏在道佛會通的方法上採「以佛解老」、「以佛解莊」，故對於明代以來釋德清與方以智對《老》、《莊》二書的詮解相當重視，《道德經發隱》的序言說：

---

〔註 19〕僧肇：《肇論》收入《大正新修大藏經》（台北，新文豐出版社，1987 年），第四十五冊，頁 152。
〔註 20〕延壽輯：《宗鏡錄》收入《大正新修大藏經》，第四十八冊，卷七，頁 453。
〔註 21〕《宗鏡錄》，卷十一，頁 478。
〔註 22〕《宗鏡錄》，卷十，頁 473。

憨山清禪祖師解《道德經》，歷十五年方成。雖與焦弱侯同時，而弱
侯未之見也。故其輯《老子翼》，闕憨山解，誠爲憾事。……予閱《道
德經》至出生入死一章，見各家注解無一合者，遂以佛教義釋之，
似覺出人意表。〔註23〕

明憨山以佛理注解《老子》，此爲其特殊處，然同時代焦竑撰《老子翼》卻不
收憨山注，楊氏則以爲是大一缺憾。因此楊氏雖認爲焦竑所輯已把《道德經》
奧義「發揮殆盡」，但楊氏重閱是書，藉佛教義探索之下，則又有「出人意表」
的發現。故楊氏於此乃刻意抬高佛學，其暗喻佛理的深妙能引出玄中之玄，
認爲體現的理境可在諸家之上。楊氏爲《冲虛經》作發隱也說讀其書「如開
寶藏，如涌醴泉，實與佛經相表裡。」〔註24〕此說直指《列子》是羽翼佛學
的典籍，既可與「佛經相表裡」，由佛說理解其篇，所得皆「妙義顯發」。在
此崇佛的意識下，楊氏乃自詡所注解的《莊子》「與古今著述迥不相同」，〔註
25〕企圖在佛學的根基下，對《莊子》作不同於前學的疏發。姑且不論《老》、
《莊》、《列》思想是否眞與佛學同調，然楊氏欲藉佛理會通道家，且刻意推
尊佛學之企圖是顯明的。

在儒佛會通方面，楊氏視孔子、顏回、曾子皆是修己渡人的菩薩，《論語
發隱》曰：「孔子以小人斥之者，斥其捨離兼善之心也。孔子行菩薩道，不許
門人退入二乘，其慈悲行願有如此者。」〔註26〕「二乘」意謂聲聞、緣覺，「斥
捨離兼善」即斥非有自渡渡人的菩提心，準此而論，一來楊氏認爲儒學可直
達菩薩道之善，合於普渡世人之行，一來又承認儒學境界於聲聞、緣覺之上，
因此儒學層次便可上溯到大乘，而非只住於小乘的聲聞、緣覺。比較於明代
憨山的《觀老莊影響論》，其雖說「一切無非佛法，三教無非聖人」，已肯定
儒、道、釋三家都有聖人之高度，但是只判孔子是「人乘之聖」，其行舉唯有
「奉天以治人」，此實不及聲聞、緣覺的「超人天之聖」。〔註27〕然楊氏對「儒」

---

〔註23〕 楊文會：《道德經發隱》收入《楊仁山居士遺著》（台北，新文豐出版公司，
1993年），頁159。

〔註24〕 楊文會：《冲虛經發隱》收入《楊仁山居士遺著》（台北，新文豐出版公司，
1993年），頁165。

〔註25〕 《南華經發隱》收入《無求備齋莊子集成》，頁7。

〔註26〕 楊文會：《論語發隱》收入《楊仁山居士遺著》（台北，新文豐出版公司，1993
年），頁134。

〔註27〕 釋德清：《觀老莊影響論》收入《老子道德經憨山注》（台北，新文豐出版公
司，2004年），頁12～13。

於佛學的地位明顯爲之抬高，甚而提升至菩薩的階位，此對於儒學在佛教的地位是有其正面影響的。

與楊氏同時稍後的章太炎也致力於道佛會通，其說「文孔老莊是爲域中四聖，冥會華梵，皆大乘菩薩也。」〔註28〕章氏以爲，儒、道人物皆可入大乘菩薩階位，此顯然與楊文會說法是有呼應的。章氏又說《莊子》「〈寓言〉篇萬物皆種等語，與華嚴無盡緣起又同。」〔註29〕此「無盡緣起」指向萬物互緣而有，等同〈寓言〉篇的「萬物皆種」。所謂「萬物皆種」即論說萬物皆源於一的思想，蓋「一」就是種子就是道，因此萬物皆種即謂萬物皆由道而分化，郭象注：「變化相代，原其氣則一」，〔註30〕郭象視此「道」爲「一氣」，則萬物緣此一氣而有，終以形質的「變」相轉化（佛家說爲雜染），作爲萬法之源也是萬物之種。但不同的是，章氏是依佛學把此「一」設定爲眞如心或一眞法界，因此其論說實更具唯識學與華嚴學的深義，又以「名相可空」說「喪我」，以「緣起」說「物我大小」，可謂是於楊文會《南華經發隱》的基礎上進一步申論。總上而論，楊氏學術以佛學爲基礎，致力對道、釋、儒的會通，其承先啓後的學術視野，對於清末民初的思想界是有深刻影響的。

## 三、楊文會「以佛解莊」的思想意義

楊文會《南華經發隱》的「以佛解莊」思想，是建構在詮解《莊子》內、外、雜篇寓言的架構之下，是書著重義理辭語的分析，且以短篇形式呈現，故謂言簡意賅亦可。觀《莊子》全篇，以「寓言」論說者頗多，因此楊氏如何解構其中的思意，是爲一要點，本文以四個方面闡釋楊文會的「以佛解莊」思想。

### （一）以「十大」比附「逍遙遊」的思想總綱

楊氏以爲「略舉十大，爲《南華》別開生面，闡逍遙遊之奧旨」，故所謂「十大」，便是一種依附佛學理解「逍遙遊」的「範疇」，亦是楊氏析論《莊子》思想之總綱。《莊子》爲戰國中晚期的作品，與佛教各宗未必有時代、地域的交集，但經由此「範疇」的引申，則《莊子》「寓言」與佛學便有進一步推演的可能。湯一介於〈郭象的哲學體系〉一文說：

---

〔註28〕《菿漢微言》，頁 943。
〔註29〕《菿漢微言》，頁 943。
〔註30〕郭慶藩集釋：《莊子集釋》收入《新編諸子集成》（台北，世界書局，1974 年），第三冊，頁 409。

「範疇」是從 category 翻譯過來的，取「洪範九疇」的意思。從西方哲學史上看「範疇」有種種解釋，亞里士多德的《範疇篇》它看作是存在基本樣式（mode），他所提出十個範疇：本質（Substance）、量（quantity）、質（quality）……遭受（passion）等。康德的十二範疇說是與認識有關的原則或說是構成經驗的條件。「範疇是在區分過程中的一些小階段，是幫助我們認識和掌握自然現象之網的網上紐結。」〔註31〕

蓋「範疇」既可視爲原則，也是全篇「構成經驗的條件」。因此，楊氏認同此佛學「十大」的範疇，可爲進入《莊子》的法門，也是如何觀照《莊子》「寓言」的思辨方法，故楊氏以「十大」爲開篇的〈逍遙遊〉說法，用以「別開生面」的思意是明確的。

所謂「十大」是「具大因」、「證大果」、「居大處」、「翔大路」、「御大風」、「亯大年」、「遊大道」、「忘大我」、「泯大功」、「隱大名」，可視爲《南華經發隱》析辨《莊子》的總綱。其中「大因」、「大果」二項爲陳說的總則，亦近乎佛學所謂的「因果」說，楊氏云「大因」、「大果」：

北冥，幽闇之處也。鯤魚潛藏其內，喻根本無明也。此無明體，即是諸佛不動智，是之謂具大因。〔註32〕

鯤化爲鵬，奮迅而飛，脫離陰溼，而遊清虛，無障無礙，是之謂證大果。〔註33〕

此二說，初步說明了《莊子》「鯤鵬變化」契機，即〈逍遙遊〉中鯤魚化鵬，再欲由北冥適向南冥，即促成「逍遙遊」的前因後果。《莊子》原文說「北冥有魚，其名爲鯤，……化而爲鳥，其名爲鵬」，所著眼處即鯤魚變化乃至大鵬的飛翔，最後則徙以「南冥」爲依歸，此「南冥」即「天池」，是大鵬最後的依歸。楊氏則把「北冥」視爲「幽闇之處」，其所以喻爲「幽闇」，是因爲此動機的「起始」爲「根本無明」，「無明」有淫、怒、癡的特性，爲眞如雜染的情狀，然眞如「心遍十方，無有住所」，故云「不動智」。如不動明王雖示怒忿之相護法，但其智體不動無有所住，能悟眞如之實相者，則能知曉其怒便不爲怒，其實是「明」。因此，諸佛一心不動故能離淫怒癡，去闇迷而證「般

---

〔註31〕《郭象與魏晉玄學》，頁 252。
〔註32〕《南華經發隱》，頁 7。
〔註33〕《南華經發隱》，頁 7。

若」，蓋楊氏也視這種帶有「痴闇之心」的無明情狀，似「鯤魚潛藏其內」是埋藏眞實眞智的，故仍需化爲大鵬，循鵬之逍遙以解脫無明之狀，此亦即了「不動智」之澄明。而鯤化爲鵬則以「南冥」爲目地，奮迅而飛以「水擊三千里，摶扶搖而上者九萬里」爲工夫亦是修行，「南冥」之行便是證佛果，得佛果即「涅槃」，亦即「證大果」。所以「具大因」是爲一切根本之原由，如種子的能藏、所藏，係自我於諸法流轉的可能原因；「證大果」是爲目地，即欲去根本無明，離無明即得常樂是也，二者同爲證入究竟了義之原由，必然是缺一不可。楊氏又云「居大處」、「翔大路」：

> 南冥，天池。離明之方也。善財南詢龍女南往，皆以處表法。天池者，浮幢王刹諸香水海之象也。是以謂居大處。〔註34〕

> 水擊三千，高翔九萬，蒼蒼一色，遠而無極。雖六月乃息，仍不離一眞法界也。是之謂翔大路。〔註35〕

「刹」者，國土也，佛經以爲「浮幢王刹」是蓮花王中，因花瓣重重疊起的之地，《楞嚴經》說：「諸幢王刹，來入鏡內，涉入我身，身同虛空，不相妨礙。」〔註36〕所謂「鏡內」，意指「大圓鏡智」，轉識成智乃能脫離「無明」，故「浮幢王刹」必爲佛所涉入，亦是佛土的象徵。楊氏以「南冥」、「天池」爲「浮幢王刹諸香水海之象」，因此「南冥」之跡，亦是極樂淨土之象，故謂「居大處」，楊氏是說也爲佛莊二學的交會開一途徑，逍遙之道與佛果實通。至於「翔大路」者，是爲修行之路，亦是證佛果所需之工夫，即不離「一眞法界」者，謂修行終指向功德圓滿的境地，蓋「法界」爲所有「理」與「事」的綜合，包括「理」「事」的圓融無礙，《莊子》以無爲、無己、無名、心齋、忘、損爲修行工夫，終至「虛室生白，吉祥止止」之境，但如由「理」、「事」無礙來看，則工夫與境界實無礙，達到「工夫即境界」的層次，因此楊氏「雖六月乃息，仍不離一眞法界也」，由「一眞法界」來規定諸法，則無爲、無名、忘、損之作用雖同於止息但亦爲境界。事實上，禪學也有類似之論，慧能說「心量廣大，遍周法界；用了即了了分明，應用便知一切。一切即一，一即一切；來去自由，心體無滯，即是般若。」〔註37〕因此應用之過程即境界，

---

〔註34〕《南華經發隱》，頁 7。
〔註35〕《南華經發隱》，頁 7。
〔註36〕《大佛頂首楞嚴經》收入《大正新修大藏經》，第十九冊，卷五，頁 128。
〔註37〕慧能：《六祖壇經・般若品二》收入《大正新修大藏經》，第四十八冊，頁 350。

所以「一切即一」，同時泯除了功夫與境界的隔閡，來去無礙則作用即顯般若，故慧能又強調：「於一切法不取不捨，即是見性成佛道」，〔註38〕「不取不捨」即無住，亦是無滯，此功夫之用即現「自性」本來之面貌，故爲一「妙用」。今人杜保瑞順此亦說：「就『功夫在境界上說』者，即慧能對於功夫實修的根本義涵之界定，是直接拉到成佛悟道的眞實狀態中來標定功夫的情狀的，並不是在階段、次第、過程等的操作上作分疏的，也不是在工夫的形上義涵中來解明的，可以說是一個『境界進路的功夫理論』。」〔註39〕境界即功夫，故「禪」是即體即用，而大鵬鳥以逍遙遊「翔大路」，其無爲、無滯之姿態，亦是化入「大道」的明證。總之，楊氏此說顯然抬高了《莊子》體用觀與工夫論，故亦有意統合佛學與莊學的思路可知。楊氏又說「御大風」：

> 風積不厚則不能負大翼。乘九萬里之風，方可圖南，此風何所表耶？
> 乃表大願也。現身九界，普行六度，乘此大願方證妙果，是之謂御大風。〔註40〕

鵬鳥御風而行，故必先奮翅「培風」，即所謂「水擊三千里」也，然後再乘著龍卷風「搏扶搖羊角而上者九萬里」，藉九萬里高空之氣壓載翅而行，展翅便能翱遊天際。事實上，大鵬鳥乘九萬里所積累的風力，可視爲「逍遙遊」前的涵養，而「積」有聚意，「厚」有深意，故此涵養亦是用力、奮發之象徵，成玄英也說「初賴扶搖，故能昇舉，重積風吹，然後飛行，既而上負青天，下乘風脊，一淩霄漢，六月方止。」〔註41〕蓋大鵬鳥奮翅拍擊欲積累風吹，再使之能盤旋而上，故爲一勢力的醞釀。不過，楊氏則以此「大風」表「大願」，顯然是以「願行」解，「願行」係一種作用，爲成佛的誓願與修行，所繫則在於成就眾生的超然，《華嚴經》曰「令一切眾生智身具足」，如藥師十二誓願、普賢十大願，視九界眾生的解脫皆我願行，然九界的眾生何其多？所以「御大風」的作用誠大矣，大鵬鳥「水擊三千里」、「搏扶搖而上者九萬里」在於「培風」，「風」的積累如同願誓之完成，是需經苦行難行工夫的醞釀而有可能，《法華經・提婆品》言佛：「於無量劫難行苦行，積功累德，求

---

〔註38〕《六祖壇經》，頁350。
〔註39〕杜保瑞：〈壇經的工夫哲學〉收入《禪與管理研討會論文集》（台北，華梵大學，1995年7月），頁2。
〔註40〕《南華經發隱》，頁8。
〔註41〕《莊子集釋》，頁4。

菩薩道，未曾止息。」〔註42〕「佛」經由累世的無量劫難，積功累德，所蘄求在於六度之行的實現，以致究竟無礙的圓融，因此楊氏認爲《莊子》「培風」之作用與佛學「願行」是幾近的。

又謂「言大年」：

> 以小年大年相形，皆有限量之年也。意在無限量之年，如〈齊物論〉
> 「莫壽乎殤子，而彭祖爲夭」，壽夭齊，而大年顯矣。〔註43〕

《莊子》以「齊物」泯天地萬有的異同，甚而消弭時、空的差異，故說「忘年忘義，振於無竟，故寓諸無竟」，〔註44〕忘損年歲的長短，把自己寄託在無窮盡的境地，所以能「不知悅生」亦「不知惡死」，此實眞人齊一生死的胸懷。楊氏則以泯年歲之侷限論說，其意在「無限量之年」，以道的「無限」觀照人間世小大之「有限」，則小大不爲對比，故此所謂「大年」實即悟入諸法實相而所得無窮盡之理境。蓋佛家以「不老不死」爲常，如來涅槃所得有「八味」，吉藏說：「八味者，開善四德爲八味，謂：一常、二恒、三安、四無垢、五不老、六不死、七快樂、八清涼。」〔註45〕所以生命的壽夭長短皆不是相對的，由佛的意境而觀照，則「世諦」之下物我、長短、高低的差異皆緣起非眞實，故對夭壽生死之破解即表現了對世間法執有的泯滅，所體悟者，便權能證入「不生不滅」之中道。

又說「遊大道」：

> 若夫乘天地之正，而御六氣之辨者，即大道也。無待於外，而遊於
> 無窮者，即逍遙遊也。是之謂遊大道。〔註46〕

此說可由前之「證大果」反推，得「大果」即能「遊清虛，無障無礙」，楊氏謂入「大道」則「無待於外，而遊於無窮者」，故「大道」之體無與「大果」的無障無礙實一，皆指向通達究極之境。然其中所差異是爲「遊大道」者，其涵養充實俱備，經過「大處」、「大路」、「大年」的歷練，由工夫上溯而證「體」，若如超脫名實、內外、榮辱、禍福之眞人，以無待對應天地萬物，故能「乘天地之正，而御六氣之辨」，終適向「逍遙遊」之圓融。而唐澄觀在《華

〔註42〕《妙法蓮華經》收入《大正新修大藏經》，第九冊，卷四，頁35。
〔註43〕《南華經發隱》，頁8。
〔註44〕《莊子集釋》，頁53。
〔註45〕吉藏：《涅槃經遊意》收入《大正新修大藏經》，第三十八冊，卷一，頁237。
〔註46〕《南華經發隱》，頁8。

嚴經疏》說：「通至佛果，皆故名道。」〔註47〕又說禪定工夫必須證入「消滅煩惱通愛見慢等」，〔註48〕蓋煩惱通愛見慢之斷滅，恰似道家的損、無，也直指一無待無我的「逍遙」意趣了。

最後，楊氏結合《莊子》所列三種人格的超脫境界，即〈逍遙遊〉的「至人無己、神人無功、聖人無名」，謂其態度可與「忘大我」、「泯大功」、「隱大名」之思意調和。其云「忘大我」、「泯大功」、「隱大名」：

> 夫至人者，宇宙在乎手，萬化生乎身者也。法身大我豎窮三際，橫亘十方，而無我相可得，是之謂忘大我。〔註49〕

> 藐姑神人，利澤遐敷，年豐物阜，而不見其功，是之謂泯大功。〔註50〕

> 聖如唐堯，蕩蕩乎民，無能名焉。是之爲隱大名。〔註51〕

楊氏認同此「至人」、「神人」、「聖人」的無爲態度，遂以佛的「三身」說法，《金光明最勝王經疏》云：「一切如來有三種身。一者化身，二者應身，三者法身，如是三身具足，攝受阿耨多羅三藐三菩提。」〔註52〕可知佛有三身，此三身則凸顯最高理境的本質、果報、作用。所以楊氏則謂「法身」爲「大我」，佛家以「法身」爲自性之理體，亦是眞如本來之面貌，所謂「無垢眞如功德所依名爲法身」，《金光明最勝王經疏》也說：「法身性常住。修行無差別，諸佛體皆同。所說法亦爾法身也。」〔註53〕蓋「法身」自性常住，證入涅槃故與諸佛同體，是爲佛性，亦是諸法眞實的相狀，天台宗強調「三諦圓融」，故「法身」爲中道佛性同於中諦而不離空假，因此「法身」亦具足三千諸法，包含一切世間法與出世間法。楊氏則以此比附至人之「大我」，以是「大我」爲無己，無己誠如〈大宗師〉所言之「坐忘」：「墮肢體，黜聰明，離形去智，同於大通」，故「我」能與天地同化、與宇宙合流，然亦不離一切法，因此與

---

〔註47〕澄觀：《大方廣佛華嚴經疏》收入《大正新修大藏經》，第三十五冊，卷二十，頁651。
〔註48〕《大方廣佛華嚴經疏》，卷二十，頁652。
〔註49〕《南華經發隱》，頁8。
〔註50〕《南華經發隱》，頁8。
〔註51〕《南華經發隱》，頁9。
〔註52〕慧沼：《金光明最勝王經疏》收入《大正新修大藏經》，第三十九冊，卷二，頁192。
〔註53〕《金光明最勝王經疏》，卷二，頁209～210。

楊氏「法身大我豎窮三際，橫亙十方，而無我相可得」同理，是以法身自性
能泯除過去、現在、未來之流轉，又不爲十方空間之惑所侵，以常住不變之
理收攝宇宙萬化之法，故其作用既廣且大。楊氏又謂「大功」爲「報身」，佛
家以「報身」爲諸佛果報之身，佛有無限功德，因此集「三十二相八十種好」
以體現其至善，《金光明最勝王經疏》亦說「以果酬因名爲報身」可知，〔註
54〕不過「報身」仍是由眞如所顯化之假有，天台宗以「假諦」爲說法，「假諦」
在於立一切法。故從此作用面看，則佛的「報身」與「化身」頗有雷同處，
皆是爲行願的方便所現，如初地菩薩之「報身」實同「勝應身」，然「報身」
與「化身」的眞實自性則爲「法身」，所以三身即空即假即中。〈逍遙遊〉則
以爲「神人」：「肌膚若冰雪，淖約若處子。不食五穀，吸風飲露。乘雲氣，
御飛龍，而遊乎四海之外。其神凝，使物不疵癘而年穀熟。」〔註55〕「神人」
體姿優美淖約，兼有騰雲駕霧之特異，是爲果報，蓋其行又能澤乎天下，使
萬物惠受其利，因此與佛顯「報身」之行願同理。然而，世間之功德並非佛
與「神人」的常住，「神人」同於大化「將旁礴萬物以爲一」，不蘄求天下物
爲事，因此反而以「無功」爲用，所以謂其「泯大功」亦可。「化身」則是爲
渡化眾生所現之相，佛具有應變萬化的能力，此「化身」爲其行願的方便所
現化，但並非如「法身」爲眞如實相，因此仍有所「隱」。楊氏則以上古聖人
的德業比擬，謂「聖如唐堯，蕩蕩乎民」，則佛與聖人的事業合同。然而如〈養
生主〉所說的「爲善無近名，爲惡無近刑，緣督以爲經」，則聖人的事業以修
德成道爲矩矱，但其「德」畢竟爲以無爲德，或說是「玄德」，遂爲善爲德皆
近無名，是以楊氏謂「無能名焉。是之爲隱大名」，則佛與聖人雖以德濟世卻
不受祿，案《莊子・庚桑楚》所言「行乎無名者，唯庸有光」，蓋修持「玄德」
者能不苟於名跡，雖似普遍、庸常，然本質上卻綻發眞知的光輝。從此說，
則佛與聖人之「隱」能遁於德行之內，又能超脫於名實之外，故以「隱大名」
之姿視之亦可。總之，此三種人所嚮往皆在於「無待」，達到《莊子》以無爲
用的最高境界，楊氏則巧妙的以佛三身作爲干涉，三身不即不離，缺一不可，
也體現了眞如究極本體的境界與功用，此與《莊子》所以爲「眞人」能夠「以
挈天地」、「以襲氣母」、「莫知其始、莫知所終」的層次同。〔註56〕

〔註54〕《金光明最勝王經疏》，卷二，頁 210。
〔註55〕《莊子集釋》，頁 14～15。
〔註56〕《莊子集釋》，頁 112～113。

　　由上述「十大」的詮解可知，楊氏是認同《莊子》可與佛學會通的，《南華經發隱》經由《莊子》「鯤鵬變化」寓言而開展，論述之過程與工夫，則由佛學的「十大」而消化，依序由因、果、境界、工夫的層次而論說，終闡述至人、神人、聖人圓融之境。而楊氏以「佛」之法、報、化三身詮釋，也直接牽挽了道佛二學的最高意趣。總之，楊氏之「十大」範疇前後呼應，且環環相扣，通過《莊子》首篇〈逍遙遊〉的論述，以小見大，自證成一緊密的架構體系，亦是楊氏「以佛解莊」思想的初步法門。

### （二）結合斷念破塵的「心齋」工夫

　　「心齋」，即虛心以求，故是通過無、損證入「道」的工夫，《莊子‧人間世》有一段孔子曉諭顏回的話語，曰：「若一志，無聽以耳而聽之以心，無聽以心而聽之以氣。聽止於耳，心止於符，氣也者，虛而待物者也，唯道集虛，虛者，心齋也。」〔註57〕由「志」的凝聚，循「耳→心→氣」的損、無而至於「虛」，經氣的接應，乘其流行，「虛」其心而靜而專，進以貫通「道」，故說是「心齋」。成玄英說：「心有知覺，猶起攀緣，氣無情慮，虛柔任物，故去彼知覺，取此虛柔，遣之又遣，漸階玄妙也乎。」〔註58〕故「心齋」的目地即是要虛空其心，減損紛擾雜亂，把自我寄託在不得已的處境，由氣的虛空以順應自然，所謂「虛室生白，吉祥止止」是也，因此當至人完成了此一功夫，則「耳目內通而外於心智，鬼神將來舍」，〔註59〕則能與天地同化合流，證入「道」境。成玄英也說「觀察萬有，悉皆空寂，故能虛其心室，乃照真源，而智慧明白，隨用而生。」〔註60〕靜「觀」萬有，以至於空寂，此老子說是「歸根」、「復命」，故「心齋」以「虛」應和於天地萬有，所觀照亦在主宰之「真君」，因此「心齋」亦能合於道化的脈絡。總而言之，「心齋」於《莊子》一書係是重要之功夫思想也。

　　楊氏則欲結合佛家斷念破塵之思意予以會通，認為《莊子》「心齋」神妙莫測「非法身大士不能道其隻字」，此直指能覺悟「心齋」者，通於「般若」，其謂：

　　　　仲尼欲示心齋之法，先以返流全一誡之。然後令其從耳門入，先破

---

〔註57〕《莊子集釋》，頁67～68。
〔註58〕《莊子集釋》，頁67。
〔註59〕《莊子集釋》，頁69。
〔註60〕《莊子集釋》，頁69。

浮塵根，次破分別識，後顯徧界不藏之聞性，即是七大中之根大。……
自性眞空，物來即應，故爲道之本體。見此本體，安有不心齋者乎？

〔註61〕

楊氏以爲，「心齋」之法以返歸本然全一爲要。而「心齋」首在於破除根器所
執迷之識見。其所謂「七大」，則是由唯識「八識」的前七識附會，如說先破
「浮塵根」，則此意指眼、耳、鼻、舌、身、意之六根，因而一切根器所涉及
的世間法皆曰「浮塵」，其中第六識因種種諸境能生起分別，故又謂「分別識」。
至於第七識末那識則是「分別識」的根據，第七識也依第八識爲思量，然第
七識仍執第八識爲「永恆」，故第七識與第六識皆是未圓滿眞實，楊氏則推論
「心齋」有「無聽之以耳而聽之以心，無聽以心而聽之以氣」的過程，因此
先破塵執後顯眞常，故說「後顯徧界不藏之聞性」，實則將凸顯那不空藏性，
勢必先斷滅聞見意之念，遂楊氏終究把《莊子》「心齋」的進程「耳→心→氣」
等同於唯識的前五識、意識與意識所根據的末那識、第八識，蓋「氣」得「虛」
而眞空，也實等同阿賴耶識之體。至於「心齋」所得乎的境界，楊氏亦導向
一「本來無我」的意態，故說「見其本體，安有不心齋乎？」可知所認同的
「心齋」功夫，與佛學的「破立」實異曲同工，所蘄求在於的一圓融之妙有。

　　觀察楊氏所認同「心齋」的進路，有幾點可留意，一是對「心」的詮解，
二是對「破」的體認，三是對「氣」的解構。首先，《莊子》一書並不直接談
道德心性，亦反對儒家仁義禮智，但仍有「心」與「常心」的差異，如〈德
充符〉所云「以其知得其心，以其心得其常心」，則「心」一來指向於形下的
認識心，如〈齊物論〉「以接爲構，日以心鬥」、「夫隨其成心而師之」、〈人間
世〉「夫循耳目內通而外於心知」等，此「心」偏向經驗世界，是屬於接受知
見的官器，故能思考、判斷學習等；一來又指向「常心」，不過「常心」是識
知之心，經損、無功夫而達到的姿態，如〈大宗師〉有所謂「攖寧」，「攖寧」
是一種心經由變動而靜寂的狀態，無爲無欲，所謂「心閒而無事」，陸德明〈釋
文〉亦有「一無所動其心，乃謂之攖寧」說法，成玄英也說「夫聖人慈惠，
道濟蒼生，妙本無名，隨物立稱，動而常寂，雖攖而寧者也。」〔註62〕蓋由
攖動而寂靜，經無名之功夫，心終於能無所動念。因此「常心」爲聖人之成
就，畢竟接應天地之心，也就是與天地萬物齊一，故能與道冥合，趨向沖虛、

〔註61〕《南華經發隱》，頁6。
〔註62〕《莊子集釋》，頁115。

無爲之境，老子四十九章說：「聖人無常心，以百姓心爲心」（老子此處「常心」應與莊子「心」同理），以無心爲心，同理而論，則莊子「常心」係爲無心，此無心與「心齋」所證成的「眞君」意趣亦通。〔註63〕楊氏則由唯識學的「識」進以調和上述二說，其謂「心」的功能：

> 心止於符，釋分別識之分齊，五根對境，有同時意識。與五識俱，
> 不前不後，故謂之符。〔註64〕

此「心」分明是指因七識而雜染的眞如，亦即「識」，其中第六識爲意識又緣於末那識，而能與眼耳鼻舌身五根應對，故能「符」應，蓋楊氏是認同唯識所言的前七識是契合於《莊子》的認識心、經驗心。但「心」能應「符」仍非最勝義，所以終需由「心齋」之「虛」所消化，「心齋」即是對前七識的執「破」，以至於「內證無心」，此「無心」則同於《莊子》之「常心」與「眞君」，故楊氏釋「夫循耳目內通」一文又說是「返見返聞，徹證心元」，〔註65〕「心元」係是本體，或說是「道之本體」，此誠是復返於道源之意。總之，楊氏詮解《莊子》之心亦有兩義，與《莊子》說法亦契合，一係視爲「識」或功能，故攝以唯識的意、末那、五根；一是經「心齋」而顯現的「無心」，此則是由阿賴耶識本體說法。

再次，楊氏以佛家的「破」來貫串「心齋」之法，此「破」即是破世間法而顯眞常之理，其說：

> 聽止於耳，釋浮塵根之分齊，根塵交接滯而不脫，所以需破。心止
> 於符，……此識益覆眞性，所以須破。〔註66〕

如前所說，「浮塵」爲一切根器所涉及的世間法，可以包含前五識所醞釀的假有，而「心」則意指「意識」或之「意識」所依據的末那識。爲何需破？即五識功能層層衍生、相錯，如夢似幻，故交接滯礙而不脫，亦爲煩惱之源。「意識」又符應前五識，與「浮塵」相因相襲，末那識爲以思量爲功能，自迷第八識爲主宰，故同樣也遮蔽了眞常之性，所以七識皆需破執。《楞伽經》云：「佛告大慧：『宗通者，謂緣自得勝進相，遠離言說文字妄想，趣無漏界自覺地自相，遠離一切虛妄覺想，降伏一切外道眾魔，緣自覺趣光明輝發，是名

---

〔註63〕「眞君」一詞出於〈齊物論〉，是莊子用以解釋驅使形骸活動的主體，亦可視爲本然之性眞，或指眞心而言。見《莊子集釋》，頁28。
〔註64〕《南華經發隱》，頁6。
〔註65〕《南華經發隱》，頁7。
〔註66〕《南華經發隱》，頁6。

宗通相。』」〔註67〕此「遠離」與「破」與同意，皆是對虛妄幻想的斷滅，因此不拘泥諸文字、覺想一切，遂能使自性之光明輝發，「宗通」與「定」亦類似，蓋能入滅受想，止息一切心識是也。〈大宗師〉也提到了「見獨」，蓋至「道」凝然妙絕，來無方去無體，成玄英認爲是「不古不今，獨來獨往」，故欲「見獨」者即欲見「道」之勝境，〈大宗師〉曰：「已外天下矣，吾又守之七日，而後能外物；已外物矣，吾又守之九日，而後能外生；已外生矣，而後能朝徹；朝徹而後能見獨；見獨而後能無古今；無古今，而後能入於不死不生。」〔註68〕「見獨」所講求在於一「外」的意趣，郭象注「外猶遺也」，成疏也說「外，遺忘也」，因此「外物」、「外生」便有損貶物、我形骸之意，即損貶物我形骸之執，至於證入「道」的不生不死，故終能見眞「一」之性。而「見獨」實也回證了「心齋」所蘄求「虛室生白，吉祥止止」的意境，如同楊氏謂「見獨」是「靈光獨耀，迥脫根塵」，迥遊於根始，故返歸於一，一則無古今，無古今入於不生不死，蓋不困於生又不溺於死，楊氏以爲「悟者，本無生死」，亦同於禪宗所謂「殺活自在」。〔註69〕總之，楊氏「破」的終極追求，仍在於對世間法之超越而求眞常，故生死二端界線亦于泯滅，所以「此識益覆眞性，所以須破」，其以爲「破」的功夫即在於凸顯「眞性」，此與《莊子》「心齋」、「見獨」的功夫意趣是有相當契合的。

最終，楊氏由「眞空」自性來解構莊子的「氣」，曰：

> 所謂氣者，身內身外有情無情，平等無二者也。隨有聲動，聞根即顯，所謂循業發現者是也。……氣也者，虛而待物者也。名之爲氣，其實眞空也。自性眞空，物來即應，故爲道之本體。〔註70〕

此把「氣」視爲身內、身外應物待物之樞紐，所以「氣」也成爲「心」緣「道」所必須的範疇。從功夫來說，「心」應「虛」而能體道，成玄英則說「氣無情慮，虛柔任物」，「氣」所持爲空虛，虛能應物，又說「唯此眞道集在虛心，故知虛心者，心齋妙道也。」〔註71〕是以「心」承稟「氣」之虛，以致能虛心，而得以「專氣致柔」，返樸歸眞如嬰兒，蓋此「心」沖「氣」而爲和，是爲「妙道」，〈應帝王〉說「遊心於淡，合氣於漠，順物自然而無容私焉」，故

---

〔註67〕 《楞伽阿跋多羅寶經》收入《大正新修大藏經》，第十三冊，卷三，頁 670。
〔註68〕 《莊子集釋》，頁 114～115。
〔註69〕 《南華經發隱》，頁 12。
〔註70〕 《南華經發隱》，頁 6。
〔註71〕 《莊子集釋》，頁 68。

遊心於淡泊，應氣於虛漠，則自然而然冥化於「道」，此則至人之造化。

因此，楊氏亦認同「氣」狀態為虛為空，蓋「虛」之自性眞空，與「道」的寂然空虛狀態吻合，故同眞如之空性，蓋氣所體現的「虛」乃為道之用，楊氏說此「虛」：「分破無明，性空自顯」，〔註72〕氣之「虛」極已達到分破無明，直顯眞如的意趣，唯識學以「眞空」為非空之空，體悟「二空」即是「見道」，「二空」一為「我空」，五蘊皆空也；一為「法空」，悟緣起性空也，二者皆得「般若」義。憨山解〈人間世〉「心齋」也說：「心虛至極，以虛而待物。虛乃道之體也。」〔註73〕則「心」緣「虛」功夫，因此「虛」作為道之作用亦可回溯道之本體，即體即用，故「虛」為消化「耳→心→氣」的功夫，亦為體道的境界，此不異契合「虛室生白，吉祥止止」的理境。

再回證楊氏以前五識、意識、末那、第八識調和「心齋」「耳→心→氣」的進程，蓋楊氏此「心」仍是雜染，故需經之「破」而能符應於氣之「虛」，「虛」才得以入於「眞空」，「心」由「破」應「虛」而體道，誠如唯識學的轉識得智，故楊氏所詮解的「心齋」必然是需蘄求「氣」之「虛」而得圓滿。整體而論，其以莊子之「心」會通有宗之「識」，以「破」來對應「心齋」之法，又眞空解「氣」，以眞如自性來應和《莊子》的「道」之「虛」，也充份表現了對道佛思想會通的企圖。

## （三）一切唯心的「空德」思想

楊氏又循唯識學「一切唯心，萬法唯識」來詮解《莊子》的「空德」思想。在〈德充符〉一篇，莊子特藉仲尼論說王駘的話語，以闡述「至人」、「聖人」的境界，〈德充符〉說：「自其異者視之，肝膽楚越也，自其同者視之，萬物皆一也。夫若然者，且不知耳目之所宜，而遊心乎德之和，物視其所一，而不見其所喪，視喪其足猶遺土也。」〔註74〕蓋「德之和」即是一種態度的放任，混齊於自然之性，其成就與天地同「德」，故亦是一種無待無己的逍遙。成玄英則疏云「既而混同萬物，不知耳目之宜，故能遊道德之鄉，放任乎至道之境者也。」〔註75〕混同萬物以遊心，故至人所體現的「德」為道之樸，微妙玄通且潛隱不顯。

---

〔註72〕《南華經發隱》，頁7。

〔註73〕釋德清：《老子道德經憨山注》（台北，新文豐出版公司，2004年），頁307。

〔註74〕《莊子集釋》，頁86～87。

〔註75〕《莊子集釋》，頁87。

故此「德」如郭象〈德充符注〉所言是「德充於內，應物於外，外內玄合，信若符命」，〔註76〕蓋有「德」不應於外，而收攝於內，然內外交通在於心的冥契、符應，既而「外內玄合」，如同老子所言的「孔德」、「玄德」，《老子》云：「生而不有，爲而不恃，長而不宰」，對於現象界來說，此「德」出於玄牝之門故有生、畜的作用，然而其狀態似有似無，故所體現的「不有」、「不恃」、「不宰」反而落入「恍惚」、「窈冥」之微妙中，而終歸於「無」的淵谷。王弼則以爲「有德而不知其主，出乎幽冥」，此「出乎幽冥」適好爲「玄德」開一路數，即攝此「德」爲不可名狀，因此道家之「德」似「有」而「無」，隱遁於「空」、「無」的姿態之間，即「上德不德」故無爲而無不爲。王弼又說「孔德」：「惟以空爲德，然後乃能動作從道」，〔註77〕以「空」爲「德」，遂能成就「道」的微妙，是以《莊子》之「德」，亦可由「孔德」、「玄德」而論說，故又云是爲一「空德」可也。

不過，楊氏則由破執的方法申論，以爲莊子所謂「德」實是無德，其承認王駘表面上是「行密教者，潛移默化，理得心安」，故王駘「立不教、坐不議」的無爲及所體現的「德」則只是一方便。楊氏論「兀者王駘」，就表明：「王駘自他兩忘，不住有爲，不住無爲，何嘗有教人之意，存乎其心耶？」〔註78〕因此王駘操持六骸、耳目應身入世的形象不異是一種觀照而已，王駘之德係屬因緣的顯化，〔註79〕其忘年忘義的眞意則在於自性的覺悟，楊氏於此充分展現了非有非空的理論思想，最終則由唯識說法，判之一切唯心，此實欲引出眞如實體，其說：

> 此文出於莊周之手，稱王駘盛德，……究竟王駘有無其人，而常季仲尼有無其言耶，皆不必問也。以慧眼觀之，莊周者幻化人也，王駘常季仲尼，幻中之幻者也。乃至三界四生六道，無一而非幻也。幻化之中有知幻者，知幻即離，離幻即覺。……一切唯心造，一言

〔註76〕《莊子集釋》，頁84。
〔註77〕《老子道德經》，頁12。
〔註78〕《南華經發隱》，頁10。
〔註79〕佛學對「德」的解釋有多種樣貌，或有視「德」爲緣起的作用，或有視「德」爲本體之功德法性，如《大乘章義》對云：「令眞心中諸德集起，三者眞實無作十行，眞識之心體是一切功德之性，……本隱眞心顯成今德，說爲信等。德從緣顯，不從緣生，故名無作。」蓋此「德」，且不由緣生，而從緣顯，具有空無之性，可知爲眞常之功德。見慧遠著：《大乘章義》收入《大正新修大藏經》，第四十四冊，卷十四，頁744。

足以概之矣。古今人同此心也，此心之妙，同而別，別而同者也。……
仲尼之言，王駘之德，畢現於心鏡中，一眞法界，主伴交參，妙旨
泠然。〔註80〕

其否認人間世種種之「有」，故認同莊周於〈人間世〉所擬造王駘、孔子皆「幻」，
而莊周爲言說者亦「幻」，凡一切言、德都不離此「幻」，所以相對來說，離
「幻」即「覺」。楊氏於此特意由「幻」字開展，「幻」象既是「一切唯心造」
則一切畢藏於心鏡，故終說以爲「乃至三界四生六道，無一而非幻也」，乃至
「仲尼之言、王駘之德」都不離此空幻的作用。《成唯識論》說「幻」：「佛世
尊於有及無，總說無性。云何依此而立彼三。謂依此初遍計所執立相無性，
由此體相，畢竟非有，如空華故。依次依他立生無性。此如幻事託眾緣生。」
〔註81〕佛以空、有二諦論說，凸顯法界非眞，故萬法皆識，一切法界的現象
皆是由緣所變，所謂空華如幻似夢可知。故楊氏以唯識所詮解的「德」，雖無
直接否認其於現象界的作用，但「德」即爲緣顯，亦是阿賴耶識的幻變，所
以明顯的是，此「德」於「道」的功能實減弱，已非有老莊「出乎幽冥」的
深奧微妙，更不能比擬於佛果成就功德之高度了。

總之，楊氏是以「一切唯心」的層面解釋人間現象，其視莊子之「德」
亦爲幻有，其泯除了「德」爲「道」的玄奧，以爲「德」之虛幻需歸於眞如
之性。因此楊氏此「德」說與莊子思想仍是異同互見，蓋楊氏所詮釋的「德」
由緣所顯，但此假有亦阿賴耶識之造作，與莊子視爲「道」所醞釀的「玄德」、
「空德」皆由最高實體所攝。然而，楊氏之「德」爲因緣合和，故有不眞實
意，亦不違離「一切唯心」、「萬法唯識」的思辨規範；而莊子之「德」，係爲
玄德亦是眞常之德，此兩者又迥異不同。

### （四）依「轉識成智」所證成的「渾沌」妙說

「渾沌」爲〈應帝王〉篇中，莊子所虛構的中央之帝，其意涵代表「道」
混沌未分之狀態，而「儵」爲南方之帝代表「有」，「忽」爲北方之帝代表「無」。
大抵莊子欲藉渾沌、儵、忽對話的寓言，以證成「道」非有非無的原始，並
轉以貶斥人爲作用，申論自然之狀。《經典釋文》載「渾沌，無孔竅也」，又
說「清濁未分也。此喻自然。」〔註82〕故謂「渾沌」係天地未創，於有、無

---

〔註80〕 《南華經發隱》，頁10～11。
〔註81〕 玄奘譯：《成唯識論》收入《大正新修大藏經》，第三十一冊，卷九，頁48。
〔註82〕 《莊子集釋》，頁139。

未分之際亦可。《老子》二十五章則說：「有物混成，先天地先，寂兮寥兮，獨立而不改，周行而不殆，可以爲天下母」，故老、莊對天地未分前的詮解，都著重在玄冥初始，是「道」自然無爲的象貌。而如「儵」、「忽」對「渾沌」「鑿」的作用，雖開創耳目鼻舌的識見，莊子則以爲是破壞「道」本原狀態的累贅。

　　楊文會則欲由佛學來理解「渾沌」之妙，《南華經發隱》，曰：

　　　　儵、忽六七識生滅心也。渾沌，八識含藏心也。渾沌無知爲儵、忽
　　　　所鑿而死。渾沌雖死，其性不死。……旦夕推求渾沌之性而培植之，
　　　　久之而渾沌復甦，囊之無知者，轉而爲精明之體矣。於是儵、忽奉
　　　　爲宗主，聽其使令，非但分化於南北，仰且并八方上下而統治之，
　　　　渾沌改名爲大圓鏡，儵名妙觀察，忽爲平等性。與儵忽爲侶者，皆
　　　　名成所作，四智菩提，圓彰法界，南華之能事畢矣。〔註83〕

此認爲「儵」、「忽」並未圓滿，故朝夕推求「渾沌」之本性，欲成就道境。故楊氏以「渾沌」的復甦終爲「大圓鏡」，即阿賴耶心的轉依，以「儵」之所轉爲「妙觀察」，以「忽」爲「平等性」，又視「儵」（有）、「忽」（無）二端之外物，轉爲「成所作」，這顯然是唯識學的思意，即「轉識成智」。《成唯識論》言「故此四品總攝佛地一切有爲功德皆盡，此轉有漏八七六五識相應品，如次而得。智雖非識，而依識轉識爲主，故說轉識得。」〔註84〕所謂「轉識成智」蓋以有漏法轉無漏法，轉煩惱爲眞智，故前五識口耳鼻舌身轉爲「成所作智」，意識轉爲「妙觀察智」，第七識末那轉爲「平等性智」，阿賴耶識轉爲「大圓鏡智」，此四智由無漏種子薰習佛法而成，故「轉識成智」即是成佛，即「攝佛地一切有爲功德」。又說「大圓鏡智」：「一大圓鏡智相應心品，謂此心品離諸分別，所緣行相微細難知，不妄不愚一切境相，性相清淨離諸雜染，純淨圓德現種依持，能現能生身土智影，無間無斷窮未來際。」〔註85〕因此證得「大圓鏡智」即阿賴耶識的自證，能離諸雜染，使自性清淨本然承現，一切圓滿功德皆在此，楊氏則喻爲證「精明之體」。

　　不過，楊氏此說與《莊子》原意未必合同，與歷來解《莊》者亦有抵觸，如成玄英說「渾沌」即「非無非有者」，此同於老子所說的「恍惚」之境，因

────────────────

〔註83〕《南華經發隱》，頁13。
〔註84〕《成唯識論》，卷十，頁56。
〔註85〕《成唯識論》，卷十，頁56。

此「渾沌」為「儵」、「忽」：「鑿七竅以染塵，乖渾沌之至淳，順有無之取舍，是以不終天年。」〔註86〕有無交相互鑿，雖開了七竅之孔，故離於「恍惚」，捨棄「眾甫」的根始，然實不得完盡「道」本然的恆常。故郭象也說是「為者敗之」的不自然行舉。而釋德清也說是：「雖俄爾有形，尚無情識，渾然沌然無知無識之時也。及情竇日鑿，知識一開，則天真盡喪。」〔註87〕識知一開天真便盡損了，勢必違離起始的真實與信實。可知諸家皆視「渾沌」鑿竅是本然的破壞，亦是對根始的喪失。如〈齊物論〉也以為，上古至人是全靈全智無可復加的，但隨著物、我之分際，則是非章顯，是非章顯則「道」有虧損，然後才產生愛恨。故相對來說，楊氏把渾沌復甦視為「無明」的消滅，與各家析論的過程大有不同，楊氏曰：

> 以無始無明，稱為渾沌，既是渾沌，必有儵、忽。既有儵、忽，必至鑿竅，後之解者，但惡其鑿，意謂不鑿則天性完全，豈知縱不被鑿，亦是闇鈍無明，不能顯出全體大用也。莊生決不以渾沌為妙道，有他文可證，此章說到迷妄極處而止，未說返流歸真之道。〔註88〕

楊氏以「渾沌」為「無明」，「無明」是真如本心的不覺，住於愚癡昏昧的慾海中，故楊氏以為「渾沌」被鑿才是自性的復甦，能鑿「破」才能返真，因此其由唯識轉依開出，說「渾沌」係無明雜染，而欲變現一真的「大圓鏡智」。但相較諸家解《莊》學者說法，楊氏以唯識「轉識成智」解「渾沌」，顯然有泥於佛學之嫌，其對於此種解構的迥異，則說「此章說到迷妄極處而止，未說返流歸真之道」，反而批評諸家之詮解有未盡處，以為假使「渾沌」不鑿，便「不能顯出全體大用」，鑿之卻是要「返流歸真之道」了。

　　總而論之，如由〈應帝王〉全篇文字來看，楊氏論點是否合乎《莊子》原意仍是有待斟酌的，其以「轉識成智」解「渾沌」義，可說是為證成佛學而有所預設，與《莊》書原意實未盡同。但如從「以佛釋莊」的視界論，則充份的發揮唯識學說的妙論，于道佛會通畢竟有創新處，故亦具義理思想之價值。

---

〔註86〕《莊子集釋》，頁 139。
〔註87〕釋德清：《莊子內篇注》（台北，新文豐出版公司，2004 年），頁 451。
〔註88〕《南華經發隱》，頁 13～14。

## 四、小結

從上述知，楊氏之「以佛釋莊」思想是深具內涵的，非深闇道、佛思想不能會通之，故其人與著作皆有可觀處，有三點價值可留意：

### （一）會通道、佛之用力

歷來「以佛釋莊」，至明憨山、方以智以趨成熟，楊氏則參考其說法並有所創新。以本文所探索的四大要點而論，楊氏充份運用了大乘空宗、有宗、華嚴等理論觀點，對《莊子》本有的「逍遙」義、「心齋」、「德」、「渾沌」作了詮解。如其會通「道」與「眞如」二端的思意，視老、莊爲大乘菩薩，以「十大」爲「逍遙」開展之範疇，亦提高了道家思想於佛學之高度與深度。而由佛學「識」、「眞空」觀點攝入「心」、「破」、「氣」等義理課題，層層漸進，也處理了道、釋二學思想的隔閡。其說「佛佛道同」，此實可爲其道、佛之會通作一注語。

不過，楊氏解《莊》的部份詮釋仍有相當附會，此乃所持實偏向佛學立場故。如其論及憨山與陸西星二家的《莊》注時，便以爲「今閱二書，猶有發揮未盡之意，因以己意釋十二章，與古今著述迥不相同。」〔註89〕故楊氏也承認其解《莊》，是與古今注家迥異的，而以爲《老》、《莊》、《列》之作從佛法論說皆是要「能令眾生隨根獲益」，此誠是由佛學之理解入手，故楊氏對道佛之會通勢必是以佛學爲宗旨，此亦可見其「以佛解莊」的用意所在。

### （二）發展道家思想

楊氏之作雖以佛學理論爲方法，然對於道家思想亦有所闡發，如其判「道」之本體與「眞如」，實承認道家之境界同於佛，此比較宗鏡判老、莊爲通明禪，憨山判老、莊爲天乘止觀，仍是更高一籌。又如《陰符經發隱・序》推尊黃帝之言爲「善知識」，其說「上古鴻荒未闢，文教之興，始於黃帝。故老、列、莊所引用者，多黃帝之言。此經無論何人所傳，其微言奧義必出於黃帝。」〔註90〕黃帝本傳說人物，楊氏視上古教化始源於黃帝，又以爲是道家之祖，其之信誓旦旦不異是欲提升道家思想的地位。

且《南華經發隱》外，楊氏又著有《道德經發隱》、《陰符經發隱》、《沖

---

〔註89〕《南華經發隱》，頁1。
〔註90〕楊文會：《陰符經發隱》收入《楊文會居士遺著》（台北，新文豐出版社，1993年），頁147。

虛經發隱》等一系列道家經籍注解，其說《道德經》：「眞俗圓融，實有裨於世道人心」，〔註91〕又說《南華經》能：「歷舉上古聖帝共行此道，以啓發後人信修之心」，〔註92〕因此楊氏仍肯定道家思想之價值，是能夠有益於紛亂的現實社會。從晚清的時局而論，楊氏之發揚道家思想，必然是著重於救弊、致用的意趣可知。

### （三）闡揚佛教理念

楊氏析釋儒、道典籍，其最終目地乃在於對佛學的推廣，故其《陰符經發隱》說：「夫論道之書，莫精於佛經，佛經多種，莫妙於華嚴，悟華嚴宗旨者，始可與談此道。」〔註93〕此認同華嚴思想的高度在諸佛經之上，而佛經之妙又冠於群書之上，故楊氏思想的終極旨趣，必然是以佛學爲最勝義。

另外，楊氏對佛教的推廣亦不遺餘力，其歸隱後便持續刻經、搜羅古經，並創立多處佛學院，訂定修行的儀則戒規，制作佛學課本等，對晚清至民初的佛教復興亦作了貢獻。而其對儒、道、釋的會通也促成如譚嗣同、章炳麟等學者對佛學的深入，因此楊氏學術對於晚清、民初之際的義理、宗教思想，是有其深刻影響的。

## 第二節　德園子《道德經證》以佛說證成之《老》學、金丹思想

從道家思想的發展而論，道、佛思想的相互比附有其重要之學術意義，受到六朝玄佛會通的渲染，以佛學理解《老》、《莊》，或以道家理論解釋佛學，乃成爲魏晉以降重要之詮解方法。近人蒙文通以爲：「羅什、圖澄皆注《老子》，其信否未知，而惠琳、惠觀、惠嚴皆有《老子注》，〈陸序〉稱爲『宋世沙門』，則釋氏注《老》，先有其事，故《老》家亦沿而用釋。」〔註94〕羅什、圖澄皆以沙門的身份注解《老子》，可知魏晉時期，佛經之譯經與注經已頗有《老》學影響，南北朝「格義」思想之特色，不外乎是以中國固有思想之文字、辭彙、哲理，進以結合印度佛學之教義與理論爲梗概，可知道佛思想之相互比

---

〔註91〕楊文會：《道德經發隱》收入《楊文會居士遺著》（台北，新文豐出版社，1993年），頁159。
〔註92〕《南華經發隱》，頁14。
〔註93〕《陰符經發隱》，頁148。
〔註94〕蒙文通：《道書輯校十種》（成都，巴蜀書社，2001年），頁359。

附在當時可謂趨勢；明代的釋德清、方以智亦有會通佛、《莊》之作，如釋德清說「佛、老以無我爲宗。」〔註95〕又說：「老氏所宗，以虛無自然爲妙道。此即《楞嚴》所謂分別都無，非色非空。」〔註96〕佛、老皆抱持「無我」之意，以無爲本乃能成爲二家學說的共同識見，故佛、老皆據「無」的意境有其近似處，此亦說明魏晉以降，道、佛哲理之會通並無隔閡。總言之，姑且不論佛學與道家於語言、哲理仍有根本上之歧見，或者工夫論與境界觀的迥異，此種學術會通大抵成爲魏晉以降道家思想之特色。

晚清時期，諸子學復興，學者重新審視諸子研究的意義，魏晉以降玄佛會通的詮解脈絡也旋爲學者所重視，在這種著重義理的趨勢下，也間接提高佛學的價值，梁啓超說：「晚清思想界有一伏流曰：『佛學』。……晚清所謂新學家，殆無一不與佛學有關係。……經典流通既廣，求習較易，研究者日眾。就中亦分爲兩派，則哲學的研究與宗教的信仰也。」〔註97〕佛學以豐富的義理思想著稱，其高度的邏輯、辨證思維爲學者所援用，乃成爲學者鑽研哲學思想的重要理路。

晚清德園子著有《道德經證》二卷，該書以諸家思想之合流爲要旨，以爲道家、佛學之虛心、眞如有所干涉，其採取「以佛解老」的方法，來處理《老子》的問題，此即欲由哲理思想之融會，探討《老子》「道」的理論與修「道」之工夫方法。〔註98〕再次，德園子論說體「道」的工夫與境界，亦不諱言道教的「金丹」修仙之術，以爲經由丹術修煉之法亦能上溯「道」本體之玄妙與佛理之正覺，故其融道、佛學說與道教金丹之術，試圖以學術會通之方式論述《老》學「道」論，此爲其成書特色。該書可觀處大抵有二，一在於能融會佛、道思想以論「道」，此可由哲理之層面析論；一在於經道丹術思想以求「道」，此著重修「道」之工夫方法，而以道家、佛學、金丹思想爲詮解，故實有集諸家工夫方法以求「道」的用意在。近代西方心理學家榮格（Carl Jung A.D 1875～1961）亦有整合佛學、易學、金丹之術與道家思想的

〔註95〕釋德清：《道德經解》（臺北，新文豐出版公司，2004年），頁45。
〔註96〕《道德經解》，頁40。
〔註97〕梁啓超：《清代學術概論》（臺北，里仁書局，2002年），頁84。
〔註98〕德園子屢次有提到心法問題，故在理念上頗近禪宗，如其以爲「根宗涅槃，妙心拈花，便了少林大意」，此說也符合禪學的源流。因此本文以爲其援用佛學以禪宗爲主，而以其他大乘教派，如中觀、眞常一系之說爲輔，故亦有對有、無、佛性思想之詮釋。見德園子：《道德經證》收入《無求備齋老子集成續編》（臺北，藝文印書館，1970年），卷一，頁2。

著作問世，其探析清人蔣元庭所整理的《太乙金華宗旨》，把金丹之理論運用於心性修養的形上層面，與《道德經證》有相近的思路，故可爲本文所參酌。大體上德園子之「道」論更強調爲「道」工夫之修持，其論證修心養性、眞空虛無與道家之「道」論有所干涉，而其運用佛學、金丹進行詮說，此也凸顯其佛道同源的思想意趣。

《道德經證》可視爲晚清時期以佛理、禪理解老的代表作，該書有「佛老會通」的思想價值，今人邱敏捷以爲：「他們多重應用了著名的禪宗語錄，分別將禪宗的重要思想引入《老子》篇章的詮釋之中，進行另類的學術創造，這對於學術思想的多元發展，當有其正價意義。」〔註 99〕故從晚清的《老》學思想而論，該書著重「道」思想之闡發與道、佛之會通，實有特殊意義。

本文則以《道德經證》之「佛道會通」爲研究要點，並探討其以佛解老、以佛學詮解「金丹」之用意。〔註 100〕該書以佛、道所析辨之「道」說，並旁及其本體論與工夫論爲論述要點，此大體有哲理、義理詮釋的價值，亦是晚清楊文會《道德經發隱》、《南華經發隱》與章太炎《齊物論釋》以外，佛學與道家思想會通的另一著作，對於晚清《老》學、佛學思想之擴充實有可觀處，可爲晚清民初之諸子學研究所留意，論述如下。

## 一、《道德經證》之思想意涵探析

德園子爲晚清時人，根據嚴靈峰之載紀其《道德經證》成書於光緒年間，其生平不詳，或說其身份爲道士一流，然經考察其言論，則是否爲道士仍有可探討的空間。〔註 101〕德園子今唯有《道德經證》一書傳世，據嚴靈峰之考證，《道德經證》大致刊刻於清代光緒年間。〔註 102〕德園子亦自言：「余昔見

---

〔註99〕 邱敏捷：〈以「禪」解老析論〉，收入《玄奘佛學學報》第三期（新竹，2005年 7 月），頁 55。

〔註100〕 本文以爲，德園子論述《老子》，其用意乃在於調解「三家之合」的問題，此由〈道德經證・序〉大致可看出。而德園子所論述的核心要點在於《老子》原文，其學說大抵由《老》學而漫延，在方法上，其所採取的「以佛解老」則爲所指。故其目的或在於道釋會通，但在方法上以佛家理論解釋應爲合理。

〔註101〕 據《無求備齋老子集成續編・目錄》載，《道德經證》係「光緒間刊本」，而由德園子於後序所言，亦知該書應爲晚清時期作品無誤，不過嚴靈峰唯考證該書，對於德園子的生平與生卒年則無進一步交待。嚴靈峰：《無求備齋老子集成續編》（臺北，藝文印書館，1970 年），第一函，第一冊，頁 2。

〔註102〕 邱敏捷〈以「禪」解老析論〉一文認爲德園子爲「道士」，其說：「綜上所見，宋・邵若愚、元・李道純，……以及清・德園子等都是道士身份。」可知文

泰西書所言耶穌降世，……夫道，本也；藝，末也；曆算機器出乎道者也。」
〔註103〕由此說可知，德園子應是身處鴉片戰爭以降，才能大量接觸西方的曆
算、機器等知識，西洋的《聖經》亦經由傳教士傳播於中國各行省，晚清以
降西學東漸風氣逐漸成熟，故《道德經證》可考證爲清末民國前之作品。

　　《道德經證》係德園子論證「道」說的著作，該書以唐代景龍二年易州
龍興觀碑本爲底本，景龍碑屬河上公本的流派，大抵爲舊版本中文字較可信
者，但德園子絕少採用古注古疏，亦少有針對文字音韻而訓詁考校，其論證
《老子》全然著重哲理層次的論述。近人蕭天石分判歷來詮解《老子》者，
有九派之別，曰：「歷代解老子者，除河、王二大系統外，餘亦多以其所得爲
宗，而自樹門庭者。……演化派，又稱民間派。……玄學派，又稱重玄派。……
儒林派，又稱學人派。……御注派，又稱君學派。……道教派，又稱道士派。……
丹道派，又稱修眞派。佛學派，又稱禪理派。……集解派，又稱會注派。……
校勘派，又稱考據派。」〔註104〕德園子之書並不重視集解、考據之方法，大
體能匯集玄學派、儒林、佛學、丹道之特長，融通諸家之心性哲理，以探討
「道」思想爲學說旨趣。其思想內涵大抵有二，一是強調儒佛、道佛思想之
合流，德園子除以佛解道外，於儒學上多有援用《周易》、孟子之說，亦有採
取理學觀點；二是借重「丹道派」之理論，欲經由修煉「金丹」的工夫方法，
以達到養性正心的緣「道」目的，論說如下。

### （一）強調三家思想之合同

　　德園子之參同三家意趣，大致是由心性的範疇入手，如德園子在《道德
經證・序》便一再的點出三家之論「心」，實有同理可證，曰：

　　　中把羅列的諸位思想家都視爲道士。見邱敏捷：〈以「禪」解老析論〉，收入
　　　《玄奘佛學學報》第三期，頁79～80。不過此說或可再作探討，蓋德園子於
　　　《道德經證・自序》言「僕業風鼓慮，欲浪漂形，怠忽生愆，因循負道，驚
　　　心馬齒，五十年餘矣。……竟忘一介塵凡。」可知其五十多歲以前皆無有涉
　　　及爲「道」之事，故有「怠忽生愆，因循負道」之說，其語末則以「一介塵
　　　凡」自居，似乎也無法證實德園子身份是爲「道士」之流。據嚴靈峰所編《無
　　　求備齋老子集成續編》亦無指出其道士身份，故本文乃對德園子身份採取保
　　　留說法。見德園子：《道德經證》收入《無求備齋老子集成續編》，卷二，頁
　　　2。
〔註103〕《道德經證》收入《無求備齋老子集成續編》，卷二，頁44～47。
〔註104〕蕭天石：《諸子概說與書目提問》收入《中國子學名著集成》（臺北，中國子
　　　　　學名著集成編印委員會，1978年），第一冊，頁411～414。

> 盡心者聖，具道者心。是以人同此心，心同此理，先聖後聖，其揆
> 一也。自昧焉者，……未會三家之合，徒爭三教之分，故門戶別而
> 血脈鮮通，根源明而末流斯契，是不可不證其同也。〔註105〕

蓋先聖、後聖皆以心性而證道的，雖然各家工夫有異，然其實意思是一致的。從此而論則諸家聖人之「道」的範疇實一致而同理，而儒家之聖人、道家之神人、至人與佛的地位、層次便可能趨於統一。此說以爲諸家學說雖異然殊途同歸，亦說明了三家思想的究極理趣或可能進一步會通，甚至合流的。至於三家思想既然有合同處，但爲何三家的學說理論迥異，德園子則先由其道、儒會通論說，其云：「師持一說，家守一傳，……道法三千六百門，人人各執一苗根，要知些子元關竅，不在三千六百門，是不可不證其異也。」〔註106〕聖人開出其學說後，諸家後學則各擅其論，終形成師說家派，故爲道方法多歧以至於有「三千六百門」之異。可知德園子把此「道」提高至上古思想的層面，上古之時「道」本爲一，上古以降才形成百家之歧，故其析論《老子》「竊以闡唐虞之心法，即以證儒道之同源」。〔註107〕也就是欲藉《老》學的崇門，而得以窺探上古古學心法，由此亦可進一步證明「儒道同源」，而導出儒道會通的結論。再次，德園子採取佛學的原因，其以爲佛學亦合於上古道說，因此「顯示見前面目，單提向上，根宗涅槃，妙心拈花，便了少林大意，結果自然，固已同瞻水月之容，盡掃波旬之說矣。」〔註108〕欲追溯上古道說，則援引佛學妙說亦爲一途徑，所謂「同瞻水月之容」，也說明德園子認同佛學的證「道」與道儒學說是有相同趨向的。

　　德園子舉《老子》「江海所能爲百谷王」爲喻，指出聖人體「道」虛懷若谷故能包容天下學問，所以「在乎上下前後四字，蓋取上下前後，并作一條命脈，隱示眞空妙有，眞人游息藏修之境。參此一條命脈，即可悟三教同歸之大本，達萬殊一貫之眞宗。」〔註109〕因此不論佛學的眞空妙有、道家的虛無、儒學的仁義皆可經由「心」的印證而契合爲一，此蓋「道」能含蘊一切萬有，開出萬殊道理的指涉。事實上，晚清嚴復之探討《老》學，亦有此種「殊途同歸」指向，其《評點老子道德經》亦言「《老》謂之道，《周易》謂

---

〔註105〕《道德經證》收入《無求備齋老子集成續編》，卷一，頁1。
〔註106〕《道德經證》收入《無求備齋老子集成續編》，卷一，頁1。
〔註107〕《道德經證》收入《無求備齋老子集成續編》，卷一，頁2。
〔註108〕《道德經證》收入《無求備齋老子集成續編》，卷一，頁2。
〔註109〕《道德經證》收入《無求備齋老子集成續編》，卷二，頁31。

之太極，佛謂之自在，西哲謂之第一因，佛又謂之不二法門。萬化所由起訖，而學問之歸墟也。」〔註110〕故「道」係萬有之開始，亦是學問欲探究的終極奧旨，此說與德園子理念是近切的。故可知晚清諸子學之論道儒佛會通者，德園子並非是獨一的，學者大抵由哲理思想的觀點而判斷，論證三家學說是可以溝通融會的。

　　不過，比較《道德經證》說法與《老子》原文內容，德園子之三家會通亦有諸多曲解處。如前所述，《道德經證》採取道、佛、儒學會通以詮解《老子》，是乃德園子架構「道」論的方法，不過畢竟《老子》文中仍有多處批評儒學的德觀與仁義禮說，亦有諸多與佛學無關之思想。有鑑於此，則德園子為了使其中理論相互符合，則另開出一套詮解說法，以契合三家會通的脈絡，如解《老子》之「上德不德，是以有德」一段，則曰：

> 是必於尋常日用，……息息反觀，心心內照，……此聖人教人以禮制心之本意。……中成之功程為上義。義也者，太極一動所生之陽也。道家謂之真汞，世尊喻為曇花是也。此陽非陰中之陽，乃陽中之陽，此義非禮中之義，乃義中之義，故曰上義。即孟子所謂集義所生者也。〔註111〕

誠如河上公所注，則「上德」是一上古「大無上」、「無名號」之君德。其下則有「上仁」、「上義」、「上禮」，此三種德行依序遞減，故河上公說「言德衰而仁愛見也。言仁衰而分義明也。」〔註112〕實呼應了《老子》以「失道而後德，失德而後仁，失仁而後義，失義而後禮」的論說，因此上仁上義上禮相對於「道」是含有貶義的。〔註113〕道家之「道」以虛損為處世的姿態，故以無為消化一切有為。不過德園子為了對三家思想進行會通，則忽視了此「道」、「德」遞減之義，反而認為「上仁」、「上義」、「上禮」是進「道」的「三成功程」，其以為「上禮」是「小成之功程」，能盡上禮即符合《禮經》的「毋不敬」，也同於先聖「以禮制心」之意。「上義」則如同太極生動的一「陽」、道家的「真汞」，亦符合佛千年降世的曇花祥瑞。德園子以《孟子》的「四端之心」應和之，也可見其提高《老子》所謂「上義」的形而上層次，認為是

---

〔註110〕嚴復：《評點老子道德經》（臺北，廣文書局，1979年），頁23。
〔註111〕《道德經證》收入《無求備齋老子集成續編》，卷二，頁1～2。
〔註112〕河上公：《老子道德經注》收入《無求備齋老子集成初編》（臺北，藝文印書館，1965年），第八冊，卷下，頁1。
〔註113〕《老子道德經注》收入《無求備齋老子集成初編》，第八冊，卷下，頁12。

可以與無上之「道」相銜接。《道德經證》解《老子》「絕聖棄智」一段亦然，其曰「聖智者，大成之用。仁義者，中成之用巧利者。……言此三者，皆道之文，尚非盡善。……三成功畢，前此巧利仁義聖智之用，皆可棄矣。」〔註114〕此說以爲聖智仁義是成聖的中間過程，雖仍不完美，但卻是證「道」的必須途徑，故爲「道之文」，之後功畢此三種過程便可忘棄。不過按《老子》原意，對於聖智、仁義雖偶有褒辭，但大體是採取否定態度，而非視爲「道」圓融之下的德性，畢竟道以「沖虛」爲用，而「下德爲之而有以爲」，「下德」係有爲之作爲。〔註115〕從此說上仁上義之說固然爲人爲德行的極致，但與虛、損實無涉，故德園子欲結合道、儒家思想，而刻意抬高屬於儒學的聖、智、仁、義於道說地位是顯明的。

　　總而言之，德園子的三家會通學說固然是消弭了道、釋、儒學的部份思想歧異，但所折衷之內容是否能盡合《老子》原意，此實有待更多之論證了。

## （二）著重金丹道術之修煉旨趣

　　再次，《道德經證》亦大量援用丹術方法論證「道」說。據蕭天石對於《老》學「丹道派」的解釋，其曰：「此派以煉養身心，雙修性命，溷合陰陽，混一人天，而極於聖功神話，羽化登眞爲本旨。」〔註116〕「丹道派」是採取道家哲理作爲其丹術之內容旨要，不過其中所論述的服食、修持之術實近於神仙之術，也就是欲藉丹藥之效用而大化、登仙，《史記》載有秦代方士說秦皇以求仙藥，謂：「臣等求芝奇藥仙者常弗遇，類物有害之者。……眞人者，入水不濡，入火不熱，……陵雲氣，與天地久長。……然后不死之藥殆可得也。」〔註117〕此論「眞人」、「入水不濡，入火不熱」實出於《莊子》，也可見秦漢方士的服食求仙說法，其接引道家思想是其來有自的。蓋《莊子》文中所謂「眞人」、「神人」等範疇，也因有不可思議神通成爲後世神仙術所論述的對象。

　　所謂「金丹」又有「內丹」、「外丹」之分。「外丹」爲實質的藥物，須以高溫爐火結合諸多金屬調配，古代道士以爲外服丹藥亦可成仙，與天地同度。宋代道教著作《雲笈七籤》云：「寒山子至訣云：『但悟鉛眞，藥必自神；但

---

〔註114〕《道德經證》收入《無求備齋老子集成續編》，卷一，頁 22～23。
〔註115〕王弼注：《老子道德經》收入《新編諸子集成》（臺北，世界書局，1991 年），第三冊，頁 23。
〔註116〕《諸子概說與書目提問》收入《中國子學名著集成》，第一冊，頁 413。
〔註117〕司馬遷：《史記》收入《百納本二十五史》（杭州，杭州古籍出版社，2001 年），第一冊，頁 29。

記汞正，藥如自聖。修之合聖，天地同慶。得因師傳，爲道之經。』所以古之聖人，不直言之愚，容易託之《周易》，寄之五行，合之符契，眞仙之理，莫若大丹之神歟！大凡人間之大丹。」〔註118〕故「外丹」之結構乃鉛、汞等金屬物質，再輔以石灰、石碳、水、火以鍛煉，亦必須契合於陰陽、五行的理論，故能成仙便是與天地齊等。《雲笈七籤》專立「金丹」一部，以十一卷的內容論述其中思想要旨、修持方法，可知「金丹」一物乃爲古之方士重視，《雲笈七籤》作爲一闡述道教思想之著作有濃厚之宗教色彩，後被收入於《道藏》之中爲道教奉爲經典，故所立「金丹」之論也大概爲道教所承認。

東晉葛洪《抱朴子》是爲記載內外丹理論的重要典籍，曰：「余考覽養性之書，鳩集久視之方，曾所披涉篇卷以千計矣，莫不皆以還丹、金液爲大要者焉。」〔註119〕該書以「寶精行氣」爲修養身心之要，亦列有「九丹」、「九轉之丹」之說。而其〈金丹〉篇所羅列之丹藥大抵是指「外丹」言，其據《黃帝九鼎神丹經》：「黃帝服之，遂以昇僊。……服神丹令人壽無窮，已與天地相畢，乘雲駕龍，上下太清。」〔註120〕可知外服「金丹」亦能長生不老，至一定修爲則乘雲、駕龍與神人無異。故古代方士實承認有超脫凡塵的「金丹」藥物存在，服之則可列入仙班。

所謂「內丹」是以自我身心爲丹藥的修持方法，葛洪於《抱朴子內篇·辨問》說：「惟須篤志至信，勤而不怠，能恬能靜。……得合一大藥，知守一養神之要，則長生。」〔註121〕古人以爲服食外丹便能成仙，而以身心之修養亦可能達到與外丹同樣的效果，故「內丹」以提升精神境界爲主，以人身脾肺五臟相副，故外內丹理論上雖有物我的不同，其運用或可假借。總言之，「內丹」之學實與心性修養相干涉，誠如〈悟眞篇原序〉所言：「追二氣于黃道，會三性于元宮，攢簇五行，和合四象。」〔註122〕陰陽、五行、四象之意象可能是一種借托隱喻，然如何以心性冥契天地萬物之種種才是爲要點，嚴遵演繹《道德經》也以爲「上德之君，性受道之纖妙，命得一之精微。性命同於自然，情意體於神明，動作倫於太和，取捨合乎天心，神無所思，志無所慮，

〔註118〕張君房編：《雲笈七籤》收入《影印文淵閣四庫全書》，卷七十三，頁 11～12。
〔註119〕葛洪：《抱朴子內篇》收入《新編諸子集成》，第四冊，頁 12。
〔註120〕《抱朴子內篇》收入《新編諸子集成》，頁 14。
〔註121〕《抱朴子內篇》收入《新編諸子集成》，頁 14。
〔註122〕張伯端撰、翁葆光注：《悟眞篇注疏》收入《景印文淵閣四庫全書》（臺北，台灣商務印書館，1983 年），第一千零六十一冊，子部，頁 3。

聰明玄遠，寂泊空虛，動若無形，靜若未生。」〔註123〕所謂「性命同於自然」，也就是心性之修養可與萬物齊一，道家倡導自然無為與天地併生，故內丹的心性鍛煉之論，亦合乎道家的修養工夫。

　　德園子之解《老》學亦採取此內丹的修煉觀點，以為修「道」與心性修養相關，修煉「金丹」的工夫方法亦可融入道家思想，則「丹」成「道」亦成，德園子解釋《老子》第九章「埏埴以為器，當其無，有器之用」，便說：

> 道法之要，有以運行為用者。有以挹注為用者，有以覺照為用者……有挹注，故有鼎爐器皿之喻焉。有覺照，故有元關神室之喻焉。器之體有形，器之用無形。〔註124〕

體「道」的工夫各異，或運行著手，或從挹注添加著手，或覺悟觀照著手，但實殊途同歸。故不論器物與心性皆是以無為體，以有為用，故以修養工夫言，則人的身心便有如鼎爐器皿，是可以經水火悶煮澆淋而鍛煉，故人身心之功用與器鼎無異，外物既能煉成大羅仙丹，則身心與外物不二，經修煉後亦可達於同樣理境，故德園子的外丹理論方法確實可與內丹統一，此觀點也導出人的身心同於煉丹的器物。德園子解釋《老子》「持而盈之，不若其已」一段，便舉出宋代張伯端《悟真篇》的說法，以為：

> 〈悟真篇〉詩云「未煉還丹須速煉，煉了還須知止足。若也持盈未已心，不免一朝遭殆辱。」……持盈宜已，謂水滿之易覆也。銳不可保，謂煉金之宜純也。金玉四句，總言工夫到此，金精充滿，水性周章，易蹈驕淫，難持久遠。〔註125〕

張伯端其人具有神仙色彩，而《悟真篇》則為煉丹專書，《四庫提要》言：「是書專明金丹之要，與魏伯陽《參同契》，道家並推為正宗。」〔註126〕故該書專明金丹之旨要是明確的，該書與《周易參同契》同調，大抵為後世的方士皆奉為金丹圭臬。而德園子論述其識見，以為錬丹如同盤水不能盈滿，一滿便會溢出而不能保久，此也合乎《老子》以沖虛為用之說法。德園子曾為修「道」與金丹之會通作一註解，其言：「昔孫教鸞師，以性功習靜歲餘，瑩澈幾先，自知非陽神沖舉之道。……如邵子之究心象數，程子則有所不屑。……蓋陰

---

〔註123〕嚴遵：《道德指歸論》收入《景印文淵閣四庫全書》，子部，第一千零五十五冊，頁3。

〔註124〕德園子：《道德經證》收入《無求備齋老子集成續編》，卷一，頁15。

〔註125〕《道德經證》收入《無求備齋老子集成續編》，卷一，頁11～12。

〔註126〕紀昀等：《四庫全書總目》(臺北，漢京文化事業有限公司，1981年)，頁784。

神技倆，雖有靈通，未離鬼趣。即敲爻歌所謂『只修祖性不修丹，萬劫陰靈難入聖』。」〔註 127〕以爲諸家體「道」之方法未必有效用，故如不能體現丹術之法，則不能入非常之道，因此德園子乃以「道之華，愚之始」貶斥歷來的修持之術。此也可見德園子之刻意抬高丹術理論的企圖，以爲非經煉丹而不能悟入正果。

又如其解《老子》「含德之厚，比之赤子」一段，也提出「金液」、「玉液」之詮說，其云：「上章言玉液，此章言金液。玉液者，復性之功，金液者，延命之術，金液視玉液，德厚加矣。」〔註 128〕此以爲「玉液」乃是返原心性本真的作用，「金液」則指修身養命之術，二者皆有所得，便如同內含深厚德性的真人，是內外不侵的，蓋德園子乃以老子思想的「知常」、「益生」比附此二觀念可證。「金液」、「玉液」爲丹術之書所常用的詞語，案德園子此說大體是由外丹思想嫁接內丹的一種說法，也就是把外服丹藥的作用引譬至內在心性的涵養。所謂「玉液」實有其物，如《本草綱目》之詮解「白玉髓」一味便以爲是「玉脂」、「玉液」，李時珍云：「別錄曰：『生藍田玉石間。』時珍曰，此即玉膏也。別本以爲玉泉者是矣。……《山海經》云『密山上多丹木，……其中多白玉，是有玉膏。……剛天地鬼神是食、是嚮。君子服之，以禦不祥。』……《河圖玉版》云：『少室之山有白玉膏，服之成仙。』」〔註 129〕故「玉液」本指晶石一類，外形淺白色可透光，是實有的礦物，從《本草綱目》、《山海經》的線索可知，古人用以服食或饗祭神明，以爲服食這種玉石可以長生不死，甚至成仙。「成仙」之說爲古代修道之士所認同，如《太上虛無自然本起經》：「和合天地日月陰陽，雌雄魂魄之精炁以養真人。……夫真人者，有形景，屬天爲吏，壽歲有萬數。……天上壽盡，便或上補神人。」〔註 130〕此也把成仙的途徑與「修煉」、「真人」、「神人」作一聯繫，也可說經由服食丹藥與修煉或能達到神仙意境也。故德園子謂玉液有「復性之功」，這種結合內在心性與外在金丹的理論，也可證明其欲調和心性與內外丹術的學說企圖。

---

〔註 127〕　《道德經證》收入《無求備齋老子集成續編》，卷二，頁 3。

〔註 128〕　《道德經證》收入《無求備齋老子集成續編》，卷二，頁 20。

〔註 129〕　李時珍：《本草綱目》收入《景印文淵閣四庫全書》，子部，第七百七十二冊，卷八，頁 51～52。

〔註 130〕　佚名：《老君太上虛無自然本起經》收入《道藏精華》（杭州，浙江古籍出版社，1989 年），上冊，頁 4～5。

## 二、《道德經證》以佛解老的唯心道論

　　如前所說，《道德經證》乃大量援用佛學與儒學、金丹的識見，此即德園子爲詮說《老子》之「道」，所開出道釋、金丹會通的義理方法。而德園子以大乘佛學、禪宗思想來解釋一切世間法、出世間法之同源尤爲明確，此也處理了《老子》書中以「無爲」消弭一切「有爲」的特殊意義，故其運用道佛會通的詮解，也成爲該書重要理論思想。德園子承認一至高無上之「道」，而天地萬有皆爲「道」之所出，屬於天地萬有一隅的「人」，亦可經過修養的工夫，從以契合「道」化，同歸大通，此即道心人心同歸之說，蓋德園子的《老》學思想可由此開出三個方向，第一是爲論說「道」本體之狀態與規模，再次則論述天地萬有歸屬之問題，此兩種範疇德園子大抵運用道佛會通、道儒會通之理念論說之，如《老》學之「物」、「大」、「道」、天地，《易》的太極、陰陽，佛學之眞空妙有、頑空皆有干涉；第三是爲詮解人之心性論與修養工夫的問題，德園子釋《老子》二十三章言：「無形先有形，故曰先天地生。……返者，返諸吾身之虛，以合太虛之虛也。」〔註131〕故以爲心性如經過涵養，亦能超越形氣之拘，返諸「太虛」之眞。本文以爲，《道德經證》之論說「道」之本體、「道」之象狀、爲「道」之工夫，皆有滲入佛學思維，其雖旁以金丹之法辨證，但藉佛學所析論的唯心觀點，可視爲其學說的重要樞紐，如下。

### （一）攝入大乘空、有法門的無爲、有爲論說

　　《老子》首章即開出「有」、「無」之問題，「有」係天地之母，是萬物化生之規則，所謂「無」則爲天地之本始，「有」、「無」同出異名，是爲《老子》本體「道」思想的重要範疇。德園子則採取道、佛合流的理路欲消化《老子》有、無之說。從《老子》原文可知，其大抵有數說以「有」、「無」的組合方式辨證「道」與「道」規範下的現象世界，如《老子》第二章「有無相生」、第十一章「有之以爲利，無之以爲用」、第四十章「天下萬物生於有，有生於無」皆然，不過固然「有」、「無」之觀念在文字上形成對比，然《老》學實以無爲本，故有與無之概念並非相對，而是相反相成，王弼《老子注》也以「天下之物皆以有爲生，有之所始，以無爲本」爲論說。〔註132〕「有」是「徼」是規則，「無」是純粹虛空之本質，此直以「無」而規範「有」，故一切「有」

---

〔註131〕《道德經證》收入《無求備齋老子集成續編》，卷一，頁29～30。
〔註132〕《老子道德經注》收入《新編諸子集成》，第三冊，頁25。

的根本仍不違於「無」（規則或萬物皆然），「無」既是本源，故無、無爲的範疇也能通達上溯於「道」。

　　道無所不在，道生萬物且規範萬物，故以其「虛」、「無爲」的作用來說，「無爲」仍是規範「有爲」，乃至一切經驗事物，故《老子》說「爲無爲，而無不治」，此也說明「道」之作用變現於萬有之中，實能以「無爲」規定之，故無所不爲。〔註133〕勞思光視「無爲」係《老子》對「道」的反證，一切萬有「悉在變逝之中；每一事物皆無實性」。〔註134〕因此如何尋求萬有之外的眞實性，則經過「無爲」以至於「道」的論證，便是對萬物「有」的檢視，《老子》第三十七章說「道常無爲而無不爲」，蓋「無爲」的作用大矣，亦對應於天地萬物之「有爲」。勞氏又說：「何以謂『無爲而無不爲』，蓋言自覺心駐於無爲，乃成主宰；而如此之主宰將可在經驗界中發揮支配力量，而獲致經驗效果。」〔註135〕「無爲」而「無不爲」，其中以損、虛工夫而通貫於「道」的層次，故「無爲」乃有超越之意義可知。蓋「無爲」係「道」所變現的姿態，因此由「有爲→無爲→無不爲」的架構論證，即充份說明《老子》道化的作用之廣大，蓋《老》學對於超越義之「有」、「無」，乃落於經驗界之「有爲」，與超驗之「無爲」範疇。故基於此採取「相反相成」的觀照，此即《老》學「返」、「逝」學說之用義。〔註136〕

　　德園子亦由「以佛解老」詮解《老》學之道說，其論析《老子》的有無、有爲無爲，並且尋求中觀之教法來說明一切出世間法的常與世間法的不眞，此也處理了《老》學形而上的「無」與經驗層次的「有爲」。德園子認爲天地萬物所衍生與化生皆在「有爲」，「有爲」的層次既非終極了義，故可援用佛學之妙意來窺探其眞實。如《老子》第二章言：「天下皆知美之爲美，斯惡已。……有無相生，難易相成……是以聖人處無爲之事，行不言之教，萬物作焉而不辭。生而不有，爲而不恃。」〔註137〕此以有無、美惡、難易等相對觀念理解天下之事，故有、無之意境實屬經驗層次之「有爲」可知。《老子》

<hr>

〔註133〕《老子道德經注》收入《新編諸子集成》，第三冊，頁2。
〔註134〕勞思光：《新編中國哲學史》（臺北，三民書局，1999年），第一冊，頁241。
〔註135〕《新編中國哲學史》，第一冊，頁244。
〔註136〕「相反相成」係勞思光所提出對超驗之「道」與經驗「天地」如何統合的辯證觀點，也就是說「反」，「反」即「返」，係形而上的「道」所賦予經驗世界的循環交變的規律，故「道」超越了經驗，但又不遠離於經驗。見《新編中國哲學史》，第一冊，頁239～240。
〔註137〕《老子道德經注》收入《新編諸子集成》，第三冊，頁1～2。

該說有二義可留意，正面而言，以「無爲」治世的態度則體現了聖人因循「道」的「常德」，故聖人立身處事並不違「道」。而另一層意義，則述說了天地間充斥諸多「不常」的相對事物，故美惡、是非、難易、有無兩相對比，萬物參贊其中而有損益得失，故並非爲一圓滿的完美世界。準此，德園子則以道、佛會通來破斥此「有爲」世界的虛妄：

> 陽乃往和，性情自然，則前後相隨之旨也。有無難易、長短高下、音聲前後，總一眞陰陽眞父母而已。至夢幻泡影露電，乃是西來大意。今既引佛證道，並附皮解，與同志參之。《洞古經》云「養其無象，象故常存；守其無體，體故全眞」。夫夢幻爲無中之覺，……若夫如電者，則有爲之終，無爲之始，正法眼藏，涅槃妙心，頓法也。
> 〔註138〕

蓋德園子此說乃以「總一眞陰陽眞父母」，來闡釋現象界的種種相對矛盾，而所謂陰陽、父母之上，仍有高於一切現象的太極與道，此實採取《周易》形上、形下之觀點，因此「先儒所謂一動一靜者，天地之至妙。一動一靜之間者，天地人之妙中妙。」〔註139〕超越動、靜者，才是妙中之妙，而落於動、靜者，係天地之範圍也。此也說明天地所體現的剛柔動靜高卑貴踐，乃是「道」作用於現象界所衍生的諸多相對狀態，〈繫辭〉所謂「方以類聚，物以群分，吉凶生矣。」〔註140〕有柔剛之作用，則衍生出吉凶之相對，故在乾坤陰陽之上仍需有一消弭萬物損益得失之「太極」。德園子於此以金剛四句偈來理解此虛幻，云「『一切有爲法，如夢幻泡影，如露亦如電，應作如是觀。』是概即有爲之法，而擬其形容，與經所言有無相生，難易相成等語，非有二義。」〔註141〕故其「引佛證道」之用意不異是欲理解氣化陰陽的現象是不眞實的，而唯有使「有爲」遁入「無爲」的矩矱，視虛幻爲空才能凸顯出眞常之「道」，故其視「無爲之始」爲「涅槃妙心」正是此理。從此說，則德園子所認同這種有爲、無爲之意涵可與禪宗的教法作銜接。如《六祖壇經》論禪性之非有無住，以爲：「我師所說，妙湛圓寂，體用如如。五陰本空，六塵非有，不出不

---

〔註138〕 《道德經證》收入《無求備齋老子集成續編》，卷一，頁4。
〔註139〕 《道德經證》收入《無求備齋老子集成續編》，卷一，頁8。
〔註140〕 孔穎達正義：《周義正義》收入《十三經注疏》（臺北，藝文印書館，1976年），第一冊，頁143。
〔註141〕 《道德經證》收入《無求備齋老子集成續編》，卷一，頁3～4。

入，不定不亂。禪性無住，離住禪寂；禪性無生，離生禪想。」〔註142〕以爲
六塵非有實象，故五蘊本空，是以禪悟的精神也指向不拘執，這種初步把「無
住」銜接「禪性」的作法，也表明禪宗的無所有（無住）意境是可直達最終
極之哲理。

　　再次，中觀之學對於「無爲」亦有愼密的論說。龍樹《中論》爲了破斥
萬有之非，則特意羅列俗、空二諦，以爲萬有皆「因緣」所生，故爲假有虛
幻，假有非眞則有空義，因此從認識上誠可與有爲、無爲相溝通，龍樹《中
論・觀因緣品第一》言：「有爲、無爲等諸法相，入於法性，一切皆空。」〔註
143〕此也導出一切有爲法、無爲法之法相，皆是爲因緣流轉所派生的空，故都
不眞實。不過這邊的「無爲法」仍可再作進一步解構，吉藏在《中觀論疏・
觀六種品第五》解釋：「一切處無有者，此中明無，是體相無。……有二法攝
一切法，一有爲法，二無爲法。有爲法以生住滅爲相，無爲法以無生住滅爲
相。此二既各有相，是故有法。虛空若無相，則非有爲，亦非無爲，即無有
法。」〔註144〕吉藏認爲在有爲法與無爲法之外，又有一「無有法」，「無有法」
不執於任何法相，故能超越有爲法與無爲法，而能達到「無有法」即是涅槃
的層次了。或說「無爲法」有所謂六種無爲之別，而其中六無爲的「眞如無
爲」適爲達到「無有」之境。此「無有法」與「眞如無爲」大抵即是德園子
道佛會通意義下所辨證的「無爲」。簡言之，德園子對於有、無之論雖然沒有
禪宗與龍樹解釋來得精密與明確，然以一無爲法爲指向，大致上是合乎道家
與大乘佛學的思路。

　　而《老》學以「有爲」終由「無爲」所規定，此蓋老子以爲萬有皆不能
離於「道」之論，德園子亦云：「此恐學者不知有爲之事，仍屬無爲，而有所
造作執著也。故復言此，作者，興起也。謂興起萬物而不辭勞也。作而不辭，
生而不有，爲而不恃，成功不居，皆無爲之實際。言其相生相成相形，……
亦自然而然。……言其合體太虛，能後天地而存也。」〔註145〕認同天地間諸
多「有爲」之事，其本質上仍是不違離於「無爲」，故天地萬物乃能合體太虛，
以是「道」的功能廣大精微，萬有事物無不含括。從禪學而說，這種把萬法

〔註142〕法海集：《六祖大師法寶壇經》收入《大正新修大藏經》（臺北，新文豐出版
　　　　社，1994 年），第四十八冊，諸宗部五，頁 357。
〔註143〕龍樹：《中論》收入《大正新修大藏經》，第三十冊，中觀部，頁 3。
〔註144〕吉藏：《中觀論疏》（臺北，新文豐出版社，1994 年），頁 160。
〔註145〕《道德經證》收入《無求備齋老子集成續編》，卷一，頁 4～5。

之有歸於「無」，即表明了一切唯心的意趣，如《六祖壇經》曰：「一切即一，一即一切。去來自由，心體無滯。」〔註146〕此實把萬有一切皆歸於無住之本心了。總言之，大乘佛學雖然判一切諸法現象爲虛妄，但也認爲其背後有一實質的眞如存在，故禪宗以如如之心作爲萬法的根本，而華嚴法界能收攝一切有、無亦是此義。至於德園子如何建構萬有世界之外的常「道」，且如何闡述道心與人心的問題，與佛學亦有干涉，此見下節。

### （二）以佛性爲詮說的唯心「道」論

《老子》之論述「心」唯有數言，大抵有五個章節嘗提及，不過依其原文可知，《老子》所論說的「心」義，實偏於意識認知的範疇，亦可說是一種「氣心」。誠如《老子》第五十五章所言「心使氣曰強。」〔註147〕「心」以知覺使運氣勢，而造成外在形式的強弱，故此「心」實不能理解爲一形而上的自覺心性，《老子》固然也認同主體沖虛爲萬有減損後之應對，確不突出字面上「心」的定義，可知這種對氣心的驅使並非是《老》學的核心思想。

不過，德園子《道德經證》則採取三家思想會通，故以儒解老、以佛解老乃成爲其詮說「道」的基礎方法，且爲了契合其金丹修煉的架構，故不得不著重對「心」的析論，其參考孟子的心性思想，亦有援取中國佛學的佛性與禪宗之說，強調通過對主觀心性的修持，可使得「道」與人心有一聯繫之管道，故說「道心」與「人心」契合。其解《老子》「聖人治，虛其心，實其腹，弱其志，強其骨」一段，云：

> 虛心者，養性之事。實復者，立命之事。……契云：內以養己，安靜虛無，虛心也。三光陸沈，溫養子孫，實腹也。虛心之至爲眞空，實腹之至爲妙有，非眞空無妙有，……此性命雙修之道，聖人治心之學也。〔註148〕

《老子》此段蓋論述治民之法，故其詮說對象應爲人民，而非是專論「治心」，案後文有「常使民無知、無欲」可知。不過德園子爲了開展其心性工夫方法則視該說爲治心之學，把老子的「虛心」、「實腹」視爲「眞空妙有」，而虛心的說法也成爲證道的工夫。又德園子解「天地不仁，以萬物爲芻狗」一段，

---

〔註146〕《六祖大師法寶壇經》收入《大正新修大藏經》，第四十八冊，諸宗部五，頁350。
〔註147〕《老子道德經注》收入《新編諸子集成》，第三冊，頁34。
〔註148〕《道德經證》收入《無求備齋老子集成續編》，卷一，頁5。

又說「不仁，猶云無心。……天地以生理爲心，生物而不私於物。聖人以道心爲心。」〔註149〕無心不仁此蓋天地效法自然與道的態度，因此天地萬物依據道的作用而有道心，聖人順此無爲之心以治民，則聖人之心便能等同道心，亦可以無爲的姿態觀照有爲，則《道德經證》所論說的「心」乃指向一唯心的意境，德園子引《悟眞篇》言「見物便見心，無物心不見，十方通塞中，眞心無不徧。若生知識解，卻成顚倒見，睹境能無心，始見菩提面。」〔註150〕見物是爲見心，以無心冥契萬有之無，則能凸顯眞理的實相，故始見菩提心，因此上溯心性以至於無所有，終可得理解無上正覺。此說也把《老子》的涵養工夫論，與先秦儒學的心性論、佛學的心法做一聯結。

　　事實上，德園子這種闡述有、無相生之「道」，而終收歸一心的學說亦有其前例。佛學之大乘空宗以證「空」爲第一，「空」論所破斥的有、無之法，則導向一眞如實相，或說此眞如實相亦可由「眞如心」所含括。牟宗三以爲龍樹的《中論》唯說「性起緣空」，但經由「法空」的辨證而說「唯心」，亦有成立之可能，其云：

　　　　龍樹《中論》總之以「緣起性空」，法就是緣起法，法空就是緣起法之無自性，以空爲性。「緣起性空」而說諸法不生不滅，……此即是其實相一相所謂無相，亦不立唯心。但通過唯識，進而說唯心——唯一眞心，亦無不可。……此眞常心亦即是一種般若智心也。實相般若即是心眞如也。〔註151〕

「實相」與「唯心」並非無涉，因此由破斥因緣、虛妄的脈絡言則「法空→唯心」始可成立。至於其中關鍵便是這種對有、無的論證，屬於萬有之法落入非有眞空，此爲般若實相的凸顯，而法的空如無性可繫於眞如心，故牟宗三說那是「心法不二」或「色心不二」。〔註152〕德園子《道德經證》所援用佛學解老的要義亦大抵在於此心法合，其解《老子》第十八章則採取《清靜經》言：

　　　　內觀其心，心無其心，外觀其形，形無其形，遠觀其物，物無其物，……觀空亦空，空無所空，所空既無，無無亦無，無無既無，湛然常寂。……

---

〔註149〕《道德經證》收入《無求備齋老子集成續編》，卷一，頁 7。
〔註150〕《道德經證》收入《無求備齋老子集成續編》，卷一，頁 7。
〔註151〕牟宗三：《般若與佛性》（臺北，台灣學生書局，1977 年），上冊，頁 456。
〔註152〕《般若與佛性》，上冊，頁 456。

　　又云：眞常應物，眞常得性，此云得性，佛云見性。〔註153〕
以有形之破斥而見無形，以有物的消弭而至於無「物」，「空」的實相即通達
於「道」，雖老子以爲「道」可爲「物」，而「物」混成而先天地生，然德園
子則進一步使「道」與心性合，故道心可由人心顯，此與佛性之說亦無別。
德園子採取儒學「格物」的說法以爲：「〈中庸〉言天命之謂性，……聖人之
道，盡一性字，故孔子言性道。……格物之物，蓋指性言也。」〔註154〕此即
儒學盡心知性知天之說，由格物盡性，則人心乃可進一步契合天道，故道心
與人心合。從三家會通的意趣言，則道心能同於人心，終亦與佛性無別，故
「道」的範疇乃能由佛學的眞常唯心通貫。從此說，《道德經證》「見物便見
心」的唯心觀點，此實與大乘禪學的脈絡是相近的。

　　屬於大乘初階的中觀之學大抵是以證論法空爲要，然其破斥有、無之論
也使得眞常唯心的觀點得以開展，從大乘空宗乃至後來的法華、華嚴與《大
乘起信論》，皆承認一心的功能。眞常一系乃中國佛學重要之發展，部份學說
也影響稍後流行的禪宗，眞常一系專立一如來佛性而用以詮解眞如心，該說
亦闡述有、無兩相不違離，可由一心總攝。禪宗也承認一「心」的功用，唐
代弘忍以爲：「無上菩提，須得言下識自本心，……一眞一切眞，萬境自如如。
如如之心，即是眞實。」〔註155〕此認同一切有爲法、無爲法都由一心所收攝，
因此「如如之心，即是眞實」，既然眞如本心爲一切法的源起，當以本心的映
證爲眞實。

　　《大乘起信論》的「一心開二門」則以生滅門、眞如門闡述一切有爲法、
無爲法，故眞常之教與《老》學之有、無或有契合處，吳怡在《新譯老子解
義》言：「『無』是稱呼向上對本源的探索，而『有』乃是向前在事物上的開
展。如果用《大乘起信論》的一心開二門來借譬，『無』相當於眞如門，『有』
相當於生滅門。不過老子的『有』比生滅門更爲積極，應該稱爲『生化門』。」
〔註156〕此說有二要點，一者，《大乘起信論》的眞常之「心」或可視爲「道」；
第二，「道」能含攝有、無，正如眞常心可開二種門，故屬於主觀的眞如佛性
系統，亦可與客觀的「道」統一，或說佛性與道心爲一。蓋眞常心能總攝、

〔註153〕《道德經證》收入《無求備齋老子集成續編》，卷一，頁 24。
〔註154〕《道德經證》收入《無求備齋老子集成續編》，卷一，頁 30。
〔註155〕《六祖大師法寶壇經》收入《大正新修大藏經》，第四十八冊，諸宗部五，頁
　　　　 348。
〔註156〕吳怡：《新譯老子解義》（臺北，三民書局，1998 年），頁 5。

生起一切世間法、出世間法，其「眞如門」所開在於證空破斥雜染所體現的無有，是爲恆常不變的眞如實相，「生滅門」則指向一「阿賴耶識」的造作，故從「有」的趨向而說，則一切萬法皆是心識的功用所致了。《大乘起信論》云「心生滅者，依如來藏故有生滅心。所謂不生不滅與生滅和合，非一非異，名爲阿賴耶識。此識有兩種義，能攝一切法，生一切法。」〔註157〕「阿賴耶識」爲生起一切淨染的根源，一切有爲、無爲需經此心識而「有」，「阿賴耶識」於《大乘起信論》需歸屬於眞常心，牟氏說：「所以阿賴耶必須統屬於如來藏，……如來眞心並不直接緣起生死流轉，直接緣起的是阿賴耶。」〔註158〕「阿賴耶識」乃爲如來佛性所藏，是以「阿賴耶識」可視爲聯絡眞常心與一切法的樞紐，既然此阿賴耶識（生滅心）能生起一切萬有，包含一切雜染，則如何泯除一切有爲亦在於「心」。德園子以「元神」、「識神」論說心境修養，此與《大乘起信論》近切，其言：

> 《悟眞篇》云「一物含聞見覺知，蓋諸塵境顯其機。」……聞見覺知，指識神。靈常一物，指元神。境者，識神之境。機者，元神之機。言當識神境滅，元神機顯，尤必煉神化虛，則識神無所憑依，而不復施其伎倆矣。〔註159〕

據《悟眞篇》所述可知，諸塵境的種種實須有賴一物（識神）而能開展。而「識神」的功能在於聞見覺知，或說包含了心識之認知與功能，能緣起一切法，故與阿賴耶識有相近之處。而爲了體現此「元神」的本來面貌，則必須經由修煉以至於一切感知認識境滅才有可能，也就是「煉神化虛」，「煉神化虛」是爲通貫「識神→元神」，此即是體「道」過程，此「元神」或說近於眞常心也。總上而論，則德園子《老》學的「道」，乃可由一唯心脈絡論說，則道心與佛性實不違離。至於德園子如何析論此「煉神化虛」的修養，則可從其融通道、佛與金丹的工夫論說，見下節。

## （三）融通道、佛、金丹的修養工夫

認同金丹與道家思想相契者，歷來的金丹之著作論如《抱朴子》、《雲笈七籤》、《悟眞篇》皆有提及，且受到道教思想影響，其金丹修煉的最高理境

---

〔註157〕馬鳴著、眞諦譯：《大乘起信論》收入《大正新修大藏經》，第三十二冊，論集部，頁585。
〔註158〕《般若與佛性》，上冊，頁460。
〔註159〕《道德經證》收入《無求備齋老子集成續編》，卷二，頁35。

則指向無爲、無欲甚至能長生不死，有駕馭鬼神的超凡能力，此乃直能比擬於得道的眞人、神人，故不論位入仙班的大羅金仙或今古上仙，大抵亦有道家思想的渲染。《悟眞篇》云「道德靈文止五千，今古上仙無限數，盡從此處達眞詮。」〔註160〕此也可映證《道德經》係金丹思想所著重的重要典籍。晚清黃裳著《道德經講義》也以金丹法術比附於道家之學，其以爲內丹的修養氣度與修道無異，言：

> 學人到得眞玄眞牝，一升一降，此間之氣，凝而爲性，發而爲情。……
> 其曰綿綿若存者，明調養必久，而胎息乃能發動也。……人能順天
> 地自然之道，則金丹得矣。〔註161〕

由吐納調氣轉以涵養性情，內丹的矩矱便是在於養氣、致虛之事。因此人能「順天地自然之道」與萬物齊同，此與老子的守「一」爲天下式異曲同工，故融通金丹與道家思想爲一，則得服金丹亦同於「道」。從此來看，以金丹之學會通道家者，其大體有幾個方向可注意，第一，會通金丹與道家的修煉工夫，較接近內丹的法門，與外丹的外服金液還丹仍有不同；第二，內丹著重心性修養工夫，其吐納養氣是以道家的守靜、致虛爲界說，故其心性修養工夫可與道家思想作一聯繫。

同樣的，德園子所認同的金丹之學也近於內丹，故能以心性修養的範疇論述之。而德園子之調和先秦《老》學與的虛損與內丹的靜心、養氣工夫，亦能從佛學的概念加以開出，其對於道家、佛學工夫與金丹的貫通，嘗理出「守靜」、「致虛」的概念，言：

> 《悟眞篇》云：「調和鉛汞要成丹，大小無傷兩國全。」烹鮮者，調
> 和之謂，鬼以喻陰，人以喻陽。神者，陰中之陽。聖人者，陽中之
> 陽，言陰陽調和，不相傷而相交也。……以靜爲下者，言此陰陽交
> 感之道，貴乎守雌，守雌而陽自歸之，故常須用靜而居下也。〔註162〕

老子以爲萬物抱陽負陰，以沖氣爲和協，而致虛、守靜則能達到對萬物運作的「觀」，以至於歸根、復命同於道化。德園子此說也採取《老》學的趨向，其以金丹的鉛汞爲譬（鉛汞爲材料），以爲這種調和陰陽之說應「用靜而居

〔註160〕《悟眞篇注疏》收入《景印文淵閣四庫全書》，第一千零六十一冊，子部，卷中，頁61。
〔註161〕黃裳：《道德經講義》收入《無求備齋老子集成續編》，第九函，卷一，頁10。
〔註162〕《道德經證》收入《無求備齋老子集成續編》，卷二，頁24。

下」，主「靜」便能以靜致動而達到「觀」的層次，也就是由清靜心觀陰、陽交感，以至於萬物平衡的狀態，天地陰陽範疇能與心性統一，此也把心靈之沖虛無為提高至萬物無礙的層次。因此，德園子以為金丹之煉成其關鍵在於能不能當下由心致「虛」，故又說「屈子所謂一氣孔神兮。於中夜存，虛以待之兮，無為之先也。……直指大丹火候，……皆當為之於未有。」〔註163〕致「虛」、無為的態度在於能涵養精神，此可直比於煉丹之火候，故心性的沖、虛工夫與金丹之功便可一致，德園子又引佛學解釋說：

> 肖者，想像之謂。非比擬之謂。大不可肖者，謂虛空之不可以想像窮也。以修為次第言之。始則自細而大，繼則自大而細，終則細而又細，以至於無。則太極而非想像之所能窮矣。佛說一微空，故眾微空。眾微空，故一微空。一微空中無眾微，眾微空中無一微，是此章之了義也。〔註164〕

萬象由細小而無限大，此為天地間萬物層層累進的現象無庸置疑。然心性修為則以無限大而減損之，小之又小，損之又損以至於無。如以「火候」喻之，誠是一種涵養心性而致「虛」的作用。以佛學而論，則同於排遣空、有二執之修為，故德園子以為這種心靈層次的「虛空」也如同佛學所言「微空」一般，終以對因緣的破斥而由「無有」所收攝，也就是「金木交而妙用入微也。……五行全而萬法統於無法，世尊所謂無法可說，是名說法也。至此，則常清靜。」〔註165〕此全然把現象界之有，歸攝於心性之無、虛空，蓋「無法可說」故由一心所總結，以是能常清靜故。因此，不論致虛或清靜皆與心性干涉，佛以證空、心寂靜、身寂靜而遠離貪嗔癡諸煩惱，此與金丹「火候」的思路是近切的。《雲笈七籤》第六十六卷所云鉛汞之說，亦可為此種心性工夫作一註腳，曰「神仙妙難測，鉛汞人不識，鉛汞天地精，陰陽天地力，……心靈藥自靈，心迷藥難測，至道至心虛，玄中妙難悉，智者得宗源，他年致雲翼。」〔註166〕還丹之成在於心靈的透澈，不迷不執以至於空靈心虛，便可與天地之精參贊。由心性契悟天地陰陽之精要，再進一步上溯於至虛妙道，此乃金丹結合道、佛心性思想之梗概。

---

〔註163〕《道德經證》收入《無求備齋老子集成續編》，卷二，頁28～29。
〔註164〕《道德經證》收入《無求備齋老子集成續編》，卷二，頁30。
〔註165〕《道德經證》收入《無求備齋老子集成續編》，卷二，頁10。
〔註166〕張君房編：《雲笈七籤》收入《景印文淵閣四庫全書》，第一千零六十冊，子部，卷六十六，頁12。

　　西方心理學家榮格也以佛學之曼荼羅解釋煉丹術的思想內涵，其所著《金花的秘密》則以中國的煉丹書《太乙金華宗旨》爲範本，論說「性」（心性）、「命」（生命之整體）的一體關係，故該書實表達了丹術、佛學、道家與潛意識之思想本質與其工夫方法的融通。《金花的秘密》言：

> 我們寫《金花的秘密》一書，就是要揭示《太乙金華宗旨》中的奧秘。金華是光，而天光是道。金華是一個曼荼羅，……萬物起源於潛意識海底的黑暗之中，那時萬物還是一個不可分割的整體。在竅裡，意識與生命（性命）本是一個整體，「似爐火中之火種」。夫「竅裡內有君火」，「凡聖由此而起」。請注意火的比喻，……火燄穿透種子助其成長，形成一朵碩大的金花。〔註167〕

榮格亦強調「火」的作用，其以爲在煉金術（所煉爲金花）的過程中，「火」能夠作爲輔助的功能幫助「種子」成長，而這種「火」可視爲一種鍛煉的條件，其目的在於能契悟「金花」，也就是曼荼羅圖所呈現的整體，曼荼羅圖所凸顯的種種名相如同天地間的淨法與染法，而其整體又是一種被曼荼羅花所含蓋的圓融，因此真空與假有不二，佛學所理解的中道觀亦可由此析論。德園子嘗說「種子」之意義，言：「有情來下種，以情爲種也。因地果還生，以性爲果也。無情無種。」〔註168〕有情之種生成有情之果，故所種爲種善其果也善，德園子以爲成道之「明心見性」，所依據也在於原「種子」之保有，而此種子能否成就「金丹」，則須通過工夫的提煉，故「種子」之意象乃爲心性本質存在之證明，「火」的意象係此工夫論之提煉要點。

　　榮格也指出金花是曼荼羅是光亦是「道」，可知其所謂「火」的範疇實同於金丹術的「火候」，「火」有烹蒸與照亮的功能，在鍛煉的過程中可以凸顯金花的本然真性，其功用與德園子所掌握以爐火鍛煉鉛汞的指向是爲一不二的，德園子言提煉「金液大丹」功夫：「挫銳者，以火煉金之時；解紛者，止火留金之候。而修命之功亦完矣。」〔註169〕此亦視「火」有催化輔助「金丹」之功能，「火」之動靜也成爲「金丹」熟成與否的重要指標，又以爲「符火抽添」，有「運行調停之妙」，此也論說了「火」作用之溫烈決定了「金丹」的實質。〔註170〕榮格又說明這種「火」照耀金花的意象內涵，曰：「這種象徵指

---

〔註167〕衛禮賢、榮格：《金花的秘密》（合肥，黃山書社，2011年），頁40。
〔註168〕《道德經證》收入《無求備齋老子集成續編》，卷二，頁41。
〔註169〕《道德經證》收入《無求備齋老子集成續編》，卷二，頁21。
〔註170〕《道德經證》收入《無求備齋老子集成續編》，卷一，頁46。

的是一種提煉和升華的煉金術過程。黑暗給了光明生命，在『水鄉鉛』中生長出高貴的金子；在生命成長的過程中，那些潛意識的東西變成意識的。通過這種方式，性與命聯結成爲一個整體。」〔註171〕「火」作爲照耀功用，此即《太乙金華宗旨》所說的「回光」。「火」能反轉「黑暗」的種種趨勢而成就眞實的「金華」，在此鍛煉的過程中，性與命如同鉛汞的調和而能圓融爲一體，並呈現出「道」的情微，故「性」與「命」的實質即是「道」，「道」之所以顯明亦是必須經過淬鍊的，如同爐火下的金丹一般。

　　再次，德園子之詮解《老子》「上德不德」一章，又以三家思想、金丹舉出成道的三成功程與佛學有所聯繫。其解釋「大成功程」的「上仁」，在於復歸心性之虛、無，故由「上仁」進「道」的過程，如同「牟尼寶珠」，是能薰習清淨佛法，曰：

　　　　大成之功程爲上仁。仁也者，太極渾全之體也。道家謂之黍米之珠，
　　　　佛家謂之牟尼寶珠是也。斯時也。有無俱不立，色空兩無倚煉，虛
　　　　之境也。故曰上仁。虛而曰煉，故曰爲之，煉而曰虛，故無以爲也。
　　　　復聖心齋坐忘，初祖九年面壁，殆其候歟。由是可進於上德之無爲。
　　〔註172〕

所謂三成功程係老子所提出上禮、上義、上仁的範疇，德園子認爲這三個階段是一種遞損的結果，也是進德修道工夫所在，而之所以能減損，則在於有爲、無爲趨向之間的轉化。德園子大體把上仁解釋爲佛家的牟尼寶珠，《法華經》云：「又見具戒，威儀無缺，淨如寶珠，以求佛道。」〔註173〕此視「寶珠」爲清淨法的展現，在修持過程之中，需以淨法（佛法）加諸於身心，進以尋求佛道的映證。以其過程而言，在層層的減損、破斥之下，則遮詮出無、色空兩相不對立，因此其在修煉的進路上乃能得聞究極的「上德之無爲」。《大寶積經》說此「寶珠」且「千金剛破終不可壞」，言：「忽然值遇如意寶珠。彼人得珠，執已所造如意，即得稱成樓觀池臺，……皆悉如心自然化作。」〔註174〕所造如意且自然化作故能金剛不壞，如意寶珠之喻也極近切「金丹」提煉，

---

〔註171〕《金花的秘密》，頁40～41。
〔註172〕《道德經證》收入《無求備齋老子集成續編》，卷二，頁2。
〔註173〕鳩摩羅什譯：《妙法蓮華經》收入《大正新修大藏經》，第九冊，法華部，卷一，頁3。
〔註174〕《大寶積經》收入《大正新修大藏經》，第十一冊，寶積部，卷一百一十，頁620。

皆指向一超越的不壞不滅之果。德園子嘗援用佛典解釋此「果」，其引《六祖偈》云：「心地含諸種，普雨悉皆萌，頓悟花情已，菩提果自成。」〔註175〕此把「明心見性」比喻爲善「果」，蓋由心地的開悟所得清淨心，此果亦合於終極的理趣。

從此說，德園子乃認同「虛」、「無」爲近道之理境，由「煉」而「虛」，故是一無以爲的工夫，也就是「無爲」，這種集鍛煉、清淨、空虛的概念，其以爲實呼應佛學、金丹之術的修養工夫，也就是如佛學所言的「常在」、「無垢」、「不老」、「不死」，此也論證《道德經證》所採取的解《老》方法。

## 三、小結

綜上而論，德園子其人雖不名顯於當世，然其《道德經證》著作實寄寓豐富的義理思想，而融通道釋、金丹之學的識見也開出晚清諸子學之新意，其說法或未必盡能完善，或有曲解道、釋工夫論之嫌疑，其對於道釋之會通，與金丹之析辨則全然以己意論說，不過其觀點於晚清思想自成一家，故仍有諸多可留意處。本文以爲德園子之論說有詮解方法、本體心性與工夫論說上之價值意義。

詮解方法上，德園子採取儒佛、道佛會通之方式，其重新詮釋道、佛哲理之意義，此凸顯出諸家思想可合流的觀點，也就是「其詁經也。意在衷諸淺近，道文學皆可會通」的學術視野。〔註176〕故在這種道、釋、金丹會通的意趣下，其論說對於《老》學本體思想與工夫方法皆有新說。在本體論上，《道德經證》以爲道家之「道」、《周易》的「太極」、佛學的眞如有近切的論說，故是可進一步貫通，此對於《老》學哲理的闡發是有所創新的。而受到佛道思想會通的影響，歷來學者以爲《老》學有、無、清、虛的範疇，是可與佛學意境作一比附，德園子則從唯心道論的觀點進一步論說《老》學的道心與佛學「眞如心」的聯繫，因此道佛的清虛無爲與眞空妙有皆爲「道」的狀態，此把一切萬法都視爲道心的體現，也開出了道佛思想皆可由一心所收攝的思路。

再次，在宗教學意義上，德園子也以爲道家之眞人、神人，與道教之神仙，佛學宗教意義上的佛、菩薩也有溝通之可能，此也呼應晚清部份佛學研

〔註175〕《道德經證》收入《無求備齋老子集成續編》，卷一，頁41。
〔註176〕《道德經證》收入《無求備齋老子集成續編》，卷一，頁2。

究者的識見，如王闓運《莊子內篇注》、楊文會著《老子發隱》、《南華經發隱》，黃裳著《道德經講義》皆有此論說，固然譚嗣同不喜道家之老莊，然其《仁學》乃以佛、孔為「能為仁之元而神於無者。」〔註177〕又說「極地球上所有群教群經諸子百家，……無不異量而兼容，殊條而共貫。」〔註178〕也可知譚氏是有兼容諸佛聖賢諸子學說的觀點，而以孔教之大同依歸。陳忠倚《皇朝經世文三編》亦云：「僧者何？凡以求學佛者也。道者何？凡以求學仙者也。……功德圓滿乃能成佛，未易悉數也。仙之宗旨，大同小異，亦有頓漸之分，三乘之別。」〔註179〕或以為成佛與求仙有近切的脈絡，兩者之的鵠皆在於「絕欲離塵」且「長生不老」，而求得一超越世俗的意境，此即成「道」。修道與成佛、成聖為同一境界，此也導出三家思想殊途同歸，修養境界不二的概念，因此德園子這種欲融通聖人神人佛仙為一爐，是有其義理學與宗教學之意義也。

　　在工夫論上，德園子又以道、釋、金丹原理作一會通。以丹術攝入《老》學者，德園子於晚清時期亦並非首創，晚清四川道士黃裳著《道德經講義》，其內容亦結合道家的虛無工夫與金丹的修身養性之要。而德園子於本體思想之外，更強調佛學對於道家與金丹修煉工夫的調和，由道家之虛無沖靜與佛學之證空、金丹之修煉統而論之，其說大抵能為晚清的佛老會通、丹術思想研究提供一途徑，也體現了晚清《老》學「佛學派」、「丹道派」的思想特色。

# 第三節　章太炎援佛詮解的《莊子》新說

　　晚清時期，由今文經學所帶動的哲理研究成為一思潮，再加上西學廣泛的流傳，也間接促進諸子學、佛學研究的契機。錢穆認為：「至於最近學者，轉治西人哲學，反以證說古籍，而子學遂大白。」〔註180〕諸子學本富含義理思想，故可與西學哲理相發明，經由西學的詮解，其社會致用與創新之意義，乃成為晚清思想界所重視的範疇。大抵晚清時期，諸子學已不同於乾嘉時期作為經學的附庸，不再局限於解經、證經的訓詁範疇。再次，佛學研究亦成

---

〔註177〕譚嗣同：《仁學》（臺北，學生書局，1998年），頁1。

〔註178〕《仁學》，頁77。

〔註179〕陳忠倚：《皇朝經世文三編》收入《近代中國史料叢刊》（臺北，文海出版社，1972年），第七十六輯，第七百五十一冊，卷二十七，頁439。

〔註180〕錢穆：《國學概論》（臺北，臺灣商務印書館，1998年），頁322。

爲一思潮，佛學不再限於宗教範疇，學者乃以「語必徵實、言必盡理」的研究方法投入其中，佛學乃能與近代人文科學研究接軌，如楊文會、夏曾佑、譚嗣同、章太炎、歐陽漸、太虛法師、丁福保之用力，亦造成佛學哲理之風靡。〔註181〕梁啓超以爲晚清民初學界受惠於經典流傳的普遍，故有益於推廣「哲學研究」與「宗教研究」，而佛學研究亦受此風氣影響，而能成爲晚清思想界之「伏流」。〔註182〕夏曾佑亦給於佛學高度評價，蔡元培〈五十年來之中國哲學〉載其言：「弟子十年以來，深觀宗教。流略而外，金頭、五頂之書，基督天方之學，近歲粗能通其大義，辨其途徑矣。惟有佛法，法中之王，此語不誣。」〔註183〕義理研究隨今文經學、西學而形成熱絡，屬於東方哲學的佛學與先秦諸子學趁勢而起，其高度的哲理性乃爲今文經學之外，另一思想研究之熱門。

晚清民初時期，佛學與諸子學的會通也成爲一個專門議題，如嚴復、楊文會、章太炎、丁福保之以佛解老、以佛解莊皆有其代表性，此亦造成學術思想會通的一高峰。其中章太炎致力於《莊》學、佛學的合流，章氏對於諸子學的《荀》學、《莊》學、法家思想有高度評價，其所著由《訄書》改寫的《檢論》、《菿漢微言》、《國故論衡》、《國學略說‧諸子略說》對於佛學亦有論說，在《齊物論釋》則針對唯識、華嚴之學，進一步融通《莊》學與道家思想。此外，章氏大抵通過「齊物」的方法理念，建構其無平等差別的哲學觀與致用思想，章太炎亦嘗自詡《齊物論釋》之作「後爲諸生說《莊子》，間以郭義敷釋，多不愜心，旦夕比度，遂有所得。……余既操《齊物》以解紛，明天倪以爲量，割制大理，莫不從順。」〔註184〕此視《莊子》爲一明道之書，其識見更包含物、我內外的識見，蓋一切世間法、出世間法或盡可徵詢於《莊》學，故章氏亦有「經國莫如《齊物論》」之呼籲。〔註185〕錢穆也以爲清末民初

〔註181〕「語必徵實、言必盡理」此爲章太炎語，章太炎認爲考據學是爲近代人文科學之先驅，而人文科學又爲近代佛學的先導，故考據學實事求是的方法亦能爲佛學研究別開一局面。見章炳麟：《民國章太炎先生炳麟自訂年譜》（臺北，臺灣商務印書館，1987 年），頁 54。

〔註182〕梁啓超：《清代學術概論》（臺北，里仁出版社，2002 年），頁 84。

〔註183〕蔡元培：《蔡元培全集》（杭州，浙江教育出版社，1997 年），第五冊，頁 124～125。

〔註184〕章炳麟：《菿漢微言》收入《菿漢三言》（上海，上海書店出版社，2011 年），頁 71～72。

〔註185〕《菿漢微言》收入《菿漢三言》，頁 176。

章太炎爲諸子、佛學研究之先導，其云：「最先爲餘杭章炳麟，以佛理及西說闡發諸子，於墨、莊、荀、韓諸家，皆有創見。」〔註 186〕其佛學推崇唯識、華嚴，諸子學則著重老、莊、荀、韓之論。蓋章氏之結合道家《莊子》與佛學的研究，則影響晚清民初義理學的視野，其《齊物論釋》、《檢論》、《菿漢微言》、《別錄》之撰著係當代思想界之代表作也。

　　本文以爲，章太炎《莊》學的要旨大抵可由佛學檢視。章氏之佛學本有形上學、社會學上之意義，而章氏特以《莊子》「齊物」思想會通之，此也導出本心與物、我關係之論述，時間、空間的哲理觀點與因緣、道體干涉的議題等。另外，其融入佛學、西方科學的思維，亦有可觀處，本文乃結合《莊》學的義理觀點論述之。

## 一、章太炎佛學研究探析

　　章太炎早年對佛學雖稍有涉獵，然並無專精，故不能深入其藩籬。然自「蘇報案」入獄後，章氏開始探索大乘佛義，對於艱深的唯識學發生興趣，其言：「專讀《瑜伽師地論》及《因明論》、《唯識論》，乃知《瑜伽》爲不可加。既東遊日本，提倡改革，……益信玄理無過《楞伽》、《瑜伽》者。」〔註 187〕因此章氏入獄至再度東渡日本期間，便潛心於佛學研究，而亦藉此闡述其經世致用的改革理念。湯志鈞《章太炎傳》說章氏：「他認爲佛學中禪宗以外，法相、華嚴最爲可用，因爲『這華嚴所說，更在普渡眾生，頭目腦髓，都可施捨與人，而道德上最爲有益。』……這樣，『用宗教發起信心』，才能『增進國民之道德』，堅定革命的意志，……企圖把佛學『改造』成革命鬥爭和個人意志鍛鍊的『思想武器』，則他在獄中的潛研佛學，並不是消極的『遁世』。」〔註 188〕故章氏之潛心佛學、斟酌出世間法，未必是了悟凡塵，以遁入空門爲標的，反而是欲藉佛學思想，進一步推動其改造中國社會的理念，故其鑽研佛學實有社會改革與政治學上之用意在。其著於民國三年被袁世凱禁錮期間的《菿漢微言》亦可看出端倪，該書大概以佛學唯識論爲核心，從而論說中國傳統的經學、子學、史學、算學、典制、文學，甚至政治、社會法治的層面，大有以學問接濟社會的旨趣在。而事實上，章氏這種學術結合社會致用

〔註 186〕《國學概論》，頁 322。
〔註 187〕《民國章太炎先生炳麟自訂年譜》，頁 53～54。
〔註 188〕湯志鈞：《章太炎傳》（臺北，臺灣商務印書館，1996 年），頁 167。

的作法，與晚清思想界所提倡改革與經世致用之學的思路是相吻合，此與康
有爲藉今文學推廣孔教、大同世界，譚嗣同假儒學的仁說，以折衷佛學、基
督教的贖世理念，大抵是近切的。汪榮祖以爲康、章對於晚清思想的解放有
高度的影響力，也就是「康、章雖不是晚清要求革新第一代人物，但他們對
傳統思想所作的『破壞效果』（subversive effects），雖非絕後，也是空前的。」
〔註189〕其所提出〈五無論〉、〈四惑論〉、〈俱分進化論〉、〈無神論〉、〈駁神我
憲政說〉、〈人無我論〉對當代社會制度有深刻的論說，而章氏這種對社會改
革的創見，也無異是來自於對諸子學、佛學、西學哲理思想的擷用，故其對
諸子學、佛學的鑽研皆有可觀處。

　　總的而說，章太炎之論述佛學可理解爲兩個層面，一者，其專由哲理入
手，認同佛學「通解妙達」的高度，以析論究竟了義爲要旨，在方法上採取
諸子、佛學、儒學會通、互證方式，欲闡述終極的義理思想，排斥名言物象
之非，此其學術研究的範疇；再次，章氏以爲佛學雖高，其法門艱澀難懂，
非一般下士俗人所能理解，但如能結合老、莊之學仍可用於社會改造與革新，
其曰：「桂伯華初好華嚴，不喜法相，末乃謂余曰『今世科學論理日益昌明，
華嚴天台，將恐聽者藐藐，非法相不能引導矣。』……佛法雖高，不愿用於
政治社會，此則惟待老莊也。」〔註190〕這是說，固然佛學陳說太高，或許無
法直接用於社會致用，然其中法相五明之學有其務實求理則的一面（固然「內
明」的最終要旨仍在形上之理，而非現象之理），故同於《莊》學能用於經世，
此也凸顯了唯識學是可間接救濟社會，故其又言「然僕所以獨尊法相者，則
自有說，蓋近代學術漸趨實事求是之塗，……是故法相之學於明代則不宜，
於近代則甚適，由學術所趨然也。」〔註191〕明代爲心學、經學流傳時代，學
術研究以經學爲核心，故有其保守一面，近代則社會變革加劇，學術門戶大
開，又有社會致用與學問經世的迫切需要，反而適用唯識之學邏輯名理分析
的特長，故清末民初之世代又較明代更適合唯識佛法之用世了。本文以爲章
太炎的佛學關懷實具有形而上與現象層次的雙重意義，與當代哲學與政治
學、社會學，甚至宗教學皆有干涉，如下。

---

〔註189〕汪榮祖：《康章合論》（北京，新星出版社，2006年），頁61。
〔註190〕章炳麟：《民國章太炎先生炳麟自訂年譜》，頁54。
〔註191〕章炳麟：《別錄·答鐵錚》收入《章氏叢書》（臺北，世界書局，1982年），
　　　　下冊，卷二，頁850。

## （一）章氏佛學的形上理趣與世俗修行之觀照

章太炎之推崇佛法，在於其認同佛學有高度的哲理思想，甚至說「釋迦玄言，出於晚周諸子不可計數。」〔註192〕以爲佛學的識見並不亞於先秦諸子學，而章氏之不滿宋明理學，乃謂佛學超過之，此蓋其推舉佛學爲哲理思想之翹楚可證。章氏哲學亦尋求一形而上之「常」的透析，其承認一由世俗修行而映證「眞諦」的脈絡，而以「道」爲最高的理趣，故其以佛學爲申辨的基礎，論證現象物理名相之非與佛法玄理之實，但也呼籲人間修行的意義，如下。

### 1. 抵排名言物象之非

章氏哲學之要旨在於對最高了義的論證，而其對於世間萬法的觀點也與佛學同，多採取否定之說，其嘗對世俗所說的「常理」表達不滿，再進以延伸至對森羅萬法的排斥。大抵對佛理之「判釋」適爲章氏說法開出一門逕，章氏藉佛學以論證「常理」，其所謂「常」與「不常」實非限於五蘊現象的畛域，而是有藉形而上超越層次論說的的意義存在。〔註193〕其在《菿漢微言》以爲：

> 佛以諸行無常，故說爲幻。儒人封執，謂死生爲常理。即此是常，何得言幻？不悟韓非已說無常，不待佛法也。《解老篇》云「理定而後可得道。定理有存亡，有生死，有盛衰。夫物一存一亡，乍生乍死，初盛而後衰者，不可謂常。唯夫與天與地之剖判也俱生，至天地之消散者也，不死不衰者謂常。」然則韓非已見死生爲定理，而不謂此經歷死生者是常，豈獨佛說然邪？常理即常，受制於此，常理者非常，焉可混也。雖然，此以權說解彼惑爾。若談實相，此常理者亦非是常，以可得不死不生故。〔註194〕

此以爲世俗所言的死生盛衰，皆只能視爲一種對現象世界的「權說」，而非是可透徹萬法的眞諦，故假使一味執於生命之生亡而不能超脫天地之外，便不能謂爲「常」，世俗之人不能理解此迷惑，受制於這種現象界的作用，而謂生

---

〔註192〕《菿漢微言》收入《菿漢三言》，頁71。

〔註193〕「判釋」蓋佛典之用語，如《四教儀》曰：「天台智者大師，以五時八教判釋東流一代聖教，罄無不盡。」天台宗大抵以五時八教，判佛頓悟之後所開出的教義。見：諦觀：《天台四教儀》收入《大正新修大藏經》（臺北，新文豐出版社，1987年），第四十六冊，諸宗部，頁774。

〔註194〕《菿漢微言》收入《菿漢三言》，頁42。

死興衰爲「常」，其本質實爲無明，故舉凡一切死生、存亡、窮達、貧富，甚至名言物象都是可再進一步斟酌的。蓋章氏此舉韓非〈解老〉之用意也與佛學有所契合，也就是所謂「諸行無常」的理念。章氏之論大抵出於被袁世凱禁錮之時所作的敘述，雖寄寓有濃厚的出世觀點，但也表達了其不信認世俗所謂「常理」的態度，固章氏所謂之「常」有其形而上意義可知，非俗諦之言說所能拘執。

章氏以爲世間法的修習最終只能視爲一種「方便」，其以爲縱使爲儒家孔、顏聖人的經典，也是一種隨順應世之舉，其曰：「是襲明順古，視有典常，就俗依經爲之疏解，此乃依於客觀，非依主觀，眞聖人之糟粕也。《華嚴》說五地菩薩爲利益眾生故，世間技藝靡不該習。所謂文字、算數、圖書、印璽，……如前諸技，誠能饒益世間矣。……乃如佛藏《樓炭》等經所說世界，成立見狀，皆非誠諦，亦由隨順彼土故言也。」〔註 195〕文字、算數、圖書皆爲名言之一，係人爲事物的智識技巧，這些技巧本與「道」的範疇無關，然菩薩、聖人爲了渡濟世俗，亦修習此方便法門。由此可知，即使聖人之修習種種世間法的技藝，也不過是一種「饒益世間」的方便，爲了濟世的目的聖人固然可以投入其中，但成佛的修行最終又必須超然於外。總而言之，修持超世間法是爲一助緣作用，是菩薩、聖人爲方便眾生的行舉，若因緣於此術有所樹立有所成就，蓋亦不過是藉其中修行而領悟渡彼渡己之意義罷了。

章氏又嘗以佛學論證其他宗教之說法，如其以爲基督教所言的創世紀與婆羅門教的高等、低等梵天（精神），仍可再進一步思辨。基督教所建構在於一天神的創造天地，天地爲一神所創，則神既爲眞，所創建之天地亦並非虛假，然章氏認爲此「創生」仍有其背後的意義在，其在〈無神論〉則以佛學斟酌之，此對於名相事物的實存有更深刻的思辨，曰：「若萬物必有作者，則作者亦更有作者，推而極之，以至於無窮。若萬物必有作者，則作者亦更有作者……此因明所謂犯無窮過者。……基督教以世界爲眞，而又欲使人解脫，世界果眞則何解脫之有？吠檀多教以世界爲幻，幻則必應解脫，其義仍無可駁。雖然彼其根本誤謬有可道者。」〔註 196〕如天地爲一神所作，則一神之前又有其創造乎？在層層相因下必然無解。故章氏由佛法反駁，以爲萬法萬像的創生終爲因緣所造，縱使眼前所見大千世界恰似眞實，但到底並無自性，

---

〔註 195〕《菿漢微言》收入《菿漢三言》，頁 36。
〔註 196〕《章氏叢書》，下冊，頁 886～867。

故其背後是有另一層意義的。因此婆羅門教以唯神論建立一大梵宇宙，雖有高低等之論說，然其樹立世界爲虛幻的意趣，此大致上是合理的。章氏又嘗以斯賓諾沙的「汎神論」爲例，認爲大千世界應歸於無明，曰：

> 近世斯比諾沙所立汎神之說，以爲萬物皆有本質。……是故世界流轉，非神之使爲流轉，實離於神，亦無世界。此世界中一事一物雖有生滅，而本體則不生不滅，萬物相支喻，如帝網互相牽掣，動不自由，乃至三千大千世界，一粒飛沙頭數，悉皆前定，故世必無眞自由者。觀其爲說以爲萬物皆空，似不如吠檀多教之離執者，……以萬物互爲其元，亦近華嚴無盡緣起之義。〔註197〕

從此說，則章氏雖不贊同斯賓諾沙專立世界以一神爲終極本源，但認同其把萬法萬象視爲虛幻，不同於本體的眞實，萬物的種種如同天帝宮中網上的寶珠的層層相映，雖無窮無盡，然實爲幻像。而這種意趣又如同華嚴「十玄門」所述的「因陀羅網」，娑婆世界既爲天帝所主宰，則一切萬法的變現亦不能脫離其創生，然這些創生係「眾鏡相照眾鏡之影見一鏡中。如是影中復現眾影。一一影中復現眾影。即重重現影成其無盡復無盡也」之幻現。〔註198〕縱使有天帝的創生萬物，然此創生實有其層層因緣在，大千世界皆是爲「法界」無盡理事的變現，故佛學乃謂爲「約譬」之說，而非視爲究竟眞實了。華嚴宗亦採取此「約譬」來印證「法界緣起」的意境。總言之，章氏對於名言現象的識見，與佛學所謂的「諸行無常」、「諸法無我」理念實相涉，誠如《雜阿含經》所言「觸俱生受、想、思。此等諸法非我、非常。是無常之我。非恒。非安隱，變易之我。所以者何？……諸行如幻、如炎，刹那時頃盡朽，不實來實去。」〔註199〕名相執於五蘊，五蘊皆空，諸法非爲眞我亦非眞常，故萬法既非眞實便有其虛幻在，章氏乃進一步論證其緣起意義，而不謂之爲眞實，故以排斥名相爲說，章氏所認同的眞實乃需同於佛法層面的唯心論了，此即眞如心的論說。

### 2. 對出世間法、世間法修行意趣之調和

如前所論，章氏抵排名言物象非眞的用意，在於反證種種現象意義背後之眞實存在，章氏大抵承認有一眞如心的實存。其嘗以莊學、心學爲喻，認

---

〔註197〕《別錄》收入《章氏叢書》，卷二，下冊，頁867。
〔註198〕智儼：《華嚴一乘十玄門》收入《大正新修大藏經》，第四十五冊，頁1868。
〔註199〕《雜阿含經》收入《大正新修大藏經》，第二冊，卷十一，頁99。

爲可用佛法解釋其中名相與眞如的關係，其以爲屬於現象之知識無法論證眞
理，能論證眞理者在於離一切名相情識的「無分別智」，故說「莊生數言『以
不知知之』，即謂以無分別智證知也。……見及物如，幾與佛說眞如等矣。」
〔註200〕以無分別智證知，則遠離一切度計虛妄，故可與眞如相應，眞如於佛
家有眞實如常之意，蓋成佛乃爲章氏佛學所尋求之最終標的可知。亦可以說，
章氏以佛學抵排名相，其用心必然在於一眞實存有之論證，章氏嘗舉《莊子‧
列禦寇》的一段爲喻，其曰：

> 莊生臨終之語曰：「以不平平，其平也不平。……明者唯爲之使，神
> 者徵之。夫明之不勝神久矣。」……夫言與齊不齊，齊與言不齊，
> 以言齊之，其齊猶非齊也。以無證驗者爲證驗，其證非證也。明則
> 有分別智，神則無分別智。有分別智所證唯是名相，名相妄法所證，
> 非誠證矣。無分別智所證唯是眞如，是爲眞正耳。〔註201〕

「明」指耳目智識之聰明言，「神」則謂神明，照郭象所理解則「明之所及，
不過形骸也。至順則無遠近幽深，皆各自得。」〔註202〕聰明所及不過就是感
官認知，而耳目聰明執於所見所聞，反而爲物所驅使。反之，神明以「至順」
爲意境，故能不爲物所搞執，兩者可比之於世間法與出世間法。從此說，則
世間法的種種爲名相所搞限，故乃以虛幻爲常，終不能超脫其間。而出世間
法則不礙於名相，自得於常理，因此「無分別智所證唯是眞如」，無所分別故
能離一切名相會通眞理。章氏認同《莊子》之「齊物」，以爲所齊在物物的平
等，類、不類無有畛界，則天地與物我並生，萬物等齊爲一，或可說此即是
無所分別智的驗證也。章氏在〈諸子略說〉舉《莊子‧德充符》之說以論證
此種最高了義，其說：「『以其知得其心，以其心得其常心。』……知者，佛
法所謂意識。心者，佛法所謂阿賴耶。阿賴耶恆轉如瀑流，而眞如心則無變
動。常心者，眞如心之謂。以止觀求阿賴耶，……直接以阿賴耶求眞如心，……
此等語與佛法無絲毫之異。世間最高之語，盡於此矣。」〔註203〕此判知覺不
過意識的層次，而把常心、佛視爲一致，常心亦等同眞如，因此成佛則是印
證眞如實相之究竟，章氏以爲佛的境界也是尋求無分別智的理境。

---

〔註200〕《菿漢微言》收入《菿漢三言》，頁26。

〔註201〕《菿漢微言》收入《菿漢三言》，頁28。

〔註202〕郭慶藩：《莊子集釋》收入《新編諸子集成》（臺北，世界書局，1991年），
第三冊，頁460。

〔註203〕章炳麟：《國學略說》（臺北，文史哲出版社，1987年），頁171。

　　總之，真如又可視爲一真如心，亦有佛性、如來藏、圓成實性、法界等別稱，佛學乃以印證此自性清淨心爲最高理則，證其真實便成佛果。章氏也援用此說，認爲佛性之修持亦可與社會致用相結合，故印證真如心之外，其慈悲的態度可延伸至對人間社會的關照，其言：

> 問，陸子靜言：「東海西海聖人，此心同，此理同」，然乎？答曰：「然」。以直心正趨真如，以深心樂集善行，以大悲心拔一切眾生苦，此千聖之所同也。若真別願，則有異矣。夫拔一切眾生苦者，謂令入無餘涅槃，此乃終局目的耳，中塗苦痛固亦多端。於是西方諸聖，有發願令地平如掌者矣，有發願以方藥療病者矣，此其所願，固不必同。而此土聖哲，悉以經國寧民爲其所願。欲經國寧民者，不得不同於世俗社會，有弊以術矯之。〔註204〕

章氏以心學、佛學爲例，蓋印證真如心、入無餘涅槃是爲修行者的終極目的，然其過程能「深心樂集善行」、自利利人，發大慈悲心爲眾生拔一切苦者，則是爲菩薩行舉。《佛地論》說：「又緣菩提薩埵爲境故名菩薩。具足自利利他大願。求大菩提利有情故。」〔註205〕從此說，菩薩的志願固然是要成佛，然其不忘眾生的悲苦、煩惱，是與印證真如心相互輝映，故六波羅蜜中有「布施」之行。章氏認同文、孔、老、莊爲域中四聖，亦是「冥會華梵」的大乘菩薩，而不論東西方聖人、菩薩在論證道術之外亦發大慈悲心，或發願以方藥治人，或在經國寧民，其修行法門各異，然證道、行善的思路則一致，故從而能「此心同、此理同」了。

　　因此章氏雖然駁斥名相，以爲其有虛幻性而承認一最高真如，但也關切世間法的是非善惡，猶如大乘菩薩之修行，能著力於渡濟世俗，以拔去眾生苦爲標的，章氏解〈齊物論〉的「兩行」，所謂「聖人內了無言，而外還順世，順世故和之以是非，無言故休乎天鈞。……休乎天鈞者，則觀天鈞自相，所謂性離言說，一語一默，無非至教，此之謂兩行。」〔註206〕蓋章氏也認同「天鈞」係性離言說之舉，聖人觀乎萬有之行舉，使其趨於自然無爲，也就是「破比量爲無因」的觀照。因此「兩行」的意識，一在於調和人間是非，一在於等齊萬法使之圓融無礙，此與大乘佛學對勝義與眾生之兩相觀照實無所隔閡。

〔註204〕《菿漢微言》收入《菿漢三言》，頁43。
〔註205〕親光著、玄奘譯：《佛地論》收入《大正新修大藏經》，第二十六冊，頁300。
〔註206〕章炳麟：《齊物論釋》（臺北，廣文書局，1970年），頁50。

總言之，章氏並非完全無視世間法的種種，固然認爲有虛幻的層次，但仍重視其中藩籬，以爲在尋求成佛、眞理的修行過程中，也可大開方便使人間社會漸趨完善，此乃可由結合佛學的社會致用思想論說，見下節。

## （二）尋求佛學教化的質樸社會

章太炎哲學以排斥名相，尋求虛象背後的最高了義爲究竟，但如以工夫修行而論，其實章氏並非全然否定世間法的種種現象。反之，章氏爲方便社會國家的發展改革，大抵認同哲學思想是可與社會致用思想相結合的，章氏爲清末民初之學者，亦是當代革命黨之先驅，其思想非但有學術研究的創造性，亦有社會致用之意義在。事實上，其所提倡的社會思想與政治改革，頗有佛學影響之跡，如其〈答鐵錚〉所說「法相或多迂緩，禪宗則自簡易，至於自貴其心不依他力，其術可用於艱難危急之時。」〔註207〕以爲禪宗能自貴其心且義理高遠，有「治氣定心」的特色，而法相的邏輯思辨能使讀者「推見本原」，二者能提高國民的自尊心與「分條析理」的判斷力，故皆可用於圖存救危之用。〔註208〕章氏的佛學致用思想，實可在其「國家論」、「五無論」、「人無我論」、「俱分進化論」等篇章觀察之，其稟持「佛家以直心正趣眞如，亦以大悲心廣利眾生」的觀點，論說頗多有干涉社會事務者，從此乃可洞窺其攝入佛學的社會關懷。〔註209〕

### 1. 推崇佛學以高尚民生風氣

章氏認爲當時中國之所以腐敗的原因之一，在於「民志」之弱、「民德」之衰，蓋「中國民志之弱，民德之衰久矣，欲令富強如漢唐，文明如歐美者，此正夸父逐日之見。」〔註210〕其承認民德、民志的欠缺也致使社會進步停滯，故不能趕上歐美的富強，而如何提升時人的道德心與自尊心，此乃章氏所著重之問題。從史實而論，中國自古以大國自居，如漢、唐、盛清之治皆在當時世界佔有獨特地位，然清末民初的中國社會氛圍實爲黯淡，一則連年飽受列強侵略之苦，國力始終積弱不振；一來民生困乏，民智不張，人民亦缺少普遍的教育，民生的衰靡也使諸多學者反思如何救濟之。梁啓超對當時中國的困境頗有感慨：「謂中國而富國耶？稽其官府，則羅掘而無所於得，行其閭

〔註207〕《別錄・答鐵錚》收入《章氏叢書》，下冊，卷二，頁850。
〔註208〕《別錄・答鐵錚》收入《章氏叢書》，下冊，卷二，頁849～850。
〔註209〕《菿漢昌言》收入《菿漢三言》，頁86。
〔註210〕《菿漢微言》收入《菿漢三言》，頁70。

闇則顛頷而無以自存。雖有辨者,不能爲中國之貧諱也。」〔註211〕官窮民貧實晚清社會所存在之現象,且民德、民智的缺乏也使當代的改革維新頗有難度,故梁氏又說「若以今日之民德、民智、民力,吾知雖有賢君相,而亦無以善其後也。」〔註212〕梁氏由學者的角度,認爲中國當時的民德、民智仍是普遍缺乏的。因此其鼓吹以「群治」、「公德」的觀念教育民眾,使民眾產生「必相引相倚,然後可以自存」的「公共觀念」,梁氏甚至以爲「公共觀念」是一種良能、良知,此本能如凸顯則國強,反之則國弱。〔註213〕孫文也以爲欲振興民族自信,實在於「民德」,因此「要維持民族與國家的長久地位,還有道德問題,有了很好的道德,國家才能長治久安。〔註214〕」此把「德治」視爲國家能否長治久安的標的,故如何推動群體的道德教化,改善社會偏差的價值觀,係當代思想家的重要議題。

章氏也認同應可由信仰反省當時社會的窘困,其主張可藉修習佛學使民心高尚,所謂「自貴其心」。嘗有學者問章氏,佛學之深奧並非一般士民所能理解,其運用佛學濟世如何收其成效?章氏則以革命爲例,認爲可藉佛學增加民人之「自信」、「自尊」,使其信仰堅定,其寫於 1907 年的〈答鐵錚〉云:

> 明之末世,與滿洲相抗,百折不回者,非耽悅禪觀之士,即姚江學派之徒。日本維新,亦由王學爲其先導。王學豈有他長?亦曰「自尊無畏」而已。其義理高遠者,大抵本之佛乘,而普教國人,則不過斬截數語,此即禪宗之長技也。樸以佛學,豈無簡擇?蓋以支那德教,雖各殊途,其根原所在,悉歸於一,曰「依自不依他」。⋯⋯佛教盛於中國,宗派十數,獨禪宗爲盛者,即以自貴其心,不援鬼神,與中國心理相合。〔註215〕

其以爲諸多明末志士能堅定信念,自貴其心而不屈服清廷,實受到心學影響,心學以自我爲尊貴,謂此心與天地同理,而這種「自尊無畏」的勇猛精神則與禪學無異。禪學以自我爲尊而不以他理而動念,同樣王學之流自貴其心,

〔註211〕梁啓超:《飲冰室全集・論生利分利》(臺北,文化圖書公司,1981 年),頁 83～84。

〔註212〕《飲冰室全集・論新民爲今日中國第一急務》,頁 2。

〔註213〕《飲冰室全集・論合群》,頁 80。

〔註214〕孫文:《三民主義》(臺北,大中國圖書公司,1984 年),頁 51。

〔註215〕《別錄・答鐵錚》收入《章氏叢書》,下冊,卷二,頁 849。

而不屈於強權的威嚇，故明末士人多有能爲國守節者。章氏認爲這種高尙自尊的思想，正能爲淸末改革志士所效法。故其又曰：

> 獨有厚自尊貴之風，尼采所謂超人，庶幾相近。排除生死，旁若無人，布衣麻鞋，徑行獨往，上無政黨猥賤之操，下作懦夫奮矜之氣，以此揭橥，庶於中國前途有益。〔註216〕

以爲能堅定民眾自尊心、自信心，便能打造如「超人」般堅強的意志，不以生死、權勢的威脅而改變其志向，章氏這種欲改造中國貧弱社會的用心，其基礎則在於借重佛敎信仰之力。事實上，淸末民初學者亦多有認同可借重佛學以敎育民心者，如梁啓超便鼓吹可使佛敎成爲中國宗敎之主流。梁氏以爲中國固有的儒家思想可視爲「孔敎」，但「孔敎」的旨趣在於敎育而非宗敎，故欲堅定中國之「信仰」，則可由佛敎著手，其云「以疇昔無信仰之國，而欲求一新信仰，則亦求之如最高尙者而已，而何必惟勢利之爲趨也！無師友多言佛學，吾請言佛學。」〔註217〕梁氏承認佛學有「智信」、「兼善」、「入世」、「無量」、「平等」、「自力」等六點益處可爲民眾信仰，所謂智信在於能捨棄執迷轉以「積眞智求眞信」，「兼善」、「入世」、「平等」則能有益於群眾，達到公益群治的目的，「無量」、「自力」則欲使人民反求諸己，蓋如梁氏之說，則佛學的「平等」、「樂世」觀念亦可與社會群眾相結合也。〔註218〕

總而言之，以佛學爲中國之宗敎信仰主流，雖未必能在當代實現，然淸末民初之思想界確實有以宗敎爲端正社會風氣的意趣。章氏作爲當代思想界之先驅人物，其用心亦不外乎學術與社會致用之範疇，故其擷取佛學宗敎哲理的優點，而用以鼓吹渲染人心，以爲宗敎信仰可成爲堅定人民信仰的助益，而改善社會積弱不振的現象，此實爲對社會民心改革之關懷可知。

### 2. 以「無」建構之理想世界

章氏理想中的世界，又可以「無」的範疇來議論，佛學有「無相」之說，如《大乘義章》二曰：「言無相者。釋有兩義，一就理彰名，理絕眾相，故名無相；二就涅槃法相釋，涅槃之法離十相，故曰無相。」〔註219〕該說有二義，一者以爲眞理是絕離名相，故爲「無相」。其次，以修行的進程而論，修行者

---

〔註216〕《別錄‧答鐵錚》收入《章氏叢書》，下冊，卷二，頁853～854。
〔註217〕《飲冰室全集‧論佛敎與群治之關係》，頁596。
〔註218〕《飲冰室全集‧論佛敎與群治之關係》，頁597～603。
〔註219〕慧遠：《大乘義章》收入《大正新修大藏經》，第四十四冊，卷二，頁488。

對佛法的印證亦有遮撥名相求眞如實的特性，此亦章氏釋「齊物」所言的「求實質者，亦依我執、法執而起，故無意根，必無訓釋」的闡發。〔註220〕求「眞如」者，以我、法的執著爲障礙，故章氏認爲其排解名相之過程乃趨向「無意根」、「無訓釋」，不爲名相文字所執，此即「無」工夫方法之論證。章太炎也把此「無」的意識用之於社會改革的範疇，所謂「無」的社會則導向一消弭善惡是非，回歸質樸不以紛亂爭奪爲標的境界，此也回應了章氏欲改造善惡相對進化的人性與社會之觀點。章氏以「阿賴耶識」爲論說，承認人性善惡皆由熏習而來，曰：「善惡何以竝進，一者由熏習性，生物本性無善無惡，而其作用可以爲善爲惡，是故阿賴邪識，惟是無覆無記。……今檢人性好眞好善好美，而外復有一好勝心。……凡爲追求五欲、財產、權位、名譽，而起競爭者，此其求勝。」〔註221〕人有求美求善之意念，故好勝心起，在人與人的競爭中，則美善、醜惡相互爲作用，但這些作用都是緣阿賴耶識的熏染而起（能熏習淨法與雜染兩個功能），其功能所待眾緣以其無自性故，蓋眞如本性實是無欲無垢。同樣的，社會國家之競爭亦然，群體在相互並存下以求勝爲用心，國土的擴充，軍隊的產生，制度法律之發展皆受制於國家利益的追尋，其標的在於競爭的優勝，然在競爭較量的前提下，其單一國家利益實不能爲全人類謀求眞幸福與眞平等。章氏在〈國家論〉又以佛學爲例，認爲建構社會國家的一切成份皆爲「無自性」，國家由諸多社群人民糾集而成，這種組合體並非實有，故在各組成單位是以「假有」的狀態下，國家社會之進化終究需歸樸返眞，由「無」的境界使人類歸於平等是爲合理，其曰：

> 一，國家之自性是假有者非實有者；二，國家之作用是勢不得已而設之者，非理所當然而設之者；三，國家之事業是取鄙賤者，而非神聖者。……若以原子爲實有，則一切原子所集成者，並屬假有，何以故？分之則各還爲原子，故自此而上，凡諸箇體亦皆眾物集成，非爲實有。〔註222〕

其以物質爲喻，物質的單位組成是爲原子，故原子爲眞，而物質係原子的集結而成。同此理，則國家是以人民爲單位所組成，縱使人民之於國家暫且可說爲一實存，然國家整體乃爲「計謀眾聚」的集合，其本質終不可能脫離虛

---

〔註220〕《齊物論釋》，頁43。
〔註221〕《別錄·國家論》收入《章氏叢書》，下冊，卷二，頁861。
〔註222〕《別錄·國家論》收入《章氏叢書》，下冊，卷三，頁902。

幻，故其又說「國家既爲人民所組合，故各各人民，暫得說爲實有，而國家
則無實有之可言。非直國家，凡彼一邨一落一集一會，亦惟個人爲實有自性，
而餘落集會，則非實有自性。」﹝註223﹞章氏視社會聚落以至於國家組織皆爲
「無自性」，可知其認爲「國家」的觀念並非是眞實的，「國家」因時地環境
的變態而形成，所集結的土地、人群、制度、法令皆待因緣條件而有。如以
佛學而論，「國家」爲一「總相」，各原素條件是爲一一「別相」，此同於華嚴
所喻的「金獅子」，是由眼、耳、鼻、口、身所集合，該成份是爲單一「別相」，
「金獅子」是爲「總相」，可知「金獅子」爲種種條件的集合也。是爲集合故
有成必有毀，因此「金獅子」有其「成相」，然既然由條件組成，則必然有崩
壞之時，故亦有其「壞相」，也就是華嚴宗所說的「匠況生滅隨順妄緣，遂有
師子相起，喻眞妄和合，成阿賴耶識。」﹝註224﹞條件的集合有其生滅與隨緣
的特性，故有成有壞爲一定律，這種借喻也道出名相的不圓融與非實有。

故章氏在這種「非實有」、「無自性」的哲學意識下，乃檢討現有社群、
國家的不確定性，而以爲理想社會終需返歸空、無，此即「五無」理想社會
的論說，其在〈五無論〉言「今之人，不敢爲遁天之民，隨順有邊，則不得
不有國家，亦不得不有政府。國家與政府其界域固狹隘，固推其原以得民族
主義……，國家者，如機關木人，有作用而無自性。如蛇毛馬角有名言而非
實存，究其成此虛幻妄想者，非民族之爲，而誰爲乎？」﹝註225﹞章氏以爲，
國家社會之形成，首推土地疆界、政府、人民的觀念，這些條件成熟了又有
「民族」意識的建立，但這些條件、意識只是爲推動國家社群擴充的作用力，
如同眾緣糾集的虛幻而非實有。因此，章氏在「五無」的架構中，顯然反對
政府、聚落、群眾的集合，甚至也否認「民族」的意識，其曰：

> 五無者，超越民族主義者也。云何「五無」？一曰無政府，凡茲種
> 族相爭，皆以有政府，使其隔閡。……凡此諸制，皆所以平人民嫉
> 妒之心，而非以爲幸福。幸福本無，惟少害故。二曰無聚落，……
> 人類本平等，而所依之地本不平等。……是故政府與國界破，而猶
> 有聚落之存，則溫潤地人必爲苦寒地人所殺掠。……三曰無人
> 類。……四曰無眾生。……五曰無世界。﹝註226﹞

---

﹝註223﹞《別錄‧國家論》收入《章氏叢書》，下冊，卷三，頁902。
﹝註224﹞淨源：《金師子章雲間類解》收入《大正新修大藏經》，第四十五冊，頁663。
﹝註225﹞《別錄‧五無論》收入《章氏叢書》，下冊，卷三，頁885。
﹝註226﹞《別錄‧五無論》收入《章氏叢書》，下冊，卷三，頁886～888。

所謂「五無」為無政府、無聚落、無人類、無眾生、無世界。其中無政府、無聚落是為社會制度問題,「聚落」、「政府」為人民、土地之集合,然這種聚落、政府的落實,實以民族或種族之自我與偏執為基礎,故在「民族主義」的意趣下便有國與國、地區與地區,甚至種族階級之分別,章氏以為這是造成人類「隔閡」與「不平等」的主因。因此,章氏主張以「無」來弭平這些種族、民族的偏見,把人類社會的種種區隔打破,「無」於此乃成為人類平等改革與去政府化、去國家化,可落實宗教上理想社會的法器。誠如章氏佛學「無我」識見:「必依他起之我相斷滅無餘,而圓成實自性赫然顯見。」〔註227〕「無」與斷滅工夫同理,以「無」去我執、法執而顯自性,則「無」功能在於對現象萬法之遮撥。

　　章氏在「五無論」中亦是徹底反對政府的建構,其以為無論何等進化或改良的「政府」組織皆不甚圓滿,有某制度的形成必有某制度之疏漏,章氏對人間制度之不信任,以為有所合成必有所損毀,故「縱令有新政府出,能盡反近世文明政府所為,而其幅員不能偏於大地,且機關既設,眾慝日滋,終足以為大盜之藉。……當使其趣於寂滅,而以為圓滿則不可」。〔註228〕畢竟各政府與各聚落也是由層層人為組織累加而成,也不異為另一「金獅子」了,雖有一時條件的組合,亦有一旦的崩解,且政府、社會形成的原由之一是為因應人類諸多問題,在理論上這些組織可視為諸多功能的集合體,故本質亦非真實可知。

　　再次,雖然章氏承認「共產」制度可能近切於「無政府」、「無聚落」的層次,不過章氏以為那亦是人為制度之一,實未達圓滿完善。其在《齊物論釋》說:「近世有言無政府者,自謂至平等也,國邑州閭,泯然無間,貞廉詐佞,一切都捐,而獨橫箸文野之見,必令械器日工,餐服愈美,勞形苦身,以就是業,而謂民職宜然,何其妄歟!」〔註229〕其不苟同所謂「社會主義」真能帶給人類終極幸福,而是以為其種種說法有極大之虛偽性,如同其在「俱分進化論」的結論「善惡、苦樂二端,必有並進兼行之事。」〔註230〕把善惡、苦樂視為一體兩面,固然共產制度有其進化之變革,但其呼籲平等、共有的

---

〔註227〕《別錄‧人無我論》收入《章氏叢書》,下冊,卷三,頁884。
〔註228〕《別錄‧五無論》收入《章氏叢書》,下冊,卷三,頁891。
〔註229〕《齊物論釋》,頁92。
〔註230〕《別錄‧俱分進化論》收入《章氏叢書》,下冊,卷二,頁863。

背後也必有人權退步、私有財產被漠視、剝奪的事實，蓋章氏認爲最理想的用世之方仍在「厭世」，也就是「無寧使之早棄斯世，而求之於視聽言思之外，以濟眾生而滅度之。」〔註231〕此與佛家的出世態度同理。以絕棄、無有爲手段，大抵使人類回歸無國家社會的束縛，不以疆界、制度、法律觀念爲理所當然耳，則必然也不會爲之所禁錮。

故「五無」的「無政府」、「無聚落」可視爲章氏對社會制度問題的用心，蓋人類面對種種制度的可能漏洞，章氏則認爲仍需回歸無所有。再次，既然沒有了政府、聚落，但人群的問題仍然存在，個人與個人仍有諸多利益衝突有待調和，是以章氏則呼籲「無人類」、「無眾生」、「無世界」範疇，此三種「無」的態度可視爲一哲學問題，也就是以無爲本、離欲去智，以樸素泯除物我之分而同歸大通。總言之，章氏所標榜的無政府、無聚落是爲開一途徑，而打破生命而使世界趨於則是對人生存之問題，此也可證明章氏「無」的觀點非但可用於對現象世界的改造與變革，亦是其理解宇宙人生方向的形上概念了。

## 二、章太炎導入佛說的《莊子》學理念

章太炎的《齊物論釋》可代表晚清《莊》學研究的一高峰，章氏雖以論述單篇的〈齊物論〉而成書，然文字艱澀，且語義深奧，攝入道、佛兩家諸多的玄理、哲言，向有難讀之喻，其對《莊》學哲理的發微大抵能代表章氏義理之精髓，本文亦以此書爲論述的核心。另外，其《檢論》、《國學略說》、《菿漢微言》之作亦有多篇干涉於道家思想，所論諸子之流變與淵源，乃涉及其《莊》學旨趣，故本文則旁以參酌，以推求章氏《莊》學以佛學會通的思想意趣，如下：

### （一）由佛學呈現的空無「本心」

援佛詮《莊》前清即有之，然清代融二學於一爐者，則需晚至清末民初之際，方漸成熟。如楊文會的《南華經發隱》、章太炎《齊物論釋》等，皆有代表性。不過章太炎深習傳統經學，早年嘗師俞樾於杭州詁經精舍，對佛理本無興趣。章氏是在光緒三十年（1904 A.D）因「蘇報案」入獄後才奮力於佛學，湯志鈞說：「章太炎在獄中，曾經專修佛學，對他今後的思想演變有關。

---

〔註231〕《別錄・俱分進化論》收入《章氏叢書》，下冊，卷二，頁 864。

查章氏在 1897 年，受到夏曾佑影響，略涉《法華》、《華嚴》、《涅槃》諸經，
『不能深也』。」〔註 232〕係章氏早年所致力並非佛學，故只有「略涉」的程度，
直到入獄後，才思想發生變化，而能「悟大乘法義」，其《齊物論釋》亦寫於
入獄之後，是章氏思想深受佛學薰染後之論述，此作即章氏企圖由佛學消化
《莊子》思想，以證成其融通道、釋二家的義理新說。至於章氏詮釋諸子大
抵亦宗法佛學而折衷，其分判諸子亦因循佛家，其嘗言「文孔老莊是域中四
聖，冥會華梵，皆大乘菩薩也」，〔註 233〕刻意強調莊子的地位乃至「大乘菩薩」
的階位，而直與文王、孔子、老子相比擬。《齊物論釋》也說：「莊生是菩薩
一闡提，已證法身，無所住著，……莊語為是開示萬化無極，樂不勝計。」〔註
234〕故把莊子等同佛教人物，謂其是「一闡提菩薩」，此正是比擬莊子是不入
佛地欲盡渡眾生為願的菩薩，所以《莊子》之論也如佛經的勸世渡化，是一
救贖的宗教書籍，蓋章氏之調和佛、《莊》意識是相當明顯的。

　　但值得玩味的是，章氏援佛入《莊》的旨趣，並非單由佛學來申論《莊
子》，反有透過《莊子》的哲理思想以反證佛教名理的意味。章氏入獄之時，
也說「及囚繫上海，三歲不覿，專修慈氏、世親之書，此一術也。以分析名
相始，以排遣名相終，從入之涂，與平生樸學相似，易於契機。解此以還，
乃達大乘深趣。」〔註 235〕嘗投入於分析大乘「名相」，以是深浸佛學的明證，
其又自視佛學與樸學有共同處，蓋把佛學視為一可「疏通證明」各經典的方
法。蘇美文《章太炎《齊物論釋》之研究》比較明末憨山注與章氏注的差異，
也說「在體式名相上，憨山說明字句時，隨順運用頗多莊文本身之名相，如
說玄同、虛無，……章氏卻少有如此，而是多直接以佛典，名相來符應，……
比起憨山註莊更趨近佛法的相貌。」〔註 236〕從此說，憨山之解《莊》雖有佛
學的影響，然其以貫通道家玄理為大概，佛學並非其論道的唯一法門；而章
氏解《莊》則多攝入佛學的思意，實有非佛學而不能貫徹《莊》學終極了義
的意趣在。因此，章氏實以佛學為理據辨證《莊子》，其「以分析名相始，以
排遣名相終」大抵是順應佛學的空觀、唯識、緣起而說，蓋章氏的「齊物」

---

〔註 232〕《章太炎傳》，頁 166。
〔註 233〕《菿漢微言》，頁 943。
〔註 234〕《齊物論釋》，頁 138～139。
〔註 235〕《菿漢微言》，頁 960。
〔註 236〕蘇美文：《章太炎《齊物論釋》之研究》（臺北，花木蘭文化出版社，2007 年），
　　　　頁 118。

新說有二處可留意，一是以本心析解的「齊物」新觀，二是由唯識、「緣起」泯時、空之區隔。

## 1. 以本心析解的「齊物」新觀

　　章氏之註解〈齊物論〉分爲七章，對首章最爲用力，後面數章則大抵用以證成首章的「齊物」思想。而〈齊物論〉的精要即在首章，此章由「南郭子綦隱几而坐」至「今且有言於此」一段，共二千言左右。首由「吾喪我」引出，以說明物我身心分立之可能，然後以音聲爲喻，把「天籟」提升到形而上之理，再從相對的形下知、言、喜怒感受與日月旦暮變化，而證成有統攝物我的「眞宰」之實。再進以暢言融合彼此、消泯是非的概念，以一「道樞」爲消解相對事物對立的圓環，物、我既不對立，則能趨向「以明」的終極境界，此「以明」即是心緣「道」而觀照的澄明，或說以自然天道所觀照的理境。成玄英說「夫聖人者，與天地合其德，與日月齊其明，故能晦迹同凡，韜光接物，終不眩耀。」〔註 237〕合於日月之光，同於天地萬有，此即天人合一的高度，亦同於《老子》「萬物並作，吾以觀復」，苟同於萬物而返歸於道化之本然姿態。蓋知莊子的用意即是論說道在形下世界作用之可能，再由此作用的收攝，通過與天地的整齊，而回饗於道化，故「以明」之觀照係爲「以道觀之，何貴何賤；萬物一齊，孰短孰長」的齊物狀態。憨山也說：「明即照破之義。故此以聖人照之於天，以實以明之明，此爲齊物之工夫，謂照破即無對待。」〔註 238〕「明」有照破之意，以爲是聖人泯除是非成見，順應自然，處於無執、無待，而融入天道的明證。所以「莫若以明」，即是不如歸返於道的澄明，憨山視「以明」的境界能達到「了無是非，自然合乎大道，應變無窮」的體「道」層次。〔註 239〕

　　不過，章氏對〈齊物論〉的疏解，卻並非完全因循於傳統道家，大抵道家之析論需先稟持一「有情有信，無爲無形，……自古已固存」之「道」，此「道」乃蘊含有客觀實體的意味。而章氏以佛學的主觀唯心思想攝入，雖似解《莊》，然實是融《莊》入佛，或說以佛理爲方法，會通其概念再析分其名相，再破執名相反映的現象，因此謂是以佛學詮解的新「齊物」觀亦無不可，章氏自己也說：「〈齊物〉一篇，內以疏觀萬物，持閱眾甫，破名相之封執，

〔註 237〕《莊子集釋》，頁 38。
〔註 238〕《莊子內篇註》，卷二，頁 220。
〔註 239〕《莊子內篇註》，卷二，頁 222。

等酸鹹於一味。」〔註240〕從結論而言，章氏之「齊物」並非單就一齊天地萬物而言，而是要破除萬有名相，反應一切真空，進以印證本心實有，此乃佛學的思路。蓋章氏認為天地萬物以至於現象界的「我」，皆是由名相所形成，以為「物即相分，物物者謂形成此相分者，即是見分，相見二分，不即不離是名。」〔註241〕其「名相」意正是取之佛學，萬物皆是心識（章氏此把心識當造物者）所衍之「相」，又稱「相分」，此「相」為可見，以是心識的功能所致，此功能又稱「見分」。「名」是稱謂，為抽象之「相」，亦是萬有的表稱，因此名相（物）不即不離。而所謂名相都是種子的作用所為，是八識之變現緣慮故，並非是「本心」所俱有的，所以唯識學把名、物的種種都視為虛構不真實。而章氏亦把齊物導向一「破名相之封執」，曰：

> 齊物本以觀察名相，會之一心，名相所依，則人我、法我，為其大
> 地。是故先說喪我，爾後名相可空。〔註242〕

「齊物」係是緣於「道」，而章氏則以一心（阿陀那識或阿賴耶識，第八識）為收攝，終在於破「人我」、「法我」之執，此執便是不實的「妄執」，即人空、法空。故「人我」、「法我」乃是阿陀那識所體現的名相，但又因阿陀那識的自證而能破執，所以章氏引《莊子・知北遊》「物物者與物無際，而物有際者，所謂物際者也。不際之際，際之不際者也。謂盈虛衰殺，彼為盈虛非盈虛，彼為衰殺非衰殺，彼為本末非本末。」〔註243〕以為造物者雖造物但與「物」是無有界限的，所以能轉化界限與無界限之變，遂此「道」可使物盈虛、衰殺，但本身卻能不盈虛、衰殺，而超越盈虛、衰殺、本末，章氏又謂：

> 物物者與物無際，而彼相分自現方圓邊角，是名物有際。見分上之
> 相分本無方隅，而現有是方隅，是名不際之際。即此相分方隅之界
> 如實是無，是名不際之際。〔註244〕

把屬於造物者的心識視為無際，而衍生的名物則視為有際。則此「不際之際」，從沒有界域到有界域，實是因心識之緣慮所致，故此相分的「方隅之界」為虛妄，章氏以「無」解釋之，而無的本質即是空。換言之，「際之不際」便是從有界域復歸至無界域，也就是泯除萬有的界域而通向與「道」等齊，蓋章

〔註240〕《菿漢微言》，頁937。
〔註241〕《齊物論釋》，頁7。
〔註242〕《齊物論釋》，頁10。
〔註243〕《齊物論釋》，頁13。
〔註244〕《齊物論釋》，頁13。

氏即把《莊子》之齊物等同於唯識了，《大乘入楞伽經》云「依於藏識故，而得有意轉。心意爲依故，而有諸識生。虛妄所立法，及心性眞如。」〔註245〕所以眞如心即因諸藏的薰染，而能緣識萬法，然萬法之性本虛妄，佛家以爲要依淨法「轉識成智」，才能體現眞如實性，因此阿賴耶識心爲「種」就存在眞與妄二性，此亦印證章氏齊物之說能於「際」與「不際」間之變現，《齊物論釋》：「《起信論》言依不覺，故生三種相，一者無明相，……二者能見相，……三者境界相，以依能見故，境界妄現離見，則無境界。」〔註246〕心因不覺而有雜染，所生三種相皆是妄見，故非實相，此相是有邊際。章氏又以極小爲喻：「此說至精者，不能至無形，無形則更不爲至精明，無分至邊際便現空相之理。」〔註247〕至精仍是有形，而非無形，遂以爲「無分至邊際」印證眞如心，才能見「空相之理」。

## 2. 由唯識、「緣起」泯時、空之區隔

章氏釋〈齊物論〉「天地與我並生，萬物與我爲一」一段，亦順此唯識意識詮解，其由二處入手，一是欲破壽夭長短時間執著，即泯除天長地久之見；一是釋物我小大的無差別，以爲空間中一切即一，然二者終由《莊子》諸篇與華嚴之「法界緣起」會通，章氏權以「大小壽夭之量歷然有分，此但妄起分別，未悟處識世識爲幻也。」〔註248〕此旨趣在於視一切世識皆爲「幻」。在「天地與我並生」的議題，〈齊物論〉有「莫壽於殤子，而彭祖爲夭」之說，此是莊子刻意把短命之人視爲天地之長壽者，相反的，人瑞之八百歲性命卻也不過是天地間電光火石般的一須臾。章氏從兩方面來說時間長久的無差別，一是從「以道觀之」的面貌而論，二是視此天地人我皆終通向一心唯識，時間的過程，過去、現在、未來皆「三世本空」。

「以道觀之」乃以爲現象界物物的流轉不過是一變化爾，章氏《齊物論釋》之解第五章「旁日月、挾宇宙，……參萬歲而一成純」，已判「生死皆夢」，又說「旁日月者，喻死生如晝夜。……知身貴於隸也。貴在於我而不失於變，且萬化而未始有極也。」〔註249〕所以從道的立場來看，則性命的死生不過如

---

〔註245〕實叉難陀：《大乘入楞伽經》收入《大正新修大藏經》，第十六冊，卷六，頁629。
〔註246〕《齊物論釋》，頁75。
〔註247〕《齊物論釋》，頁79。
〔註248〕《齊物論釋》，頁67。
〔註249〕《齊物論釋》，頁103～104。

幻似夢，大抵萬物的變化是無窮的，時間亦是此萬有的變化而已，當融入道化流行與道同體，則殤子不夭，既無長短高下，則彭祖也不為之壽，此亦道家所持「先天地生而不為久，長於上古而不為老」的觀點。成玄英疏云：「聖人者，與二儀合其德，萬物同其體，故能隨變任化，與世相宜。」〔註250〕與天地陰陽合德，與萬物同體，此殤子能融入大通之故，比較下，彭祖雖壽於眾人，但比之於冥靈大椿為小，較於天地亦不過一瞬間，故其壽為小年也。憨山也說：「殤子雖夭，而與無始同原。而彭祖乃無始中一物耳，故莫壽於殤子而彭祖為夭也。」〔註251〕皆是以為殤子能證於無始無終之道，所以同其造化。不過除此外，章氏又使時間收攝於「緣起」，認為「三世」皆空，從而認同了時間不為時間，而變化亦是幻識，云：

> 殤子之念任運相續，而彭祖之志，渴愛延年。任運自覺時長，渴愛乃覺時短矣。……一瞬不可令無生住，終古不可令有本剽。……〈知北遊〉篇說：「冉求問於仲尼曰：『未有天地可知邪？』仲尼曰：『可，古猶今也。』無古無今無始無終。明本末有生，即無時分。」〔註252〕

此謂殤子無執，其念「任運相續」，故能齊同道化，而泯滅生死，然彭祖對壽命有執，則其認知並不為時長，故壽夭長短亦為一心之所作。因此在此心的觀照下，則「非獨與天地並生，乃亦與天地並滅也。若計真心，即無天地，亦無人我，是天地與我俱不生。」〔註253〕從唯識而言，現象界的一切皆是緣起，既是緣起則實際無古無今無始無終，天地人我亦然，「天長地久」終是虛妄，遂能與之同生同滅，此蓋「法無來去」意。蘇美文說「就其比較而言，壽夭是時間的問題，時間是指過去、現在、未來的連續關係。……三者之名無定也，總是互依、比較而來的。」〔註254〕所指亦是「三世本空」，以是時間的長短都是「自心之見」，而此「見」不過由種種眾緣所譜成。

　　章氏破空間大小之執亦然。〈齊物論〉說「萬物與我為一」，因此大之不為大，小之不視為小，故「天下莫大於秋毫之末，而泰山為小」，視微小為極大，視巨大為渺小。此說成玄英歸之「夫物之生也，形氣不同，有小有大有夭有壽。若以性分言之，無不自足。是故以性足為大，天下莫大於秋毫，無

〔註250〕《莊子集釋》，頁48。
〔註251〕《莊子內篇註》，卷二，頁242。
〔註252〕《齊物論釋》，頁67～68。
〔註253〕《齊物論釋》，頁68。
〔註254〕《章太炎《齊物論釋》之研究》，頁38。

餘爲小，天下莫小於大山。」〔註255〕蓋因形氣的不同，故有小大長短的分別，所以泰山比之於天地亦是小，然這是就說形質上說。如以性體來論，則物物本身自足，所以天下不能超過其大，遂秋毫不爲小。吳怡說：「『天下莫大於秋毫之末』，是就萬物的性體來說，秋毫之末在形體的比較上雖然極爲微小，但就自體來說，它和其他萬物是一樣的，它不比萬物大，萬物也不比它大。其次『大山爲小』是就萬物的形體來說的。……在比較上來說，泰山比起天地，豈不又是小嗎？」〔註256〕此「性體」即前人疏解所言的「性分」，也就是物的實質，此也反映了物相較的標準並非絕對，固然人因物質現象的相較而有形氣小大與時間長久的意識，但齊物就在於泯除有爲之形而體現眞實本質，因此是超越標準是非的。總的來說，以「足性」而說齊物，實傾向一客觀實體的論說。不過章氏則是由「一」論述，以「足性」爲「一」，又歸之爲本心，蓋是非標準的觀念皆是緣起，所以在形質上的比較「彼彼皆我相分，而我亦是彼彼相分，……光采假現，而實唯是諸心相構，非有外塵」，〔註257〕此即華嚴「無盡緣起」之意，猶如天帝珠網的層層輝映，其相無限然無有眞實，章氏又說：

> 依幻有說萬物與我爲一。若依圓成實性，唯是一如來藏，一向無有，人與萬物何形隔器殊之有乎？所謂一者何邪？《般若經》說：「諸法一性，即是無性；諸法無性，即是一性。」是故一即無見無相。
> 〔註258〕

其所稟持爲「一切唯心」的識見，以是無限萬法終收攝一眞法界，即「一性」。故章氏又說此「一」是諸法的本性，爲「如來藏」所變現，如來藏即眞如處煩惱中，諸法不過是眞如雜染時承現的相狀，所以人與萬事萬物並無殊隔，一即多，多即一，以諸法的本質一向無有故，所以諸法無性「無見無相」，以是此「一」終究是達於「不可說」的狀態。因此，又云：「故復說言詳萬物與我爲一，詳《華嚴經》云：『一切即一，一即一切。』法藏說爲諸緣護應。〈寓言〉篇云『萬物皆種也，以不同形相禪。』義謂萬物無不相互爲種。」〔註259〕〈寓言〉視萬物皆由同「種」發生，只是因不同形質而相互替換而已，大抵

---

〔註255〕《齊物論釋》，頁39。

〔註256〕吳怡：《莊子內篇解義》（臺北，三民書局，2000年），頁100。

〔註257〕《齊物論釋》，頁82。

〔註258〕《齊物論釋》，頁82。

〔註259〕《齊物論釋》，頁69。

此「種」可歸於「道」用，以致於「陰陽」的造化。章氏從唯識與「緣起」理論而說，所謂「諸法唯心所現」，也是不同角度疏通了《莊子》與佛學的脈絡，故「齊物」思維則是其樞紐可知。章氏在《國學略說》亦有一段引徵《莊》學、佛法以破斥時空之非，其用〈大宗師〉篇的「見獨」、「無古今」、「不死不生」說明，曰：

> 天下者，空間也，外天下則無空間觀念。物者，實體也。外物即一切物體不足以攖其心。先外天下，然後外物者，天下即佛法所謂地水火風之器世間，物即佛法所謂有情世間也。已破空間觀念，乃可破有情世間，看得一體與己無關，然後能外生。外生者猶未能證不死不生，必須朝徹而見獨。……人為時間所轉，乃成死生之念，無古今者，無時間觀念，死生之念因之滅絕，故能證知不死不生矣。〔註260〕

「見獨」即所謂見「道」，「道」體唯一不二，故「道」與成佛同理。「道」如同《莊子》所言，在六極之上且先天地而生，可知「道」的存在必超越時、空，證「道」必外物、外天下於己，而後能「見獨」，而後能證不生不死，蓋章氏認為是「死生之念因之滅絕」，此也導出欲超乎時空之外，則必有緣滅、緣盡之映證。

　　由以上論述回證，則章氏所詮的「以明」明矣，實趨於「一切唯心」，並有破斥諸「緣」而歸於「一」的思意，「一」的境界便是真如心的澄明，章氏言「知彼、是待觀而起，其性本空」，知是非彼此皆心識緣起而無定性，從而反照真我本心，此工夫所尋求之意境即是「以明」了。〔註261〕

### （二）以佛學反西方科學所比附之《莊》學新解

　　清末明初之時，蓋西學於中土流行之際，學者亦多浸習其中且吸收其學術養份。不過，章氏卻反而對西方學術進行嚴密的審視，其認為西學的唯物觀點未必正確，故援用佛學理論加以批評，王汎森說：「章氏思想的另一重大支柱是在晚清復活的唯識學。……但經過蘇報案後，唯識學取代進化論成為其思想支柱。在舉國傾心西化之際，他獨傾心印度化，處處援唯識之說以對抗西學（如〈俱分進化論〉）。」〔註262〕而此對西學的批判也呈現在其《莊》

---

〔註260〕《國學略說》，頁 168。
〔註261〕《齊物論釋》，頁 37。
〔註262〕王汎森：《章太炎的思想——兼論其對儒學傳統的衝擊》（上海，上海人民出版社，2012 年），頁 228。

學研究。其在援佛解《莊》的基礎下，亦能開出一新詮解，如其論「齊物」、「平等」則以德國無政府論為批評對象等，對於當時最先近的物理學，則盡舉佛學否認微觀可靠性。其解釋《莊子》的「秋毫」，即歸之極細微物，當代西學在光學領域已有顯微鏡的發明，而《莊》書對此物理上的極細微物並無說明，章氏便以佛學加以補充，曰：

> 諸尋實質，若立四大種子阿耨、鉢羅摩怒，電子、原子是也。此有
> 二說，一據有方分言，分析無盡非種非原，故一家復說為無方分。
> 佛法假立四大種子，即是堅溼煖輕，由此假立造色種子。〔註263〕

「原子」的概念在古希臘時代已有之，但仍有相當多揣測的部份，並沒有科學驗證的基礎，到了十九世紀初英國化學學者道爾頓（John.Dalton 1766～1844 A.D）則發表了著名「原子論」，其在氫、氧、水的化學實驗下證實了物質必需有一個最基本的組成物質，此即「原子」的提出，但可惜是，其「原子」說法仍未能達到最究極本原物質的程度，故仍是可再分析的物質。「電子」則是英國科學家湯姆生（Joseph.John.Thomson 1856～1940 A.D）在西元 1897 年經實驗所發現，「電子」為形成「原子」的帶負電核的粒子，所以「原子」仍非是最小物質，再不斷分析下也只能突顯其中粒子間的碰撞與能量的變化。且二者皆非肉眼能見，今唯有依靠電子顯微鏡才能窺其蹤。不過章氏並不認同「原子」、「電子」的實存，以為這些物質的極微之物，只能被視為假立的「造色種子」，也就是唯有通過識覺才能認識該物質，然識覺由重重因緣所組合，其本質終究不過是一空無。

總之，「原子」、「電子」二說流行之時，在於章氏入獄之前，所以章氏乃有機會接觸之，章氏則用之與佛學中「阿耨」、「鉢羅摩怒」相比擬，皆極小細物也，其謂之是假立的「造色種子」一類，以是「原子」、「電子」都是因層層的細分所產生的物質，此物質仍是可再分析。不過，章氏引用物理學目的不異是要反應佛學的「緣起」與唯識說，其旨在於破斥物質在法界的虛妄，所以又判為「分析無盡非種非原」，其在《菿漢微言》說：「今之物理學，但明同業所感器界而已，其說電子、原子，明言假定。非如《勝論》執著極微為實，亦何障於真諦邪？」〔註264〕蓋極微小不能視之精微，因極微必因「方分」而有，如有「方分」則會分析無盡，以至於不能見其實質，非實質則並

---

〔註263〕《齊物論釋》，頁46。
〔註264〕《菿漢微言》收入《菿漢三言》，頁17。

非終極本原。所以章氏又說：「若有方分，剖解不窮，本無至小之倪，何者爲原？誰爲取初之質？若無方分，此不可見、聞、臭、嘗、觸、受，則非現量，此取徧性則無比量。」〔註265〕「比量」蓋因明學的用辭，係爲一種認識現象的推論，「現量」則是眼耳等五識的直接認識，都是唯識學用來解釋思慮與感官對現象界之認識，不過皆屬於感官與知識的範疇，章氏以爲「比量」不可相信，因爲可「方分」之物，並無實質。《因明入正理論》說：「言比量者，謂藉眾相而觀於義。相有三種。如前已說。由彼爲因，於所比義，有正智生；了知有火，或無常等。是名比量。」〔註266〕所以「比量」即是一種推敲的方法，非是耳目所能吸收的經驗下，比如因見煙起而知有火即是。又「現量」也不可視爲本原，因「今計無方分之實質，非接非謨，本在知識之外，實不可得原。」〔註267〕章氏以「現量」來表示可感官現象亦存在虛妄，因無方分實體的本質是「非接非謨」，並非能感觸與理性認識的，因「本在知識之外」。所以從「現量」與「比量」來說，則極微小之物並無眞實性，因此當時所認知極微的原子、電子概念雖似存在，但在層層分析下「至精無形」，微中仍有微，雖可分析但並無實質，故二者又非構成萬有的本質，遂章氏乃判之爲法界萬象之一，而以「齊物」消化之。

另外，章氏又以破斥名執之說，否定「細胞」說法，名執爲人我、法我之範疇，佛家亦視爲「緣起」之列。而「細胞」（cell）爲英國生物學家虎克（Robert Hooke 1635～1703 A.D）在顯微鏡下所發現，是組成動植物結構的最基本單位。章氏則以可「動」的虛妄，來解釋細胞物質的成因，曰：

> 如有人言身中細胞皆動，問細胞何故動？即云，萬物皆動，細胞是
> 萬物中一分，故細胞動。問萬物何故皆動？即云皆含動力故動。問
> 動力何故動？即云動力自然動自爾。語盡無可復結。〔註268〕

當時有說法以爲人體最微小細胞之能存活，是有一定的動力使然，有動力才有生命存在與活動之可能。但章氏在層層詰問下，則視此「動」因並非是眞實可求，故其說「本無眞因」，也就是在一連串的「方分」下，則此「動因」並無「實性」，所以其又說：「動，無非我者，謂本由迷一法界成此六事。迷

〔註265〕《齊物論釋》，頁 47。
〔註266〕玄奘譯：《因明入正理論》收入《大正新修大藏經》，第三十二冊，頁 12。
〔註267〕《齊物論釋》，頁 47～48。
〔註268〕《齊物論釋》，頁 44～45。

者即如來藏，如來藏此謂眞我，次及無自主者，皆謂之動，以不得已有自主者，皆謂之動。」〔註269〕章氏終歸此「動」的終極原因，爲一執「迷」，蓋因如來藏受有爲法雜染，而所變現的普遍現象，此種物理性的現象，唯識學則視爲「心不相應行法」，是不用經過心的緣慮就可發生的，即是外在於六識或說是一客觀的作用，但仍是一種緣起。所以章氏列舉「動」能的目的，亦是要破斥「細胞」是一緣起之執了，又曰：

> 此破名守之拘，亦解作用、道理證成道理之滯，並空緣生。道行之
> 而成，指作用證成二理，物謂之而然，指名守次皆遮撥之言。其言
> 惡乎然，然於然，惡乎不然，不然於不然者。……即執一切皆有自
> 性，名必求實，故有訓釋之言。〔註270〕

其謂一切名稱皆「義界」而來，「義界」則是「依我執法執而起」，只是一種對萬法現象的訓解，並無眞實的意義，爲「緣起性空」之一。故依此來說，則一切名言、現象皆是「無自性」，既無自性便非實質，則「細胞」、「動因」之說與一切名稱的訓釋之語都終歸於「緣起性空」。章氏依〈齊物論〉的「惡乎然，然於然；惡乎不然，不然於不然」說法，其大抵已反對物有自性的說法，所以說「名必求實，故有訓釋之言」，把欲以名求實者，視爲「依我執法執而起」的「義界」。總之，章氏「齊物」的意識，不但是要泯滅現象界可能產生的自然作用或現象，亦包括對名言的駁斥，此係以佛理而消化西學的《莊》學意識了。

## 三、小結

由上述可知，章氏之《莊》學、佛學研究牽涉甚廣，與其社會學、政治思想密不可分，而章氏的義理學與佛學思路頗有相涉，其認同佛學之高度，而用以分判諸子哲理之意境，其中以佛詮解的《莊》學新說亦是其諸子學研究之特色，有三點可留意：

### （一）章太炎之《莊》學、佛學研究與其社會學、政治思想密不可分

固然佛學思想頗有諸多出世色彩，然章太炎以爲大乘佛法之圓融無礙，可用之於世間法與出世間法，此誠是藉《莊》學與佛學菩薩修行所析論的觀

---

〔註269〕《齊物論釋》，頁95。
〔註270〕《齊物論釋》，頁42～43。

點。故章氏也以爲〈齊物論〉是可用於「經國」，所謂「天鈞」、「兩行」之說，一在於使萬有應順自然，一在於調和人間是非，與世俗社會亦有聯繫，蓋章氏《莊》學、佛學之研究大抵也寄託「經國」意趣，而政術之尋求亦關乎其學術，故實可由社會學、政治學的層次檢視章氏的莊、佛會通思想。

再次，章氏認同佛教可作爲中國代表性的宗教，故倡導可用佛學以教化社會、高尚人心，重拾人民的信心與自尊，此種觀點也間接承認佛法修行的社會性與功能性，故以此來說，佛學是可與世俗社會相結合的。而章氏最終理想的世界終以道家、佛法之學否定世俗，亦否定一完美「進化」的理想社會，以是善有進化，而隨之惡亦進化，善惡是爲一相對存在的理念，故至善與至惡的關係是相生互存的，其認爲能夠消化善惡者，唯有實踐無我、無物，甚至無所有的境界。

由其所提倡之「五無」世界而論，道家、佛法雖可作用於過渡時期，使之不至於衰敗，但終不能作爲究極進化的推手。誠如王汎森所言「章氏把『五無論』建構的太過完整、徹底（甚至要求達到無人類的境界），設若承認它，也就必須進一步承認：在五無的基礎下，沒有任何正面的政治建構是有用的，甚至所有牽涉到『人』的討論，亦皆枉然。」〔註271〕因此道家、佛學可作爲其過渡時期的改革方法、理念，但也是其消弭世俗社會或人類利害進化的逸器，故其反「進化」思想所認同的虛無也與道家、佛學相涉。此觀點皆可在其〈五無論〉、〈俱分進化論〉、〈人無我論〉作檢驗。

## （二）章太炎聯絡《莊》學與佛學思想之精奧，使二家哲理得以會通

章太炎因「蘇報案」入獄後之涉獵佛法，頗好唯識、華嚴之學，其分判「釋迦玄言」的奧義，甚至有超過晚周諸子、理學的趨勢。而章氏認同先秦諸子學可與佛佛會通者，唯有《莊子》，其曰：「端居深觀，而釋齊物，乃與瑜伽、華嚴相會，所謂摩尼見光，隨見異色，因陀羅網，攝入無礙，獨有莊生明之，而今始探其妙，千載之秘，睹於一曙。」其認爲《莊》學與佛學同調，故可經由《莊》學可窺探佛學之深奧，因此章氏之佛學、《莊》學研究大抵是可相互論證、會通的。

章氏著《齊物論釋》，也多能援用佛學理論以詮說《莊》學「道」論。如其以眞如心映證「空相之理」，以「本心」範疇窺探最高了義，謂「以明」即

〔註271〕《章太炎的思想──兼論其對儒學傳統的衝擊》，頁122。

是本心緣「道」所觀照的澄明，故由「唯心」說「道」；又如〈齊物論〉所論之時空，可由佛學之虛無、緣起論說，而《莊子》「齊物」以破斥名相爲原則，此也與佛學的主觀唯心、萬法唯識相涉，「齊物」之境界即是在於映證假有。因此，如單以詮解方法而論，章氏固然是以佛解《莊》，然亦是融《莊》入佛，在哲理上，章氏欲融通道、佛的意境，是爲顯明。

## （三）章太炎認同佛學思想之高度，而用以擴充《莊子》研究之視野

佛學固然早於東漢已傳中國，然期間經歷過多次興衰，或有顯密門派之爭，或有執政毀滅之禍，而其論說過於嚴密深奧亦不適用於世俗宗教的傳播，故至明清之時佛學已隋唐之盛況。而章氏則視之爲瑰寶，其認同佛學的哲理學說，重新疏理六朝格義佛學之方法，以佛學會通道家思想而使之擴充。其認爲成「佛」與成「道」之境都是不可復加的層次，佛法是干涉於形而上的唯心思想，故可用之與當代哲學或唯物科學作一比較，甚至據此譜出新說。

如章氏結合《莊》學與佛學的辨證之法而審視西方科學的微觀世界，此亦擴充了《莊》學的視野。如其以「阿耨」、「鉢羅摩怒」來解釋「原子」、「電子」的不可靠，認爲這些極微之物都只能歸於「比量」、「現量」的範疇，本質都非實有；又以「性起緣空」與「動」來解釋「細胞」的虛妄，此蓋晚清以佛學、莊學反對西學的另一創見。總的而論，章氏的《莊》學新說，不局限於傳統注疏學說的範疇，能反思當代的學說觀點而藉此開創新見，此實多有得於佛學思想之渲染也。

# 第五章　晚清諸子學與西學思想之聯絡

晚清學術之價值在於革新與變化，而此革變風氣之形成，實多有賴於西學識見之附會與應用。自鴉片戰爭以降，英人以船堅炮利敲開中國門戶，西學之風乃逐漸深入中國社會各層面，從而影響晚清以降的政治、社會民生，以至於文化、學術、典章制度之創見，故論及晚清之學術思想，則西學思潮是為一要點無疑。本文則以嚴復、梁啓超與劉師培前期之諸子思想作一探析，期以通過學者以西學對傳統「道」的諸多意趣。本文以嚴復、梁啓超、劉師培為論述對象，而以其學術的發生先後順序為排列要點，其中嚴復為晚清介紹西學與翻譯西學之前輩，故列在首節；梁啓超的《墨學微》出版於 1904 年，與劉師培的前期著作《中國民族志》、《古政原論》、《古政始原論》、《倫理教科書》大抵為同時期作品，不過梁啓超活躍時期仍稍早於劉師培，故以梁、劉分列第二、三兩節。

## 第一節　嚴復《莊子評點》緣中西會通所析釋之「道」論

晚清諸子學興起後，道、墨、法諸家的著作重新為學者所譯注、研究，《莊》學富有哲理，文詞精妙，為子學中受到矚目者，如章太炎云：「九流繁會各於其黨，命世哲人莫若莊氏，消搖任萬物之各適，齊物得彼是之環樞，……又況九淵、守仁之流，牽一理以宰萬類者哉。」〔註1〕此認同莊子是諸子中的曠達者，又比擬為陸、王之流，以其「道」、「理」之論說能探究萬類萬物的終

---

〔註 1〕 章炳麟：《莊子解故》（臺北：廣文書局，2005 年），頁 1。

極原理。蓋《莊子》研究對於晚清諸子學實有特殊意義，如崔大華說：「當中國固有的傳統文化、思想同一種外來的異質文化、思想接觸，發生觀念衝突時，寬廣深邃的莊子思想總可以浮現出某種與這種外來的異質文化，……接近的、相同的觀念或思想。」〔註2〕正因為《莊子》思想對於其他學術能高度包容，因此如魏晉的「格義」佛學、晚明的三教會通、晚清的西學、佛學研究等，皆藉《莊》學而會通其要義，故論晚清子學的發展，則其中《莊》學的研究實不能忽略。

嚴復的《莊子評點》是其評議道家的兩本著作之一，該書篇幅精簡，重視哲理，所採取並非逐字逐條的詮解，而是能隨莊書的要義加以點評，並疏發自己的意見。胡楚生以為該書頗有獨特之處，首先在評點上能以「內篇總評」、「總評」、「評證」、「註釋」、「圈點」等項目層遞析論，亦富含義理的評析；其議論的內容則有「駁正古注」、「申釋大義」、「印證西說」、「比況現勢」、「評論得知」之價值，〔註3〕可知嚴氏《莊子評點》所涉足的思維是多方面的，對於晚清民初的道家研究、儒道釋會通、中西會通研究與評點學皆有一定的學術意義。

《莊子評點》一書雖完成於民國初期，但仍可視為其晚清之作，查《嚴幾道年譜》嘗載嚴氏民國元年與熊純如之通信：「平生喜讀《莊子》，於其道理唯唯不不，每一開卷有所見則隨下丹黃，馬伯通借去不肯還，乃以新帙見與己意。……今即欲更擬進退不可知，又須費一翻思索，老來精力日短，恐不能更鑽故紙。」〔註4〕因此嚴氏鑽研《莊子》頗早，且曾在民國前後兩次評點《莊子》，該書之作實可追溯於清末，而成書於民初時期。胡楚生亦言嚴氏：「早年誦讀《莊子》，每有所見，常於書眉簡端，施以丹黃，隨手評點，……其後該書為桐城馬伯通久借不歸，民國五年，……乃據馬氏《莊子故》一書，重加評點。」〔註5〕可知，嚴氏對《莊子》的評點於民國前實已著手進行，後因馬其昶久借不歸，嚴氏不得已只好再以馬其昶《莊子故》為基礎，重加以點校、評議。總之，該書乃醞釀於民國之前，經歷諸多事故終定稿民國五年，故以為是晚清民初之作亦可也。

---

〔註2〕 崔大華：《莊學研究》（北京：人民出版社，1997年），頁543。
〔註3〕 胡楚生：〈嚴幾道「莊子評點」要義闡釋〉，《文史學報》第21輯，（1991年3月），頁1。
〔註4〕 王蘧常：《嚴幾道年譜》（臺北：臺灣商務印書館，1977年），頁113。
〔註5〕 〈嚴幾道「莊子評點」要義闡釋〉，《文史學報》，頁1。

　　近代學者對嚴復思想頗有深入的研究，然對嚴復學術的旨趣則有不同說法。如西人史華茲（Benjamin Schwartz 1916～1999 A.D）便以為嚴復志在改良傳統思維，以追求國家的「富強」為目標。或如周振甫與王栻認為，嚴氏學術經歷三階段，早年好西學，中年以中西會通為志趣，晚年則趨向保守；或如胡適、李澤厚之說，認為嚴氏學說終以探究西學為目的。〔註6〕本文之論述《莊子評點》則採取嚴復學術皆內俱「儒學性格」的觀點，吳展良〈嚴復早期的求道之旅——兼論傳統學術性格與思維方式的繼承與轉化〉言：

> 他其實具有一種既深且厚的「儒學性格」，並深受傳統世界觀與思維
> 方式的影響；其畢生學行所傾力追求的，是一深具傳統意涵的「道」
> 字也就是一種貫通宇宙人生，致廣大而盡精微的真實道理。在中西
> 交會的大背景下，嚴復既尊重傳統，又欣賞西方。〔註7〕

此論認為，所需關切處除嚴復思想「中國面對西方」這一層面外，亦要重視其本身所具有「中國傳統的學術性格」與「中國傳統的世界觀與思維方式」。〔註8〕故從嚴復的學思歷程而論，其畢生所追求乃在於「融通中西文化中最高的原理原則」，亦可說嚴氏學術係以傳統學術的進「道」為志趣，而其對中西學之會通，是其學術開展的門徑。而此所謂的「道」，雖未必專就道家所論述的終極理則言，然以《莊子·天下篇》所闡述的「內聖外王」論，則儒、道之「道」皆是蘄求「宇宙人生」周延為目的，故儒、道之「道」廣泛而論實可通。而嚴復其人本受過傳統儒學教育，留學西洋之後，其學養亦多有西方學術之見解，故中西學術會通為嚴氏學術的重點之一可知。

　　固然有研究者以為：「通過研究嚴復思想的核心內容卻不難發現，中國傳統學術中，與嚴復的進步資本主義觀念同步的，不是儒家思想而是瀟洒飄逸卻充滿了樸素的自由民主思想的老莊哲學。」〔註9〕此專以「道家」闡釋嚴復思想實未必周延。實際上，嚴氏對道家思想多有否定與批評處，如其《侯官嚴氏老子評點》便以為老子的「絕學無憂」非真無憂，只是一種眼不見「害

---

〔註6〕 李澤厚：《中國近代思想史論》（臺北：三民書局，1996 年），頁 270～271。

〔註7〕 吳展良：〈嚴復早期的求道之旅——兼論傳統學術性格與思維方式的繼承與轉化〉，《臺大歷史學報》第 23 期（1999 年 6 月），頁 239。

〔註8〕 〈嚴復早期的求道之旅——兼論傳統學術性格與思維方式的繼承與轉化〉，頁 241～248。

〔註9〕 陸文軍：《嚴復的莊子學》（上海：華東師範大學中國古代文學碩士論文，2005 年），頁 2～3。

己者」的心態。〔註 10〕又評《莊子》的「至德之世」乃爲不可行之理想，此亦可證明嚴氏並非全然以道家思想來闡述其學說。〔註 11〕

不過，儒、道會通甚至儒、道、釋會通畢竟是嚴復治學所專注的重要課題，察嚴氏的《侯官嚴氏老子評點》、《莊子評點》、《天演論》等撰著，皆多有引用儒、道、釋經典而詮解者。從此而論，則嚴氏之學欲會通中西，且貫通儒、道、釋諸家，論證其中的學術意趣，以成一家之言爲指歸，此大抵是明確的。本文則欲由嚴復的《莊子評點》之會通中西學術著手，論述嚴氏的莊學意趣，特別針對其結合西學的逍遙、氣論、宇宙論作闡釋，如下。

## 一、嚴復儒、道、釋兼採的研究視野

嚴氏在正式受西學教育，即進入福州船政學校之前，實已接受過中國傳統教育的洗禮，此係嚴氏早年所接受過的私塾授業。《嚴幾道年譜》載嚴氏十一歲之事蹟，曰：

> 本年志范先生聘同邑黃少巖布衣館於家。布衣爲學，漢宋並重，著有《閩方言》等書。於是先生始治經，有家法，飫聞宋、元、明儒先學行。〔註12〕

嚴復於十一歲以降曾受過黃少巖的授業，故對傳統的儒學教育大抵有一定的認識，黃氏授課也成爲後來嚴復問學的基礎。西人史華茲也說：「嚴復後來對斯賓塞宇宙論的形而上學體系和對穆勒邏輯歸納法與經驗主義所抱有的同樣熱情，正是在某種程度上反映了他的老師糅合『漢學』與『宋學』價值的苦心。……他的個人與家庭生活，并未太偏離儒家的行爲規範。」〔註 13〕從此而論，嚴復受黃少巖的啓蒙，治漢、宋之學術，係影響嚴氏往後論學的意趣。

而在爲學與家庭生活上，嚴氏亦謹遵傳統士人的處事行舉；如其考進福州船政學堂，即以一篇〈大孝論〉選入，可知對於古文撰寫應爲嫻熟，《嚴幾

---

〔註10〕 嚴復：《評點老子道德經》（臺北，廣文書局，1979 年），頁 18。
〔註11〕 嚴復對於道家思想未必全然折服，大抵取其部份論說加以闡述，從而會通其學，如《嚴復道家思想研究》說：「嚴復對於莊子所提倡的『至德之世』，也就是遠古時代，人民結繩記事，……非常不以爲然。嚴復批評它，自然是因爲道家這種『遺棄文明』的倒反心態。」見黃麗頻：《嚴復道家思想研究》（臺中，逢甲大學中文研究所碩士論文，2001 年），頁 107。
〔註12〕 《嚴幾道年譜》，頁 3。
〔註13〕 史華茲著、葉鳳美譯：《尋求富強：嚴復與西方》（江蘇，江蘇人民出版社，2010 年），頁 16。

道年譜》載云：「《瘝楙堂詩集》卷上，〈送沈濤園備兵淮南詩〉有云：『尚憶垂髫十五時，一篇〈大孝論〉能奇』。」〔註14〕此證明嚴氏正式受西學教育之前，對經學已有廣泛的認識。蓋經學有所謂「守家法」，即持守經學之家法也，漢、宋之學亦儒學的流派。清儒所云的「家法」則專指漢學家法言，《後漢書》首先出現「家法」一詞，唐李賢注以為：「儒有一家之學，故稱家法。」〔註15〕故「家法」為儒學專門，以是經學家派世代之因襲，以保證傳說皆能「有本原」也，皮錫瑞《經學歷史》則以為「家法顓門，後漢已絕，至國朝乃能尋墜緒而繼宗風。」〔註16〕自清初經學復盛後，清人之習經、宗經皆有其沿革，如梁啓超以為惠棟所傳即是「吳派」，其特色在於「博聞強記為入門」，能「尊古守家法為究竟」，故其學大抵謹尊家學、師法，學風則趨向保守、尊古。〔註17〕故嚴氏受經學、理學之啓發，亦影響其後來對義理思想的申論。

　　總的來說，嚴復在此清代漢學風氣的浸染下，其一生治學未能說不受此影響，《嚴幾道年譜》載其早年：「初讀英人斯賓塞 Herbert Spencer《群學肄言》，Study of Sociology 輒嘆得未曾有。……以為其書實兼〈大學〉、〈中庸〉精義，而出之以翔實，以格致誠正為治平根本矣。」〔註18〕此為嚴氏留英時期，初接觸西學之觀察。其竟以為《群學肄言》與中學有暗合處，故以〈大學〉的格物、致知、誠意、正心等思意闡釋之，可見嚴氏在熱衷西學之餘，對於傳統之儒學仍有所嚮往。而晚年時，嚴氏對儒學更為之折服，其見聞第一次世界大戰的慘狀後，便重新對西學提出反省，其〈與熊純如書·七十五〉載云：「不佞垂老，親見支那七年之民國與歐羅巴四年恆古未有之血戰，覺彼族三百年之進化，只做到『利己殺人，寡廉鮮恥』八個字，回觀孔、孟之道，眞量同天地，澤被寰區。」〔註19〕歐戰殺伐的殘酷促使嚴氏覺悟西人之學到底講究功利、競爭，固然西學對嚴氏的影響極深，然其晚年乃以提倡儒學為職志，視儒家的仁義道德才是學術與經世的依歸。

　　故可以說，嚴氏一生論學，則「儒學性格」是其學思的起訖，亦是其中

〔註14〕《嚴幾道年譜》，頁 4。
〔註15〕范曄撰、李賢注：《後漢書》收入《百衲本二十五史》（浙江，浙江古籍出版社，1998 年），頁 841。
〔註16〕皮錫瑞：《經學歷史》（臺北，藝文印書館，2004 年），頁 353。
〔註17〕梁啓超：《清代學術概論》（臺北，里仁書局，2002 年），頁 9；頁 30。
〔註18〕《嚴幾道年譜》，頁 9。
〔註19〕嚴復撰、王栻編，《嚴復集》（北京，中華書局，1986 年），第三冊，頁 692。

西思想貫通的門徑，吳展良言：「此種性格與精神首先深植於儒學傳統，而又深受道家思想的影響。西方科學追求眞理的嚴格態度與偉大成就，加深了他對於普遍而一貫之理則的重視。……綜觀嚴復的早期生涯，可以發現他的學術性格已經確定。」〔註 20〕因此，論嚴復學術固然不能然忽略嚴氏對西學的熱衷與對道家思想的愛好，然其內在的「儒學性格」實爲其治學的根本基礎，故必須留意。嚴氏亦自言「往聞吾國腐儒議論謂：『孔子之道必有大行人類之時』，心竊以爲妄語，乃今聽歐美通人議論，漸復同此。」〔註21〕此誠然同意儒學所深含的學術意義與社會價值了。

　　嚴氏除了服膺於儒學外，其學亦多有兼采儒、道論說，嚴氏在〈致熊季廉書〉自言：「中國哲學有者必在《周易》、《老》、《莊》三書，晉人酷嗜，決非妄發。……吾輩讀書，取適己事而已。」〔註 22〕因此，嚴氏實欲折衷「三玄」爲一家之言，其爲學在於「取適己事而已」，蓋儒、道兼採是乃其進學與論「道」的意趣明矣。其評點《老子》便時常流露這種對儒、道共賞的情趣，曰：

> 形、氣之合莫不毀者，天下有自生之物而長生者乎？此採精鍊神之家所不待攻而其說破也。凡讀《易》、《老》諸書遇天地字面只宜作物化觀念。〔註23〕

> 曲，一部分也。舉一部分則全體見矣。故〈中庸〉曰：「其次致曲」，天下惟知曲之爲全者，乃可以得。……一者，天下之至少，而亦天下之至多。〔註24〕

前說採形氣論的思維，以爲儒、道論萬物皆必須由「物化」解，蓋道家所言「萬物負陰抱陽，沖氣以爲和」亦近同於《易傳》「方以類聚，物以群分」、「在天成象，在地成形」的構思。後者則援用〈中庸〉「致曲」的觀點，以解構《老子》二十二章的「曲則全，枉則直」，此視「曲」的不完全雖止於「道」的一隅，然求道之人大抵能取「一少之極」從而由少見多，由一曲而見全，此即

---

〔註20〕吳展良：〈嚴復早期的求道之旅──兼論傳統學術性格與思維方式的繼承與轉化〉，頁 274～275。

〔註21〕嚴復撰、王栻編：《嚴復集》，第三冊，頁 690。

〔註22〕嚴復：《嚴復合集》（臺北，財團法人辜公亮文教基金會，1998 年），第五冊，頁 33～34。

〔註23〕《評點老子道德經》，頁 7。

〔註24〕《評點老子道德經》，頁 21。

老子所謂「抱一爲天下式」者。蓋河上公也說「自受取少，則得多也。天道祐謙，神明託虛。」〔註25〕一即多，多又歸於一，此誠然以「謙」的態度來詮解爲道者的「損」、「虛」，故嚴復最終亦補充說「此章之義同於大易之謙卦」，《易傳》言「謙」的精神係「君子以裒多益損」的思路，故嚴氏以老子的「曲」會通《周易》的「謙」，此古人早有實例論說。晚清之際，學者認同儒、道可會通者並不在少數，如夏曾佑爲嚴復《評點老子道德經》作〈敘〉時，便以爲孔子之學與老子頗有淵源，云：

> 考《老子》書二篇，言理而不託物者也。而自古及今其說之紛，則倍蓰於六藝焉。韓非受學於孫卿，孫卿受學於子弓之徒，子弓受學於孔子，孔子受學於老子。相去裁五六傳，非又最服膺於老子。〈解老〉、〈喻老〉二篇爲古今注老子之最朔，……於是老子遂爲名法家之初祖。〔註26〕

此說應受《史記》與《禮記·曾子問》的影響，以爲孔子曾經學於老子，而孫卿爲子弓後學，故總述其源流，則韓非的〈解老〉、〈喻老〉皆是祖述老學，老子竟也成爲「名法家之初祖」，亦是儒學的先導人物之一。夏氏的說法實爲嚴氏的儒、道兼採作一註解，以是儒、道二家應有相近的淵源，故二學遂可會通。事實上，近世學者或有以爲儒、道二家應相爲表裡，此說法雖未必全然無誤，然亦有參酌的價值，如魏源以爲：「故夫經之《易》也，子之《老》也，兵家之《孫》也，其道皆冒萬有，其心皆照宇宙，其術皆合天人。」〔註27〕魏源視《周易》、《老子》爲評議「道」的經典，皆以「宇宙」、「天人」的範疇爲之界說。陳鼓應亦言：「就《易經》和《老子》作比較，我們亦可見出兩者在某些重要的哲學觀念上由未顯題化到顯題化的聯繫。舉其要者，例如由《易經》的〈觀〉、〈復〉發展到老子的『觀復』；由《易經》的〈損〉、〈益〉發展到老子的『爲道日損，爲學日益』。」〔註28〕此以爲老子的爲「道」工夫與《周易》的諸卦頗有關聯，《周易》的〈觀〉、〈復〉、〈損〉、〈益〉爲老子所援引，便發展爲道家爲道、去智的工夫方法。此說固然並非定論，然近代學

---

〔註25〕河上公注：《老子道德經注》收入《無求備齋老子集成初編》（臺北，藝文印書館，1965 年），第八冊，卷上，頁 15。

〔註26〕《評點老子道德經》，頁 1。

〔註27〕魏源：《古微堂集》收入《續修四庫全書》（上海，上海古籍出版社，1995 年），集部，第一千五百二十二冊，頁 379。

〔註28〕陳鼓應：《道家易學建構》（臺北，臺灣商務印書館，2003 年），頁 45。

者對於儒、道會通實有其沿革，蓋「儒道合」、「儒道同」的論說是有其蹤跡可尋的。

　　嚴復之治學又好以佛學思想進行闡釋，再結合儒、道會通思維，則嚴氏儒、道、釋兼採的研究視野便具備規模。儒、道、釋會通之論，亦可見於嚴氏的「天演」說詮釋。西人赫胥黎的《天演論》多詆誹原始宗教與西方基督教，所倡言在於自然「天演」的構思，則嚴氏乃採取《易傳》、道、佛思想為之析辨，嚴氏在《天演論‧天刑》的案語曰：

> 此篇之理，與《易傳》所謂乾坤之道鼓萬物而不與聖人同憂，《老子》所謂天地不仁，同一理解。……斯賓塞爾著《天演公例》，謂教、學二宗皆以不可思議為起點，即竺乾所謂「不二法門」者也。〔註29〕

赫胥黎反對宗教上賞善罰惡的天論思想，以為天運係自然天道的運行，與神格意義的上帝無關。蓋基督教的宗旨本有勸人為善罰人為惡的說法，即「天道福善而禍淫」，赫胥黎則從史例的角度辨析，以為暴人亦有顯貴發達者，行義者卻往往難逃劫難，故「天道福善而禍淫」之說純屬虛妄。嚴氏亦基於此而闡發，以為一切是非禍福實與天運無涉，天道運行皆屬一自然，乃循「理」而進，故趨向於道家的「天地不仁」，與《易傳》的「鼓萬物而不與聖人同憂」亦同理，甚至同於竺乾（即佛）所講的「不二法門」。

　　嚴氏所引斯賓塞的「不可思議」則同於佛家的「不二法門」，以為「天演」自然造化的奧妙亦難以思慮言說。「不二法門」者，即謂真理為絕對不二，既超越一切生滅、同異、來去之差別，故所修習適向真理的意趣亦唯一不二，《維摩經》有〈入不二法門品〉一卷，其解釋了「真常」何須由「不二」之法入，其載：「極其少者，要從二緣。若有一緣生，未之聞也。然則有之緣起，極於二法，二法既廢，則入於玄境。亦云二法門攝一切法門。問曰：『云何不破一耶？』答曰：『若名數之則非一也。若以一為一。亦未離於二。』」〔註30〕此以「遮詮」的方式為之解構。萬有由「緣」生，故常落於生滅、有無、是非等相對的二端，成佛入道欲顯唯一真諦（或說證空），則破滅相對的二端以致諸萬端，故有「不二法門」之說。

　　所謂「不二法門」，隋唐高僧吉藏在《維摩經義疏》有進一步疏解，此處

---

〔註29〕赫胥黎著、嚴復譯：《天演論》（河南，中州古籍出版社，2003年），頁303。
〔註30〕僧肇：《注維摩詰經》收入《大正新修大藏經》（臺北，新文豐出版社，1987年），第三十八冊，卷九，頁396。

可以參酌，吉藏云：「維摩詰不思議解脫本者，謂不二門也。由體不二之道故。有、無二之智，由無二之智故，能適化無方。是以經云，文殊法常爾，法王唯一法，一切無礙人，一道出生死。故以不二爲眾聖之源。」〔註31〕諸法皆虛妄非實有，唯成佛需由一眞之法所規範，故此一眞之法維摩詰謂其「不可思議」，以是能泯除有、無相對的畛界，貫通「一切」虛實以至於無礙故。總之，欲探究終極原理者，不需執著於種種相對事物，直以探尋「妙有」爲止境。嚴氏則由此佛家說法辨證，暗指天地宇宙爲神格意識所操縱說法爲謬妄，既然宇宙淵源於「不可思議」，則人物所可想像的一切造物主皆非眞實，故旋以「道」之「自然」作用詮解，任由「自然」之道以造萬物。

　　基於此說，則嚴氏又以爲儒、老、釋的最高原理亦是相近的，其解《老子》「有物混成，先天地生」一章，曰：

　　　《老》謂之道，《周易》謂之太極，佛謂之自在，西哲謂之第一因，

　　　佛又謂之不二法門。萬化所由起訖，而學問之歸墟也。〔註32〕

嚴氏此論便把儒、道、釋，以至於西哲說法皆熔爲一爐。其採取哲學思辨的方法，以「道」爲萬物生成的第一因，「道」的「自然」作用則爲創生萬物的法門，爲萬化所由的根據，因此老子的「道」、《易》之「太極」、佛的「自在」、西哲的「第一因」皆是嚴氏學說思想的終極原理。嚴氏此說也在在證明其思想並非是單純的「唯物論」。蓋「唯物論」否認宇宙是一超越形器之主宰所造化，以生物的精神意識亦隨物質破滅而消逝。

　　或有研究者以爲嚴復思想在於發揚「唯物」，如《嚴復的莊子學》說：「嚴復將西方科學精神的唯物特質高揚起來，指出『一理之明，一法之立，必驗之物物事事而皆然，而後定之爲不易。』用唯物精神、科學方法探求產生的觀念、思想、結論，並放諸四海而皆準，充中體現出渴求用公理、公認性質的學術方法，以對抗盛行的唯心治國論的冀望。」〔註33〕此「唯物」說實未必能反應嚴復思想的原意。固然嚴氏重視西方科學與傳統中學的會通，然嚴氏所認同的「天道」、「道」、「自然」皆存在「唯心」論的意識，大抵未全以「唯物」的物化、量化觀點論「道」。其在「自然」的背後，仍立一「天道」或「道」主宰之，所採取即是《莊子》「不得其朕」、「不見其形」的「眞宰」。嚴氏譯赫胥黎的《天演論》曰：

〔註31〕吉藏：《維摩經義疏》收入《大正新修大藏經》，第三十八冊，卷一，頁910。
〔註32〕《評點老子道德經》，頁23。
〔註33〕陸文軍，《嚴復的莊子學》，頁23。

設宇宙必有眞宰，則天演一事，即眞宰之功能，惟其立之之時，後果前因，同時並具，不得於機緘已開，洪鈞即轉之後，而別有設施張主於其間也。〔註34〕

赫胥黎以為宇宙仍由「眞宰」所規定，故「天演」係為「眞宰」的功能。此論嚴復大抵同意之，固然赫胥黎的「眞宰」未必眞能脫離西學唯物的範疇，然嚴氏則盡求佛、道的形上論加以析論，其在《天演論・佛法》的案語云：「他如理學中不可思議之理，亦多有之，如天地元始、造化眞宰、萬物本體是已。」〔註35〕此即嚴氏對「形而上」究極本體之理解，其終推論「道」、「眞宰」、「本體」等議題於「不可思議」的層次，「不可思議」乃通往不可言說、不可由物質理解的超然意境；而其解《莊子・德充符》的「用心」，也說：「所云心未嘗死，即老子所謂知常，即佛所謂妙明，即耶教所云靈魂不死。」〔註36〕案莊子之意，則「心未嘗死」即超越了物我、生滅的界域，進與天地的精神同化，此即至人的心境，故又可謂是「常心」，嚴復乃判同於老子的「知常」、佛家的「妙明」，又從耶教的觀點以為是「靈魂不死」，蓋嚴氏義理上的「心」已非是專待於知識、思慮的層次。

嚴氏又評議說：「審乎無假，不與物遷，知得其心也。命物之化而守其宗，以其心得其常心。」〔註37〕由「心→常心」，非得道者不能了然體悟，此亦同於《莊子・人間世》所說「心齋」乃「虛室生白，吉祥止止」，泯除了物我形器的拘束，便能「耳目內通而外於心智」，進一步適向於「道」化的理境。〔註38〕從上述可知嚴氏對於「心」、「常心」、「常知」之聯繫與「道」化的境界是相當感興趣的，故如謂嚴氏全然以「唯物精神、科學方法探求產生的觀念、思想、結論」，此就並非是一客觀合理之論了。總之，嚴復在儒、道、釋思想會通的意識下，其解釋宇宙仍近於《易傳》的「形而上」、「形而下」二分。張志建也說嚴復欲仿效笛卡爾與康德的二元論：「既承認物質世界的客觀存在，又反復強調『理至見極，必將不可思議』的割裂本質與現象，並由此走

---

〔註34〕赫胥黎著、嚴復譯：《天演論・廣義》，卷一，頁58。
〔註35〕赫胥黎著、嚴復譯：《天演論》，卷二，頁354。
〔註36〕嚴復：《侯官嚴氏評點莊子》（臺北，藝文印書館，1970年），第一冊，卷二，頁11～12。
〔註37〕《侯官嚴氏評點莊子》，第一冊，卷二，頁11。
〔註38〕郭慶藩集釋：《莊子集釋》收入《新編諸子集成》，第三冊，頁68。

入不可知論的哲學觀點。」〔註39〕蓋論「形而上」者，重視「道」的本體，故宇宙生成背後的潛在原理亦是其探索的對象；論「形而下」者，著重一切形、器的變化與相狀，而「道」的「自然」功能下的呈現，如「天演」作用的規屬、科學物理的觀察亦屬於此「形而下」的部份。嚴復既擷取《周易》之「道」論，則其欲調和形上、形下二元大抵是顯明的。

　　蔣國保《晚清哲學》論嚴復「形而下世界的可知論、形而上世界的不可知論」亦言：「嚴復在把握世界時，首先將它區分為可識知之世界與不可認識之世界。基於『可知論』的思維取向，他試圖對現象世界的本質作唯物論的解釋；而遵循『不可知論』的取向，他對世界究極本體，採取了捨而不論的態度。」〔註40〕因此，嚴氏不全以「唯物」來建構其哲學明矣，以是「不可知論」之屬仍無法單由物質的觀點而理解。因此，如謂其對形上世界「捨而不論」亦非事實，嚴氏在其老、莊學著作與多種翻譯的案語中，皆積極探尋「形而上」本體的旨趣，而嚴氏對「形而上」的解釋亦可由其中西思想會通而論證，見下節。

## 二、嚴復中、西會通的學術意趣

　　晚清，鴉片戰爭的挫敗，致使學人深刻反省傳統學術對社會、文化的影響，魏源乃首先提倡「師夷之長技以制夷」為響應，其撰作的《海國圖志》、《聖武記》皆為因應當時社會變革的態勢所闡發。魏氏以為中國應借取西法而加強國防、經濟、工業等發展，其經世的理論係成為中國近代西化運動的指標。稍後，張之洞又以為應從「中體西用」著手，既要以中學為主體，能保存中學的優點而不為西學所局限，又要能擷取西學的長處。因此，以中學為基礎，而西學為「用」的觀點，便風靡晚清思想界而帶動一波中西學術會通的趨勢。

　　嚴復處於晚清中國社會、政治、經濟傾危之時，其吸收西學的目的，除了致力於經世致用，期許能進一步達到「富強」外，亦可謂是其「中體西用」思想的另一呈現。張之洞在自強運動時已呼籲要「采東西規制，廣立武備、

---

〔註39〕張志建：《嚴復學術思想研究》（北京，北京商務印書館，1995 年），頁 105～106。

〔註40〕蔣國保等：《晚清哲學》（合肥，安徽人民出版社，2002 年），頁 300。

農工商、鐵路、方言、軍醫諸學堂」，〔註41〕因此中西學之通貫實在於致用目的；而嚴氏〈原強〉一文亦言：「今之扼腕奮肣，講西學，譚洋務者，亦知近五十年來，西人所孜孜勤求，近之可以保身治生，遠之可以經國利民之一事乎！」〔註42〕此視西學為中國「富強」的捷徑，近的影響可以保身全生，長遠來看則是民富國強、圖危救亡，甚至是改革當世社會弊端的利器。總之，嚴復之學固然是以中學為基礎：「鄙人行年將近古稀，竊嘗究觀哲理，以為耐久無弊，尚是孔子之書；四子五經，故固是最富廣藏」。〔註43〕儒學無疑是嚴氏治學的最終歸屬，然則「惟須改用新式機器發掘淘煉而已」，能進一步淘煉精義並有利於當世致用，乃在於西學方法的會通。

嚴氏的哲理觀亦受到此種中西思想融通意識的影響，其在〈陽明先生集要三種序〉一文，則以社會達爾文思想的「天演」論為基礎，論述為自然與人類進化的根據皆在「理」，云：

> 自然何？內之身心，外之事變，精察微驗，……思想日精，而人群相為養生之樂利，乃由吾之新知而益備焉，此天演之所以進化。……理者，必物對待而後形焉者也。是故吾心之所覺，必證諸物之見象，而後得其符。〔註44〕

故不論「心」或「理」，其作用皆可循「天演」而詮解。此把心學與斯賓塞「天演」說法聯繫，「自然」即天演之進化，則吾心之能應符天地，之可「覺悟」都是與「自然」為齊的現象。嚴氏的說法固然未必可為心學家所採取，但其加諸自然實證的議題於「本心」上，則理學便可通過科學旨趣進行驗證，而義理思想與科學亦有統一的可能。

不過，嚴氏也以為中學之「理」、「道」與西學的論物之理，仍還有根本思想上不同，因此「謂之相似則可，謂之真同則大不可也」，〔註45〕是以二方的學術、宗教背景實大大不同。總之，嚴氏之學並非只單單限於西方的學說，或者一味拘泥於道、釋之言，其實更深具文化會通的意識。大抵嚴氏能兼採儒、道、釋要點，而以中西會通為問學趨向，以成就一家之言為目的。

---

〔註41〕趙爾巽等：《清史稿》收入《百衲本二十五史》（浙江，浙江古籍出版社，1998年），第十冊，頁1368。
〔註42〕《嚴幾道文鈔》，頁19。
〔註43〕嚴復撰、王栻編：《嚴復集》，第三冊，頁668。
〔註44〕《嚴幾道文鈔》，頁182～183。
〔註45〕《嚴幾道年譜》，頁17。

從此而論，嚴氏於儒、道、釋兼採之外，對於西學亦有極高興趣，其翻譯的多種西學經典，多能體現中西會通的思想，如孟德斯鳩《法意》、斯賓塞《群學肄言》、亞當‧斯密的《原富》等皆然，蔣國保曰：「在翻譯時，他往往在譯文後面加上案語，以發揮自己對西方民主與科學思想的見解。……據《嚴復集》的編者統計，他的十部譯著，約計 190 萬字，內中案語共約 19 萬字，相當於原書翻譯字數的十分之一。」〔註 46〕其所評議的十九萬字，大抵欲疏發「天演」、「自然」、「教」、「學」、「民主」、「科學」、「群治」、「氣」以及形而上的「道」論，其中又普遍使用中學的詞彙或思想議題詮解。因此，嚴氏對西方典籍的意會，也正可體現其學術觀點，如其曾直言仰慕斯賓塞之「會通哲學」：「本天演著《天人會通論》，舉天地人形氣心性、動植之事而一貫之，其說尤爲精辟宏富。」〔註 47〕其企圖在於能夠發明一「治群學之塗術」，〔註 48〕也就是習得一探討群治的理論方法（包括中西學），並擴充其社會學（Sociology）領域之研究，而闡述其學術理念，嚴氏此想法實表現在對中、西學研治的興趣之上。

嚴氏之評議《天演論》大抵可見此端倪，「天演」的觀點本出於英人達爾文對物種演化、起源的研究，斯賓塞在論述諸多社會現象的當下，便把這種「天演」方法視爲社會群體競爭與變遷的原理，甚至提升到造物主理則的高度。嚴復則唱和斯賓塞的「天演說」，把社會的競爭、淘汰、演化視爲「治亂盛衰」之由，並附會其對儒、道、釋部份思想的詮解，而譜出一家之言（其所謂天演家）。本文以爲嚴氏中西會通的脈絡的方向大概有二，一是欲以西方科學、社會學爲門徑，再結合中學的識野以達到致用的層次；二是欲對中、西哲學進行會通，以論證其「天演」論的作用與原理，此可由嚴氏對「道」哲理的論述與疏解得知。

## （一）以西學為研治方法的「致用」旨趣

誠如西人史華茲所言，嚴復是一「國家利益者」，其以西學會通中學，目的不異乎國家富強的追求，曰：「穆勒關於自由的內容就立刻被嚴復以斯賓塞──達爾文主義的語言塞進那些含有『適者生存』意思的領域，即把自由作

〔註 46〕《晚清哲學》，頁 262～263。
〔註 47〕赫胥黎著、嚴復譯：〈察變第一‧案語〉收入《天演論》，頁 43。
〔註 48〕斯賓塞著、嚴復譯：《群學肄言‧譯餘贅語》（臺北，臺灣商務印書館，1965年），上冊，頁 1。

爲提高社會功效的工具，並因此作爲獲得富強的最終手段。」〔註49〕蓋嚴氏之譯《群己權界論》，實有曲解穆勒「自由」思想下的個人意志，而轉以國家富強之詮釋，因此其思想的確是存在對國家「富強」的期許。從此而論，則嚴氏的中西會通思想，實不能不以經世致用的方向爲說法。

嚴氏在譯《天演論》即以西學的課題議論中學，其言：「夫西學之最爲切實而執其例可以御蕃變者，名、數、質、力四者之學是已。而吾《易》則名、數以爲經，質、力以爲緯，而合而名之爲《易》。」〔註50〕此認同《周易》與西學的邏輯學、數學、化學、物理學所論的諸變化有異曲同工之妙，因此名、數、質、力是「易」作用下的經、緯，亦是自然天道造化萬物的理則。蓋嚴氏又把「乾」視爲「力」，「坤」視爲「質」，則《周易》所論述的動、靜、開、翕便近切於西方力學、物理學、化學的動力、質變等思維。嚴氏對「天演」的評語以爲：「乃轉於西學得識古之用焉」，〔註51〕故其也認同西學可爲中學「自強、保種」之用，嚴氏之學欲由中西學術會通著手是顯明的。

再者，嚴氏的「致用」思想乃延伸至政治學與社會學的範圍，其《侯官嚴氏老子評點》亦認同老子以「道」爲治的舉措可與西方民主相接軌，而儒家的「禮」則合於「君王」政治，此係嚴復以中西會通議論政治的實例，其評議「道常無爲而無不爲，侯王若守之，萬物將自化」一段，即言：

> 老子言作用輒稱侯王，故知《道德經》是言治之書。然孟德斯鳩《法意》中言民主乃用道德，君王則用禮，至於專制乃用刑。中國未嘗有民主之制也，雖老子亦不能爲未見其物之思想。於是道德之治亦於君主中求之不能得。乃游心於黃、農以上，意以爲太古有之。……八十章有小國寡民之説，……正孟德斯鳩《法意》篇中所指爲民主之眞相也。〔註52〕

嚴復翻譯孟德斯鳩《法意》，以爲孟德斯鳩把政治形態分之爲三，即「民主」、「君主」、「專制」。〔註53〕故嚴氏在中西會通的意識下，便進一步作調和，以

---

〔註49〕史華茲著、葉鳳美譯：《尋求富強：嚴復與西方》，頁91。
〔註50〕赫胥黎著、嚴復譯：《天演論‧譯《天演論》自序》，頁15。
〔註51〕《天演論‧譯《天演論》自序》，頁16。
〔註52〕《評點老子道德經》，頁35～36。
〔註53〕〈孟德斯鳩傳〉載「見孟德斯鳩粗分政制，大抵爲三。曰民主、曰君主、曰專制，其説蓋原於雅理斯多德。」見嚴復：《嚴幾道詩文鈔》收入《近代中國史料叢刊》（臺北，文海出版社，1966年），第四十二輯，第四百一十七冊，頁312～313。

爲「民主」應由「道德」爲治，「君主」政治則在於「禮」制，「專制」則以「刑」自專。不過嚴氏也嘗提及「民主」之事古已有之，從此而論，則孟德斯鳩所言的三制與《史記‧殷本紀》「九主」之「等君」是近切的。〔註54〕二者既可比附，則嚴氏在政制上的中西會通便有跡可循。因此，嚴氏又進一步以古學著手，認爲「民主」的實踐，乃在於道德，因此「民主之眞相」則符合老子的上古之治、小國寡民。此外，與「民主」迥異的爲「君王」之治，《老子》本就把「禮」視爲混亂天下的開端，蓋老子並不言「禮」治，言「禮」治在於儒家，如《荀子‧勸學》的「將原先王，本仁義，則禮正其經緯蹊徑也。」〔註55〕與〈中庸〉的「明乎郊社之禮，禘嘗之義，治國其如示諸掌乎！」皆然。〔註56〕都是以爲君主治國應可由「禮」而實踐。故嚴氏特意用道家的「道德」與儒家的「禮」爲區分，從此別開「民主」與「君王」政治的差異。

　　不過，嚴復於此並沒有說明儒、道所用「德」有何不同？所謂「民主」的「道德」會不會跟儒家的「仁德」混淆亦是一問題。蓋老子所言之「德」實爲「玄德」，或以爲是隱遁幽冥的「空德」，王弼說是「不德其德，無執無用」，故與儒家所言「仁德」的內涵又大異其趣。道家的「德」，依《莊子》說法，在於能秉持天性，內保道之無爲而不形諸於外，故莊子說是「內保之而不蕩」，又說「游心乎德之和」，因此道家之「德」並不在仁義之屬是很明確的。嚴氏沒有進一步說明「民主」的「德」應如何界定，且與儒家「仁德」有何迥異，故其說雖以道家思想會通，但整體而論仍有諸多混淆之嫌。

　　總之，中學所固有的「道」、「德」、「禮」、「法」等，亦成爲嚴氏中西思想會通的一大課題，而嚴氏如何運用西學詮釋，並調解中西學的差異，是其學說價值之所在。此外，嚴氏亦重視中西學之會通能否爲國家、社會代來「富強」，故其結合古學，對政治制度與社會、經濟的改革，適爲當代的「致用」思想開一門徑。

### （二）由中、西哲理論證究極之「道」

　　嚴復中西會通的另一要點，則在於定位最高理則的範疇，也就是確立「第

---

〔註54〕司馬遷：《史記》收入《百衲本二十五史》（浙江，浙江古籍出版社，1998 年），第一冊，頁 15。

〔註55〕王先謙：《荀子集解》收入《新編諸子集成》，第二冊，卷一，頁 9。

〔註56〕孔穎達：《禮記正義》收入《十三經注疏》（臺北，藝文印書館，1976 年），第五冊，頁 887。

一因」的思想脈絡，吳展良說：「嚴復一生用心於溝通中西最高的學理與學術理想，這種理念基本上表現在他的『道通爲一』說之中。……嚴復認爲各種公例與『理』最後終將會歸爲通而爲一的『大道』。」〔註57〕故嚴復所欲建立的哲學企圖，是欲貫串中西之「道」，把古今學術思想所論述的「理」與「公例」皆熔在一爐。嚴氏著作中多次以「道」或「大道」來表示此究極的「一」，亦闡述此「道」本體的原理與作用，且通過西學、儒、道，甚至佛家的觀點來理解，其說：

> 同字逗，一切皆從同得玄，其所稱眾妙之門，即西人所謂 Summum
> genus。《周易》道通爲一，太極、無極諸語，蓋與此同。〔註58〕

深奧不可言說謂「玄」，唯有「道」能切合此究極的原理，老子視「道」爲眾妙之所同出，故「道」亦是一切萬有生化的根源。而嚴氏則認爲「道」與西哲所認爲的最高至極的屬類同，亦合於《周易》的「太極」，蓋諸理都是生化之本，都是終極且唯一，既然唯一便不可再復加，故亦是妙有而不可言說，因此中西方學術論述的「本體」乃是近切的。其次，嚴氏又以爲「物理」亦必須有此「道」來規定，《穆勒名學》說：「自然公例者，最易最簡之法門，得此而宇宙萬化相隨發現者也。」「自然公例」係指導自然界的理則，故可理解爲萬有變化之依據，用之於物質上，則屬於「物理」之類。而嚴氏既以道家的「道」來會通此「物理」，故「自然公例」便等同於「道」，曰：

> 此段所指之自然公例，即道家所謂道，儒先所謂理，《易》之太極，
> 釋子所謂不二法門。〔註59〕

案儒先爲儒學之前輩也，故道家所稱「道」，儒家則稱「理」，此前人已有說法。而物理所開展「自然公例」亦是在此「道」的作用下呈現，故自然、宇宙、萬有亦不能脫離終極的「道」。嚴氏這種把「道」等同於「自然公例」，誠然與朱子的「太極只是天地萬物之理。在天地言，則天地中有太極；在萬物言，則萬物中各有太極。未有天地之先，畢竟是先有此理」同調，〔註60〕

---

〔註57〕 吳展良：〈中西最高學理的綰合與衝突：嚴復「道通爲一」說析論〉收入《臺大文史哲學報》第 23 期（2001 年 5 月），頁 306～307。

〔註58〕 《評點老子道德經》，頁 2。

〔註59〕 穆勒著、嚴復譯：《穆勒名學》（臺北，臺灣商務印書館，1965 年），下冊，頁 29。

〔註60〕 朱熹：《朱子語類・天地太極上》收入《朱子全書》（上海，上海古籍出版社，2002 年），第四十冊，卷一，頁 1。

故形而上的「道」便爲「天地萬物之理」，而太極亦是一切的根源。嚴氏之論把此「道」的作用與廣度擴充，一來自然乃歸於「太極」與「理」所規定，也調和了形上之理與形下之物的畛界；二來亦間接牽縮了《易》之「太極」、道家的「道」、理學的「理」、佛家的「如如」與西學論述宇宙生化的最高原理。總之，嚴復所認同萬物生變，皆已包含在此「道」論的原則之下，而中西學各家的終極原理便能會通。

　　不過，嚴氏論述終極的「道」並不採取宗教的觀點，原始宗教以「天神」爲宇宙的造物主，而西方基督教則以「上帝」爲天地萬物的起源，然嚴氏從「天演」的觀點認爲應該加以區別，其呼應赫胥黎的〈天演論・群治〉一文，以爲「大抵中外古今，言理者不出二家：一出於教，一出於學。教則以公理屬天，私欲屬人；學則以尙力爲天，尙德爲人治。……言教者期於維世，故其言理不能外化神。」〔註61〕無論是宗教或者是學術皆言天理，不過二者的指向實大異。「教」有維護人事，勸善懲惡的目的，故論述最高主宰（「理」），往往不能脫離人格神的思維；「學」則不然，學術強調思辨與論證，言「理」便需由形、氣的抽象範疇推論探析。嚴氏之「天演」論則採取赫胥黎的觀點，即「天有理而無善」的思維，從而否定了宗教的因素，故嚴氏又批評宗教說法實多「成心」之論，《莊子評點》曰：「世人之說幽冥，宗教之言上帝，大抵皆隨其成心而師之。之說也，曰福善，禍淫而不容，事偶而赦罪宥眚。」〔註62〕宗教上的幽冥、神祇之事，嚴氏皆歸爲「成心而師之」，也就是想像之無據，把「無」視爲「有」的怪奇之論。其在《侯官嚴氏老子評點》又說：

> 以道爲因而不爲果，故曰：「不知誰之子」，使帝而可名，則道之子矣。故又說：「眾甫」。「眾甫」者，一切父也，西哲謂之「第一因」。〔註63〕

嚴氏此說即把「道」推爲第一因，「道」爲一切「果」之「因」，故「一切父也」而「不知誰之子」，因此同於佛家的「不可思議」，是無法上溯其根源的，於是「道」即爲天地萬有之先，包括宗教上所認同的「天神」或「帝」亦可能視爲「道」之另一界說。嚴氏言「使帝而可名，則道之子矣」，從而把宗教意義上的「帝」視爲「道」所衍生，故宗教的神乃成爲道用的一隅。此推「帝」

---

〔註61〕赫胥黎著、嚴復譯：《天演論》，頁433。
〔註62〕《侯官嚴氏評點莊子》，第一冊，卷一，頁10。
〔註63〕《評點老子道德經》，頁4。

爲「道之子」的觀點，《莊子‧大宗師》亦有之，莊子並未懷疑「鬼神」的存在，而是判其爲「道」所衍生，故亦是在「道」的規範下所存有，其曰：「夫道，神鬼神帝，生天生帝，在太極之上而不爲高，在六極之下而不爲深，先天地生而不爲久」。〔註64〕因此「道」之用淵遠流廣，乃爲天地鬼神產生的根由。

從此而論，嚴復所認同的「眞宰」有以下特性，一是超越一切學術與宗教的最高原理，因此諸家思想所論述的「第一因」或「原則」、「公例」，皆可能爲「道」之所指；二，「道」具有生化宇宙萬物的功能，故爲天地之母；三，嚴復的「道」爲一形上之「道」，是一經抽象化與哲理化的終極原理，而非是一經由神學所闡釋的人格神，或屬於現象界的「物」；四，如進一步追溯「道」的內容，則趨向於「不可言說」、「不可思議」的理解。如此，則嚴氏採取「道」爲「第一因」的用法，實是應和其「天演」所提出論點，也是其欲融會中西，調和儒、道、釋，欲自專一家的義理思想。總而言之，近代西方之科學、哲學未必不能與傳統學術作結合，晚清學者所致力之西學、新學研究亦採取中西會通的脈絡，如章太炎以佛學對〈中庸〉的「天」、基督教「上帝」進行分判皆然，此亦干涉於中西方哲學最高理則的界定。〔註65〕而嚴氏欲由西學以會通道家之專題可見於下節，本文以嚴氏之《莊》學「道」論爲論說，以體現其融會中西，結合儒、道、釋思想以發明《莊子》的學術視野。

## 三、嚴復以西學闡釋之《莊》學「道」論

據《嚴幾道年譜》的載記，嚴復之研究道家實橫跨中、晚年二期，因此對於老、莊的見解，係爲其學術思想進入成熟之時，故其道家思想實可留意之。其《莊子評點》之內容豐富，大抵對《莊子》三十三篇的重要議題作了評述，所採取則以會通中西諸家思想爲旨趣，或由儒學著手，或以西學解析，以融通道家爲的鵠。故本文以爲，欲探析嚴氏的中西會通思想，實可由其《莊子評點》深入，本文以三個「道」用觀點著手，即主觀之「逍遙」、客觀的「氣」、有無之「宇宙」思維進行論述。

〔註64〕《莊子集釋》收入《新編諸子集成》，第三冊，頁111～112。
〔註65〕章炳麟：《國學略說》（台北，文史哲出版社，1987年），頁141。

## （一）以「天演」、「自然」比擬「逍遙」工夫的哲學思維

所謂「逍遙」即是至人或聖人爲「道」的工夫，或說是緣「道」的過程中，形軀、心智皆到達無所爲，以至於「吾喪我」之狀態。〔註66〕郭象說堯之「窅然喪其天下」，特指出堯並不以爲自己嘗佔有天下，故能「遊心於絕冥之境」。〔註67〕此「遊」的意境，即是逍遙無待，損之又損，不爲天下所累，故能遊心於萬物。成玄英則說此種境界是一「無爲虛淡，可以逍遙適性」，〔註68〕此正說明適性逍遙之態度正是沖虛無爲，誠如〈逍遙遊〉中的三種眞人，即「至人」、「神人」與「聖人」，其身心皆已達到「無己」、「無功」、「無名」的無待層次。《莊子》內七篇即以〈逍遙遊〉爲篇首，因此莊子思想重視此種「逍遙適性」大抵是有跡可循的。嚴復則是通過對天演「自然」的論述，欲會通莊子的「逍遙」義，故其又認爲是「依乎天理」之事。

事實上，早在玄學時期，思想家便把「自然」與「道」的範疇作了聯繫，故「自然」與「道」之辭實有同一所指。湯一介說：「在魏晉玄學中，『自然』一詞的涵義往往與『道』、『無』的涵義相同。夏侯玄說：『天地以自然運，……自然者，道也。』」〔註69〕因此，「自然」可視爲「道」之用，或說是「道」的姿態，而老子說「道法自然」，因此「道」不違「自然」，是不違其本有的作用法則，誠如王弼所言「法謂法則也。……天不違道乃得全覆，法道也。道不違自然，乃得其性。法自然者，在方而法方，在圓在法圓，於自然無所違也。」〔註70〕故「自然」即是「法則」明矣，如此「道」持守自然之法則，天的行運亦不違「道」，於是能「道順自然，天故資焉」。

嚴復則認爲，天演的「自然」是天地運會的絕對法則，故又可說是「道」作用於萬有的「公例」，故嚴氏「天演」哲學在承認一最高理則「道」之餘，

---

〔註66〕或有學者以爲「逍遙」應爲成「道」的境界，然如以〈逍遙遊〉所舉大鵬鳥的寓言而論，則大鵬鳥往南冥必然經過水擊三千里、盤旋九萬里的努力，然後展翅翱翔，所謂「絕雲氣，負青天」，此即是「逍遙遊」的高度。不過此過程仍然未能得道，唯當「背負青天，莫之夭閼者」，也就是能「終其天年」而不中道夭，才足以適向南海。因此，假使到達「南冥」乃爲得道的境界，則大鵬鳥的「逍遙遊」亦不過是其求道的工夫意境可知。故本文乃採取「逍遙」爲緣「道」的工夫義，而非成「道」的境界義也。

〔註67〕《莊子集釋》收入《新編諸子集成》，第三冊，頁17。

〔註68〕《莊子集釋》收入《新編諸子集成》，第三冊，頁21。

〔註69〕湯一介：《郭象與魏晉玄學》（臺北，谷風出版社，1987年），頁46～47。

〔註70〕王弼注：《老子道德經》收入《新編諸子集成》，第一冊，頁15。

也積極論說屬於作用層面的工夫義。赫胥黎在《天演論》說：「天擇者，擇於自然，雖擇而莫之擇，獨物競之無所爭，而無天下之至爭也。」〔註71〕此即把萬物競爭淘汰的契機，訴諸在「自然」的行運之中，此競爭並非是單純人為的，赫胥黎認為人為也應當屬於「天演」範圍，故萬法萬變皆不知不覺「任天」而行，於是萬物雖時時競爭，但確恰似無所爭。嚴氏順此觀點亦言：「斯賓塞之言治也，大旨存在任天，而人事為之輔，獨黃老之明自然而不忘在宥是已。」〔註72〕「在宥」使人寬心自在，存養本性，所謂任物自治也，「在宥」的方法呈現了道家無為而治的理念。然嚴氏則以此進行附會，以為人為的種種亦屬「天演」，亦同於道家的「自然」。此種對「自然」的詮解實接近於向、郭注中「無待」的思路，〈莊子注〉：「苟足於其性，則雖大鵬，無以自貴於小鳥。小鳥無羨於天池，而榮願有餘矣。故小大雖殊，逍遙一也。」〔註73〕鵬有鵬的逍遙，學鳩有學鳩的逍遙，雖然有小大的異別，但終以自身的無為無待為天命的指歸，於是各能安其性命而足性逍遙。嚴氏遵循向、郭「無待→逍遊→自然→天道」之解，進一步把莊子的「逍遙」、「自然」視為「天道」於萬物的一大作用，故「天演」的自然便與「道」或「天道」的脈絡合同。嚴氏在〈逍遙遊〉開篇又評議說：

> 學道者以拘虛囿時束教為屬禁，有一於此，未有能通者也。是故開
> 宗明義，首戒學者，必遊心於至大之域，而命其篇曰〈逍遙遊〉。「逍
> 遙遊」云者，猶佛言無所住也，必得此而後聞道之基以立。〔註74〕

為道者治人既是「在宥」，因此過多的政策與教化皆是對民眾的束縛。嚴氏認同莊子的「逍遙」工夫，以為為道者治國亦合於自然之道（「天演」），因此遊心於至大之域，無心於萬物，而萬物自治，如同佛家所講的十方虛空「不可思量」，至大無限之域對於人是不可測度的故不能有為，心亦無能有「住」，此即「心無所住」之喻。佛家的「心無所住」、「無住心」即是心不持執形、物之姿態，《金剛經註解》云：「言應無所住者，應者，當也。無所住者，心不執著。……應無所住者，一切諸法應當無所住著也。」〔註75〕主觀之心不

---

〔註71〕 赫胥黎著、嚴復譯：《天演論》，頁42。
〔註72〕 赫胥黎著、嚴復譯：《天演論》，頁104。
〔註73〕 《莊子集釋》收入《新編諸子集成》，第三冊，頁5。
〔註74〕 《侯官嚴氏評點莊子》，第一冊，卷一，頁1。
〔註75〕 洪蓮編：《金剛經註解》收入《卍續藏經》（臺北，新文豐出版社，1991年），第二十四冊，第一卷，頁767。

為諸法所拘，因此此種「不住一切相，心如虛空，自然無礙」的不執著，便似道家的「適性逍遙」，趨向自然無為之意趣。而嚴氏也循佛家「無所住」的說法指出「小大之辨」云：

> 佛所謂無所住者，莊所謂逍遙遊也。執於小者固非，而驚於大者亦無當也。故既云蜩鳩之笑鵬矣，而又言犛牛之不能執鼠，憂瓠落者既有其蓬心，而巢一枝者，又無所用天下也。〔註76〕

小大皆無法充份掌握，乃至極小或至大皆無所用於天下，因此不如順天地之正氣，任萬物自然發展而適其自性，郭象也說：「遊於無小無大者，無窮者也」。〔註77〕這種以超越物我主觀的逍遙心境，嚴氏正以為可應符於「天演」自然的變化，其在《侯官嚴氏老子評點》又說：

> 老氏還淳返樸自然之義，猶驅江河之水而使之在山，必不逮矣。夫物質而強之以文，老氏訾之是也；而物文而返之使質，老氏之術非也。何則？雖前後二者之為術不同，而其違自然、拂道紀，則一而已矣。故今日之治，莫貴乎崇尚自繇，自繇則物各得其所致，而天擇之用存其最宜。〔註78〕

此處「自繇」即是自由，《莊子・秋水》有所謂：「繇繇乎若祭之有社，其無私福」的說法，故「繇」是指內心的自由言。莊子以為，悠然自在的社神，是不會因偏愛與私心而隨意給民眾福祇；〈養生主〉所說的「懸解」與此相似，也就是「安時而處順，哀樂不能入也」，理解生命應時而來順勢而去，內心必不為種種是非所拘束，故社神循此實已遁入「逍遊」之境。而嚴復亦以為老子有「還淳返樸自然之義」，老子「安時而處順」正是因應自然之造化，其身心既已懸解，則能同乎天地冥契萬物，內心自由而行，不違自然造化，此亦法「道」之用。

　　在政治上，嚴氏則基於道家的「自由」、「逍遙」、「無為」說，亦把「民主」視為國家組成的最終依歸，或說嚴氏思想係存有「民本」意趣，而「民主」只為其學術或政治學說中之一理想。〔註79〕其「逍遙」、「自由」、「無為」

---

〔註76〕《侯官嚴氏評點莊子》，第一冊，卷一，頁3。
〔註77〕《莊子集釋》收入《新編諸子集成》，第三冊，頁6。
〔註78〕《評點老子道德經》，頁17。
〔註79〕或有嚴復之研究者，以為嚴氏在理論上能說「民主」，但在現實的論政上卻只達於「民本」層次。史華茲就表明「1911年之前，由革命領導人如孫中山提出的一般設想是，中國革命將是一種民主共和的革命。看來，顯然正是這種

以主觀身心的解放爲出發點，最後則冀望能普及於政治的層面，因此其解老子的「明白四達，能無爲乎」，則說：「夫黃老之道，民主之國之所用也。故能長而不宰，無爲而不爲。君主之國未有能用黃老者也。漢之黃老，襲貌而取之耳。」〔註80〕以爲黃老的「無爲而治」係爲「民主」政治的契機，故又說「取天下者，民主之政」，〔註81〕此把民主之政視爲「天之道」、「聖人之道」的終極理想，故嚴氏大抵能循道家「自由」、「逍遙」、「無爲」的思路，而暢談政治上的民主自由。因此，經由「無待」、「逍遙」以至於「無爲而治」的民主，皆是「天演」自然之「道」用明矣。〔註82〕

至於道家如何以主觀的「逍遙」，聯繫天地萬有等形質之物？此大抵可經由「氣」的範疇析論，見下節。

### （二）西方自然科學觀點下的《莊》學「氣」論

嚴氏的另一「道」用之論，則可在實質的「氣」化思想下理解。「氣」的意識在中國古典思想中即多有論述，如〈易傳〉便把「氣」視爲天地生成的原理，曰：

---

認爲中國的形勢已宜于建立民主共和國的設想，最不能爲嚴復所接受。」見史華茲著、葉鳳美譯，《尋求富強：嚴復與西方》，頁99。從此說，顯然嚴復與晚清的革命思想是格格不入，嚴氏亦嘗試據盧梭之言而批判「民生而自繇」的觀點。不過如單以嚴復之論道家言，則嚴復所以爲的道家終極理想，是可經由「逍遙」、「自由」乃至於「民主」之治的，故其理論與實踐的趨向不同，此實可留意之。

〔註80〕《評點老子道德經》，頁9。

〔註81〕《評點老子道德經》，頁42。

〔註82〕然而，在現實上嚴氏的政治觀也沒有跳脫君王體制的框架，其雖由「天演」論自由，亦支持民眾的自由平等，也以爲國家應有「民本」的概念，但是論國家之政體，則仍須以「君主」爲代表，張志健說：「嚴復盡管在理論上是先進的和徹底的，但在現實政治主張中，卻比康有爲、譚嗣同要愼重和保守得多，他盡管在〈辟韓〉一文中竭力反對君主專制，但同時便認爲：『然則及今而棄吾君臣可乎？曰是大不可。何則？其時未至，其俗未成，其民不足以自治也』。」見張志建，《嚴復學術思想研究》，頁54。從此說，則嚴氏亦曾以「天演」等級程度的高低來判斷民眾是否有能力「自治」，《群己權界論・凡例》曰：「治化天演，程度愈高，其所得以自繇自主之事愈眾。……自繇之樂，惟自治力大者爲能享之。」因此在當世的中國，教育程度、知識水準不高的民眾，當然無法以淺薄的力量實現「民主」。總之，嚴氏縱使有「民主」之論，但仍認爲十九世紀末以致二十世紀初的中國，仍須有「君臣」的分際，其贊同霍布斯的「民約」思想，支持君主憲政，終究反對「天賦人權」的民主共和可取代當世的君王體制。

夫乾，其靜也專，其動也直，是以大生焉。夫坤，其靜也翕，其動
也闢，是以廣生焉。廣大配天地，變通配四時，陰陽之義配日月，
易簡之善配至德。〔註83〕

故天地萬物的生化、變通，皆可經由「氣」的運作而進行，人之心性道德，亦可緣此「氣」而通貫於天道，所謂「繼之者善也，成之者性也。仁者見之謂之仁，知者見之謂之知」，故「氣」的功能便如〈易傳〉所言，是既廣且大，並通達於天地德性。而道家亦言「氣」，老子言「萬物負陰抱陽，充氣以為和」，〔註84〕萬物稟受陰陽二氣的沖虛而能生化，此亦天地之可調和的原理；莊子也以為「至人」可「乘天地之正，而御六氣之辯，以遊無窮」，道家這種「遊乎天地之一氣」的觀點，〔註85〕是抱持「氣」無所不在，氣可生成萬物、可聯貫天地、人物德性的意識。

而嚴復則以西學對「氣」進一步詮解，以西方科學會通中學的「氣」，實是晚清以來，學人融通中西二學所理解出的一種詮解說法。與嚴氏同時期的譚嗣同，也提出「以太」說，譚氏把「以太」視為「元」與「仁」，又視之為天地生化的本原。譚氏以為宇宙的最高原理無所不在，故或可說亦是其「道通為一」的詮解，在神為「無」，在人心為「仁」（「唯心」、「唯識」），在物質為「以太」，「以太」也成為生成萬物的元素。〔註86〕雖然，譚氏並沒有進一步對「以太」和「氣」的關係作解釋，但所持生滅化成的觀點實近於「氣」，其曰：

微生滅烏乎始？……吾試言天地萬物之始：洞然窅然，恍兮忽兮，
其內無物，亦無內外。知其為無，則有無矣；知其有無，是亦有矣。
俄而有動機焉，譬之于雲，兩兩相遇，陰極陽極，是生兩電，兩有
異同，異同攻取，有聲有光，厥名曰「雷」。〔註87〕

「以太」既為「天地萬物之始」，必有其生化的過程。譚氏以西學的「電」、「力」解釋之，「以太」生成萬物之際便如同雲霧般，陰、陽二極兩兩相遇便有聲光的發現，故產生「雷」，此過程經「無」而「有」，終以「有聲有光」的「物」

---

〔註83〕 孔穎達正義：《周易正義》收入《十三經注疏》（臺北，藝文印書館，1976年），
　　　　 第一冊，頁149～150。

〔註84〕 王弼：《老子道德經注》收入《新編諸子集成》，第三冊，頁26～27。

〔註85〕 《莊子集釋》收入《新編諸子集成》，第三冊，頁121。

〔註86〕 譚嗣同：《仁學》（臺北，學生書局，1998年），頁5。

〔註87〕 譚嗣同：《仁學》，頁50。

（即「雷」），構建萬有，故譚氏乃有「其間之聲光熱電風雨雲露霜雪之所以然，曰惟以太」之說。〔註88〕而譚氏此論與〈易傳〉的「剛柔相摩，八卦相盪，鼓之以雷霆，潤之以風雨」實同理，皆是氣質變化下剛柔相推的思維。總之，「以太」既然有多種型態，在人為「仁」、為「心力」，在物為「電力」、「電氣」，二者一體兩面，可含括物自身與現象界，從此而論，西學會通下「氣」的功能便可能貫通形下、形上二端的畛域。

　　嚴氏的莊學「氣」論，則是其「天演」說的延伸，故屬於自然界之「氣」非但有物質性的現象，亦干涉於「道」的「無待」、「無為」，或說「氣」即是「天演」意義下生變功能的實質呈現。故可謂此「氣」實是溝通「道」與「物」的中間樞紐，係為成就宇宙萬物之「力」。嚴氏此由西方科學觀點出發，而以為科學所解釋的「力」亦能嫁接於古代哲學所謂之「氣」，其云：「今世科學家所謂一氣常住，古所謂氣，今所謂力也」，〔註89〕所承認的「氣」即是當世科學家所謂的「力」，亦是作用於形下界，使萬物生成變化的能量。嚴氏則以西學的「天演」與莊學的「氣」作一聯繫，《莊子評點》又言：「一氣之行，物自為變，此近世學者謂天演，而西人亦以莊子為古之天演家。」〔註90〕萬物自變自化故說「天演」，而所憑藉者即於「氣」的散聚開闔。總上述來說，嚴氏對於「氣」的認知有三，一是「氣」在「天演」的界域下，大抵不違「道」的自在、無為姿態，是「道」用之一隅；二是「氣」亦為自然演化的一環。形氣物質的形成，係屬「天演」自然的造化，故「氣」實可在「天演」下論說；第三，嚴氏以「氣」為自然進化之「力」，「氣」的作用可貫串「道」與「物」，故「道→氣→物」生變的脈絡便成形。嚴復詮解《莊子‧達生》的「游乎萬物之所終始，壹其性，養其氣，合其德，以通乎物之所造」，也說：

> 故繼言合則成體，《易》所謂精氣為物者是也。散則成始，《易》所謂游魂為變者是也。生則自散，移之於合而成體，死則自合，移之於散而成始，是謂能移，此與天為一而非人也。……斯賓塞謂天演，翕以合質，闢以出力，即同此義。翕以合質者，合則成體也。精氣為物也。闢以出力者，散則成始也。游魂為變也。〔註91〕

---

〔註88〕譚嗣同：《仁學》，頁10。
〔註89〕《侯官嚴氏評點莊子》，第三冊，卷五，頁23。
〔註90〕《侯官嚴氏評點莊子》，第一冊，卷一，頁8。
〔註91〕《侯官嚴氏評點莊子》，第二冊，卷五，頁1～2。

由《易傳》推論，則「精氣爲物，游魂爲變」係天道自然下的生化過程，「氣」有散聚，力有消長，物有生滅成毀，此皆得於「氣」的行運。而《天演論‧進化》也說萬物的造化：「經數百萬年火烈水深之物競，洪鈞範物，陶煉鼚磨，成其如是。彼以理氣互推，此乃善惡參半，其來也既深且遠如此」，〔註92〕萬物數百萬年的競爭演化無不是在天道自然下進行，「理氣互推」於是有生生之變，好壞成敗則參差其中，世運的盛衰亦復如是，此皆是「天演」於自然界、人間世的功效。再者，嚴復也認爲主觀的「心」，與「形氣之物」也可趨向統一，其在《侯官嚴氏老子評點》釋《老子》第二章又說：

> 《南華》以〈逍遙遊〉爲第一，〈齊物論〉爲第二，〈養生主〉爲第三。《老子》首三章亦以此爲次第，蓋哲學大成之序也。人惟自知拘虛，大其心，擴其目，以觀化而後見，對待之物論無不可齊。〔註93〕

老子以爲凡美與惡、善與不善、長短、高下的觀念皆是對待的事物，而爲道者以「無爲」態度去除彼此間的對待，故能緣此虛、空而融入道化。從主觀的心性而論，則嚴氏所說的「以觀化而後見」，當是道者之「沖虛」爲「觀」，其所相對的一切美惡、善不善便在此「無爲」、「無待」消弭。而莊子「觀」的高度理境，在於物我爲一的「齊物」，是以緣「氣」融通主觀的「我」與客觀的「物」，物我皆達「本眞」而無所對待，此之謂「物化」，嚴復又說：「形氣之物，無非待對。非待對則不可思議，故對待爲心知止境。」〔註94〕莊周雖爲莊周，突然又爲蝴蝶，莊周與蝶在形體上雖必有分，此實是莊與蝴蝶的「夢」所致，成玄英說此種「夢」是「死生往來，物理之變化」，從物理來說那不過是「氣」的變化罷了。〔註95〕但既然是「夢」則必有「覺」，莊周與蝶二者「覺」後，莊與蝴蝶皆達於「本眞」，其往來自在，終無可分，此自由「無待」即是一「不可思議」。

嚴氏則以佛學的層次指出那是超越物、我分別的「心知止境」，要之，如莊周與蝴蝶在「覺」後爲齊一，而主觀的心境與客觀的物物亦是齊一，而此皆有賴於「氣」。崔大華也認爲「氣」是莊學主客體之能串通的重要概念，說：「雲氣等自然現象中有陰、陽，心境中的喜怒哀樂情感也稟賦著陰陽之氣。

---

〔註92〕赫胥黎著、嚴復譯：《天演論‧進化第十七》，卷下，頁442。
〔註93〕《評點老子道德經》，頁2。
〔註94〕《評點老子道德經》，頁2。
〔註95〕《莊子集釋》收入《新編諸子集成》，第三冊，頁54。

由此可見，莊子『氣』論對世界統一性的基本理解實際上是認爲物質現象和精神現象有共同的起源。」〔註96〕通過「氣」化的收受稟持，則心境與物質便有統一的可能。嚴氏曾以穆勒《名學》的「意、神、形、法」，爲此主客會通作一註語，穆勒曰「吾心之德，其所由發見者，與外物之德，豈有異哉？亦基於所覺感者而已」，因此穆勒便以爲主客都是基於覺感而能作用。嚴復順此案：「彼謂物德既緣感而後見，神形又舍德而無可言，則德者，固可附於意物二者之間。」〔註97〕「心」與「物」之能感應皆在一「德」的溝通上，此「德」可解釋爲一「物」的行爲概念，或說此「德」是「心」、「物」緣「氣」化流行所造成的現象亦可，嚴復譯《名學·論心》也說「以形氣之囿，均之無能思議」，因此判「氣」爲心、物串通的樞紐亦可。〔註98〕

此外，「氣」也可成爲科學之用，嚴復把西方醫學所發明的針筒注射器歸於「氣」在形器上的運使，其在《莊子評點》說：

> 屬風濟則衆竅爲虛，非深察物理者不能道。凡有竅穴，其中函氣，
> 風過其上，削穴中之氣，隨之俱出，而成眞空。醫家吸入器即用此
> 理爲製，故曰，屬風濟則衆竅爲虛，眞空也。〔註99〕

風吹之能聲響在於孔竅的觸動，〈齊物論〉云「地籟則衆竅是已，人籟則比竹是已」，也就是說凡是自然或者人爲之聲，無不是因「氣」力的摩擦所構成，而此「氣」力背後產生的原由，實在於「氣」力對於「虛」、「空」的迴響。至於西醫的針筒器具，雖是近代西方科學發展下的產物，然也是經由「氣」與眞空汰換下所造成的物理結果，從此而論也是循「道→氣→物」一脈的規範而變化，故亦是「道」之用明矣。

## （三）調和「道」之有、無二端的物理宇宙論

莊子的另一「道」用之說，是其「宇宙」的論點。莊子在雜篇〈庚桑楚〉即闡述了「道」的無有本末始終，無形而眞實現象，所謂：「出無本，入無竅，有實而無乎處，有長而無乎本剽，有所出而無竅者有實。有實而無乎處者，宇也。有長而無本剽者，宙也」之指涉。〔註100〕莊子的「道」大抵有濃厚的

---

〔註96〕 崔大華：《莊學研究》，頁108。
〔註97〕 穆勒撰、嚴復譯：《穆勒名學》，上冊，頁69。
〔註98〕 穆勒撰、嚴復譯：《穆勒名學》，上冊，頁57。
〔註99〕 《侯官嚴氏評點莊子》：第一冊，卷一，頁8。
〔註100〕《莊子集釋》收入《新編諸子集成》，第三冊，頁347～348。

形而上意味，故「宇宙」之無形而有眞實，則可理解爲「道」作用於虛空之擴散與變化的呈現，因此在此「有」與「無」的相濟下，則「宇宙」的整體亦是「道」之作用。

　　嚴氏則進一步以西學的觀念來詮解莊學的宇宙觀，其採取「天演」的意趣，認同「宇宙」是一種自然且無限的漫延，且是天地萬物的載體，云：「西文。宇，Space；宙，Time。」〔註101〕「宇宙」便是空間與時間的整體或組合。中國古典文獻中視「宇宙」爲空間與時間者，《文子》爲一先驅，其後《尸子》與張衡都有類似說法，《文子・自然》云：「老子曰，樸，至大者無形狀；道，至大者無度量。故天圓不中規，地方不中矩。往古來今謂之宙，四方上下謂之宇，道在其中而莫知其所。」〔註102〕上下四方的無窮謂之「宇」，往古來今的變化是謂「宙」，宇宙便是無盡時空的擴充與變化，故是一至大，或說是無限大。而引領其中的擴充與變化者，則是以形而上的「道」爲規範，因此「道在其中而莫知其所」，此也認同宇宙的無窮無盡，皆必須在希微之「道」作用下而成爲可能。可以說嚴氏積極融入《老子》、《莊子》與《文子》的「道」論來貫通中西學的「宇宙」觀。其《莊子評點》亦言：

> 宇、宙即合西學所謂時間、空間。空無盡處，但見其內容，故曰有實而無乎處，時不可起訖言。故曰有長而無本剽。宇者，三前之物，故曰有實；時者，一互之物，故曰有長。〔註103〕

> 宇宙，皆無形者也。宇之所以可言，以有形者列於其中，而後可以指似。使無一物，則所謂方趨遠近皆亡。宙之所以可言，以有形者變於其際，而後可以歷數，使無一事，則所謂先後久暫皆亡，故周云爾。〔註104〕

此亦把「宇宙」視爲時間與空間的集合，所謂「空無盡處」、「有長而無本剽」，則說明宇宙的界域是無窮盡的，故說「無乎處」；而這種無窮盡正是「道」作用的證明，「道」是緣「有」、「無」兩端之相濟來發明宇宙，「有」、「無」能無限生生故爲「玄」爲「天地根」，因此係「天地之始」，又是「萬物之母」，此亦老子所說的「谷神不死，是謂玄牝，……綿綿若存，用之不勤」的理解。

〔註101〕《侯官嚴氏評點莊子》，第三冊，卷六，頁7。
〔註102〕《文子》收入《景印文淵閣四庫全書》（臺北：臺灣商務印書館，1983年），子部，第一千零五十八冊，卷下，頁12。
〔註103〕《侯官嚴氏評點莊子》，第三冊，卷六，頁7。
〔註104〕《侯官嚴氏評點莊子》，第三冊，卷六，頁6。

〔註105〕而莊子也說「道」是「注焉而不滿，酌焉而不竭」、「夫道，有情有信，無爲無形」，正因爲「道」是沒有界限的，且又是有實無形，才足以在潛隱的狀態下造化「宇宙」。從此論，「道」所支配下的宇宙本質爲「無形」，而宇宙之可證驗之可觀察，確又是因爲「有形者列於其中」、「有形者變於其際」，有形依待無形所凸顯的結果。嚴氏之調和「無」與「有」，並通過形而上來建構形而下的意圖是明確的，嚴氏「宇宙」論的模型可以理解爲「道→宇宙→天地萬物」，故「宇宙」的功能如同「氣」、「力」一般，是「道」與「物」之間溝通的樞環。

　　或有研究者直以唯物觀點來理解嚴復的「宇宙」，陸文軍謂嚴氏：「避虛就實，捨棄了對道體毫無本根、無門非戶的追究，轉而著力於剖析這種隱秘的哲學規則運行的客觀時間向度、空間維度。……這兩個無形的概念是『以有形者列於其中』、『有形者變於其際』，而後可以歷數。」〔註106〕此認爲嚴氏摒棄了道體「無形」、「無本根」的框架，而以「有形」的時間、空間之計量爲觀察的門徑，也就是「把『天』、『道』、『自然』等道家哲學的根本問題用維物主義的觀點一一闡釋」的理解。

　　不過，此說仍有可議處，假使嚴復的「宇宙」只能在唯物論點下說，只可由一切形質、規則的數據所規範，那麼構成其「宇宙」的「第一因」必然也須是物質性且可算計的，然而嚴復思想的「第一因」確是落實在形而上的「不可思議」。〔註107〕且嚴氏自言：「謂子孫自無而有，尚隔一塵。天地若同與宇宙，則其物固爲不可思議，而不得云自無而有。」〔註108〕因此嚴氏的「宇宙」並非就是天地，「宇宙」是「道」「無」、「有」之作用，天地之物則爲形質的「有」，故「宇宙」之論非可單以「物」爲指向明矣，此亦表明物質並非就是可以完全解釋時、空的基準。

　　事實上，嚴復在《天演論》中即是通過「不可思議」來闡釋「宇宙」，其「宇宙」論的建構由「道」而起始，「道」爲本體而「宇宙」爲用，形而上透

---

〔註105〕《老子道德經注》收入《新編諸子集成》，第三冊，頁4。

〔註106〕陸文軍，《嚴復的莊子學》，頁17。

〔註107〕嚴復對「不可思議」亦有相當的論說，曰：「至於『不可思議』之物，則如云世間有圓形之方，有無生而死，有不質之力，一物同時能在兩地諸語，方爲『不可思議』。」見《天演論》，頁354。「不可思議」則無可想像，甚至無得以理解，無得以驗證，故嚴氏以爲的「不可思議」實是超越形質，非唯物的觀點所能理解。

〔註108〕《侯官嚴氏評點莊子》，第三冊，卷五，頁28～29。

過時空的變化成爲實有境界,而能規定形而下。如前述所言,嚴復即把「不可思議」等同「涅槃」、「太極」、「不二法門」,亦等同於「道」,而「不可思議」之運用在物理上,即是「宇宙」。嚴復在《天演論》的案語言:

> 他如理學中不可思議之理,亦多有之,如天地元始、造化眞宰、萬物本體是已。至於物理之不可思議,則如宇如宙:宇者,太虛也;宙者,時也。他如萬物質點、動靜眞殊、力之本始、神思起訖之論,雖在聖智,皆不能言,此皆眞實不可思議者。〔註109〕

此實是依據〈易傳〉形而上「道」(本體)、形而下「器」(物理)二分的結果。故在「物理」層次言,「道」以「有」「無」在形而下的呈現,即是「宇宙」,此「不可思議」作用在宇宙,才可能有「物」的產生,也就是「萬物本體雖不可知,而知者止於感覺,……占位(宇)歷時(宙)二事,物舍此無以爲有,吾心舍此無以爲知」,故「物」可說是「宇宙」歷時遞變的產物,因此欲見「道」與「物」的關係,便不得不由「宇宙」而發現。〔註110〕大抵「道」與宇宙可視爲一體用關係,「道」以虛無而眞實的作用於形而下,則時、空便得以擴充、變化而形成「宇宙」,天地萬物又依附此載體而生育。故由此層層關係來說,形而上的「道」不異就是統攝形而下「器」的根源了,由形上而形下,由「道→宇宙→天地萬物」,此說係嚴氏「道」論的另一層理解。

## 四、小結

由上述的論說而觀察,可知嚴復之莊學思想非但對晚清道家研究之發展頗有貢獻,對於中西學之會通,乃至於儒、道、釋思想的調和亦有所助益,有幾點可留意:

### (一)嚴復的莊學「道」論是其儒道釋思想會通的成果

嚴氏之學對於中學固有的儒道釋義理亦有所整合。如其論證莊子的「道」體,便以爲是「太極」、「涅槃」、「不二法門」的同義詞,又以有、無、翕、闢述說「道」用,此不異是擷取於《周易》、《老子》、《莊子》、佛學的命題。而嚴氏著重莊子的「氣」論,以爲萬物的生成即是「氣」變化的結果,此亦是採取《易傳》的陰陽、動靜、翕闢之義。此外,「天演」論把宇宙生成推向

---

〔註109〕《天演論》,頁354。
〔註110〕《穆勒名學》,上冊,頁53。

「無眞非幻」、「幻還有眞」，﹝註111﹞嚴復則追溯其源，終以「不可思議」、不可論說、心、覺來解釋，更採取佛家的「識」、理學家的「心」來詮解此種物質下「不可思議」的成因，此亦其儒道釋思想會通的脈絡也。

### （二）嚴復的莊學「道」論與其「天演」思想頗有聯繫

嚴復依據西哲「天演」概念，欲溝通莊子之「道」論頗爲明確。嚴氏採取「天演」論的自在、自由等觀點，以爲莊學的「自然」、「逍遙」、「無爲」與此無礙。莊子的「在宥」在「天演」闡釋下，是自然進化的一種狀態，所謂寬心自在，任物自治，是乃「物理」發展下的環節，而屬於形而下層次的名、數、質、力也不能違離道之作用而論說。

在「道」體的理解上，嚴復視「天演」的「第一因」亦是宇宙本源，係天地萬物生成的依據，而嚴氏的「道」論採取無形、無爲、自然的姿態，此與「天演公例」的任天自治、安遇樂天是可密切聯繫的。總之，由嚴氏《莊子評點》對「道」、「道」用、自然、無爲的申論，亦可見其對中西哲學會通的端倪。

### （三）嚴復的「道」論是以形上、形下之聯繫為界說

嚴復的「道」並非是一可觀察、可計量的物質，而是位於不可知、「不可思議」的框架中，故其「道」實超越氣、物、形，然又能規定氣、物、形，亦可說其闡述「道」論是欲究尋一含括現象界，甚至整個宇宙的終極實體。

從「道」用來說，則「道→氣→物」爲其生生的圖譜，因此「氣」爲「道」與「物」的中間樞紐，「道」作爲本體則規範「氣」、「物」的轉化；由抽象的時、空來說，則「道」化下「宇宙」與「天地」又有所不同，「道→宇宙→天地萬物」是「道」影響「天地萬物」的脈絡，可知「道」是透過有、無以作用天地萬物，因此嚴氏的「道」常處於形上，而又規範形下，此由「氣」、「宇宙」的論說亦可證明，故其「道」論之整體乃欲以形上、形下之聯繫爲界說明矣。

### （四）嚴復之學深植儒學性格而終以論述中西會通的「道論」為一家之言

嚴復的學術大抵深植於儒學傳統，其治學雖與經學家有異，然從其「天演」思想而論，實多有孔學、《周易》、理學之闡述。可知嚴氏之中西學會通

﹝註111﹞赫胥黎著、嚴復譯，《天演論》，頁336。

「融通中西文化中最高的原理原則」，不過是其學術開展的門徑，其畢生所追求之標的則在能進於「道」論的層次。

吳汝綸嘗爲《天演論》作序，其言：「抑嚴子之譯是書，不惟自傳其文而已，蓋謂赫胥黎氏以人持天，以人治之日新，衛其種族之說，其義富，其辭危，使讀焉者怵焉知變，於國論殆有助乎？」〔註112〕因此，嚴氏之翻譯《天演論》固然爲赫胥黎的思想作發聲，但其翻譯所運用的辭彙及案語，實有超出赫胥黎之論述，或說嚴氏不過欲藉赫胥黎的說法演繹自己的觀點。嚴氏在譯例自言：「今遇原文所論，與他書有異同者，輒就譾陋所知，列入後案，以資參考，間亦附以己見。」〔註113〕嚴氏大抵由儒、道、釋的思路參贊《天演論》該書，其中頗多嚴氏自己的創見，故雖是譯書亦可視爲創作。而嚴氏嘗數次以「天演家」自許，可知其論述「天演」的終極旨趣，乃欲藉此而成就一家之學說。

## 第二節　梁啓超《墨學微》之名辨思想與西學應用

梁啓超是爲晚清民初研究《墨》學之先驅人物，其好《墨》實由孫詒讓《墨子閒詁》啓迪，但較之前儒又更能融入新學的識見與嶄新研究方法，故不同於汪中、俞樾、孫詒讓以傳統方法鑽研《墨》學，梁氏之聯繫西方科學、政治學、社會學以會通《墨》學的理念，大抵開創當代《墨》學之研究視野。梁啓超之墨學著作可分二期，黃克武以爲梁氏的《墨》學研究可分爲「《新民叢報》時期」與民國建立後之「1920 年代」的不同，曰：「任公墨學依時間先後可分爲兩大段落，一是 1904 年在《新民叢報》上所撰寫的〈子墨子學說〉與〈墨子之論理學〉的一個階段；一是 1920 年所撰寫、出版一系列有關墨子的文章，其中包括考證性的《墨經校釋》，以及義理性的《墨子學案》和《先秦政治思想史》。」〔註114〕此說大概可以民國建立前後的環境爲基準點，故亦有「時代思潮」與當時政治觀點的影響，不過黃克武認爲其前後期思想並未有所牴觸，而是「奠基於一些宗教、道德、政治與知識論的原則之上」，包含

〔註112〕赫胥黎著、嚴復譯：《天演論》，頁 2～3。
〔註113〕赫胥黎著、嚴復譯：《天演論》，頁 27。
〔註114〕黃克武：〈梁啓超的學術思想——以墨子學爲中心之分析〉收入《中央研究院近代史研究所集刊》第二十六期（臺北，中央研究院，1996 年 12 月），頁 46。

對民族精神的推崇，對科學知識的接受觀點等等。〔註115〕梁氏前後期的研究觀點大抵不違離，不過後期的《墨子學案》、《墨經校釋》或有受到胡適於民國八年所發表〈墨子小取篇新詁〉影響，故有部份觀點修正，梁氏嘗在〈墨子學案序〉說「今茲所講，與少作全異其內容矣。胡君適之治墨有心得，其《中國哲學史大綱》關於《墨》學多所創見，本書第七章，多采用其說。」〔註116〕不過考察其中內容與論述之觀點，其前後期所論兼愛、實利、論理學之原則實大同小異，梁氏或有參酌胡適之見，但前後之後並非是全然不同思維之作品也。

本文大抵以其前期作品為探討對象，即《墨學微》部份，不過也參考後期的《墨子學案》與《墨經校釋》。其《墨子學案》雖成書於民國九年（1920 A.D），然其中觀點與《墨學微》多有承接，可視為《墨學微》之續作。而《墨經校釋》為析論《墨經》之專書，梁氏也把此書視為對《墨經》研究的一個總結，梁啓超嘗自言「我自己也將十來年隨時劄記的寫定一編名曰《墨經校釋》，其間武斷失解處誠不少，然亦有一部份可供參考。」〔註117〕可知梁氏的《墨》學研究是貫串晚清、民初兩個時期，而《墨經校釋》為梁氏《墨子》論理學之總整理，因此本文亦間接參考之。總之，梁氏《墨學微》雖為其前期作品，然是為其後期著作之基礎，故探究其中思想，亦能反應出梁氏前後期思想之演進與繼承關係。

本文所涉及梁氏之理論思想有二，一在於探析梁氏對當代科學的認識，此大抵以梁氏之《墨》學研究與論理學為要點，論述其學對當代西方科學之認識與運用。其次，以論理學之研究為範疇，論析梁氏前期的《墨》學邏輯思想。梁啓超大概認同《墨》學分支有「別墨」的特色，故《墨》學也有一部份學說牽涉知識論、邏輯思想，本文乃藉此探究梁氏如何以西學來詮解《墨》學的邏輯應用與名辨思想。

## 一、梁啓超對近代中西學術會通之接受歷程

西學之傳入中國，自明代傳教士可見其端倪，如利瑪竇、龐迪我等人於萬曆末年至天啓、崇禎年間的所傳入天文、曆法、水利、算學、宗教之書，

---

〔註115〕黃克武：〈梁啓超的學術思想——以墨子學為中心之分析〉，頁46。
〔註116〕梁啓超：《墨子學案》（臺北，新文豐出版社，1975年），頁2。
〔註117〕梁啓超：《中國近三百年學術史》（臺北，里仁書局，2002年），頁325。

可謂開早期西學東傳之先，《四庫提要》云：「利瑪竇，西洋人。萬曆中，航海至廣東，是為西法入中國之始。」〔註118〕可知早期西學傳入中國，所依據是為傳教士的傳播，傳教士作為僧侶階級，於西方屬於知識份子的身份，故有修習當代頂尖知識之契機。入清後，康熙皇帝對於西學有極大興趣，故仍有西人遊走於宮廷之間，然雍正元年對傳教士採取驅除令，耶誕會教士從此來華傳教受阻，經過清代前中期的排抵基督教，則中國有超過百年時間鎖國而與西學無所交流。鴉片戰爭之後，中國展開一系列洋務運動，由早期的效仿西方的船礮鐵路，乃至大量傳入西方政治學、社會學、經濟學典籍，以西學為基礎而形成當代新學，該時官方、民間翻譯西籍形成風潮，加之政治上「維新變法」，甚至民主革命運動的推波助瀾，效法西方成為晚清革新思想的代名詞。美國學者芮瑪麗（Mary C.Wright 1917～1970 A.D）在《同治中興》一書言：「日本輸入西學為中國學習西方提供了另一種根據。1863年御史向朝廷提出一項建議，主張從現任地方官到候補者即任職與外交事務有關的所有官員，都必須接受考試，內容包括各國的地理、地形、風俗、政治和物產。」〔註119〕可見西學的修習對於晚清士人已成為一重要課題，更不惜藉東洋的譯本擴充西洋知識。從光緒末期的獎勵流洋學生，廢除傳統科舉，舉行洋試選士的政策而論，西學對於晚清中國的影響是遍及各層面的，晚清末期的部份官制與兵制亦受其西方政體渲染，如李鴻章的北洋水師與袁世凱的北洋陸軍亦仿傚英、德兵制的所建制，當代學人求知若渴的態度可見一般。在學術上，晚清學者亦接引西學以擴充中學，張之洞在〈妥議科舉新章摺〉也說：「恐其明於治內而闇於治外，於是更以西政西藝考之。其取入三場者，必其通達時務，研求新學者也。……以前兩場中西經濟補益之，而以終場四書義五經義範圍之。」〔註120〕固然張氏的「中體西用」仍以中學為核心，以西學為輔助，但西學的運用與宣導是為其論述要點，故其以為國家取士，應以通達時務且嫻熟西政西藝的士子為佳。張氏被視為洋務派的代表人物，其所創辦之漢陽鐵廠、湖北兵工廠、自強學堂等，與當代西方技藝與西方學術亦有所干涉。

〔註118〕紀昀等：《四庫全書總目提要》（臺北，漢京文化事業有限公司，1981年），卷一百零六，頁564。

〔註119〕芮瑪麗著、房德鄰譯：《同治中興》（北京，中國社會科學出版社，2002年），頁298。

〔註120〕張之洞：《張文襄公全集》（臺北，文海出版社，1970年），第六冊，卷48，頁3401～3408。

## （一）肯定近代西學對晚清民初學術之影響

梁氏係晚清「維新變法」的重要參與人，其在民國建立前後間接或直接支持西方式的民主政體，故比起晚清民初學術界之保守派，對於西學之接受與認同亦較高。梁氏自言「近世泰西之文明，導源於古學復興時代。循此例也，故今者以歐西新理比附中國舊學，其非無用之業明矣。」〔註121〕梁氏認同近代西學起源是出於文藝復興與啓蒙時期學術發展的結果，其論述清代學術也以「復興古學」爲口號，特意把清代學術比擬於西學，以爲中國學術之於清代同樣是經過一復古過程，其採取蔣方震文藝復古之觀點，言：「蔣方震著《歐洲文藝復興運動史》新成，索余序。吾覺泛泛爲一序，無以益其善美，計不如取吾史中類似之時代相印證焉，庶可以校彼我之短長而自淬厲也。」〔註122〕由洞見西方文藝復興之概念與源流，而轉以闡釋清代三百年之學術史，中國近三百年學術之發展，也俱備如歐洲文藝復興運動之復古精神，蓋梁氏以爲西學對於中學之發展是有正面意義。梁氏於西方自然科學與人文科學之接受與理論運用，可分爲幾個層面，第一爲政治學與社會學領域。梁氏在《飲冰室文集》所提倡之「新民」、「群治」、「公德」、「國家思想」、「自由」、「經濟」等論，莫不有西學之影響，其在《清議報》、《新民叢報》所推舉的君主立憲或民主選舉，皆爲西方式之民主，〈論自由〉一文言：

> 「不自由，毋寧死。」斯語也，實十八、九兩世紀中，歐美諸國民
> 所以立國之本原也。……自由者，奴隸之對待也。綜觀歐美自由發
> 達史，其所爭者不出四端：一曰政治上之自由；二曰宗教上之自由；
> 三曰民族上之自由；四曰生計上之自由。〔註123〕

自由、民主的觀點爲近代西方所重視，亦爲美國獨立與法國大革命、近代俄國二月革命與十月革命之所以成功的基礎，所謂「自由」大抵以個人至群體、種族之思想、行爲解放爲議論，其觀念也衍生出「平等」、「博愛」的議論。梁氏認爲近代西方所爭的「自由」概念可普遍分爲四，即政治上、宗教上、民族上、生計上之自由，此四端亦漫延「四民平等問題」、「參政權問題」、「屬地自治問題」、「信仰問題」、「民族建國問題」、「工群問題」六個範疇，梁氏

---

〔註121〕梁啓超：《墨子之論理學》收入《無求備齋墨子集成》（臺北，成文出版社，1975年），第十八冊，頁55。
〔註122〕梁啓超：《清代學術概念》（臺北，里仁書局，2002年），頁3。
〔註123〕梁啓超：《飲冰室全集》（臺北，五洲出版社，1981年），頁44。

舉中國爲例:「覆按諸中國。其第一條,四民平等問題,中國無有也。以吾自戰國以來,即廢世卿之制,而階段陋習,早以消滅也。其第三條,屬地自治問題,中國無有也。……其第六條,工群問題,他日或有之,而今則尚無有也。……然則今日中國所最急者,惟第二之參政問題,與第四之民族建國問題而已。」〔註124〕蓋梁氏以中國之情勢檢驗之,其援用西方「自由」之論,目的仍在於關切當代中國民主政治之發展,故有所謂「參政」與「民族建國」問題的推敲,此可謂梁氏學術對當代政體、社會的關懷。黃克武對梁氏之評價:「質言之,以佛、儒思想以及英國式自由民主理念爲基礎的群己觀,是梁啟超思想變遷之底層的不變因素。」〔註125〕自此而論,則儒學之「大同」、佛說之「平等」,或墨家之「兼愛」是可與西方式的民主自由相提並論,而梁氏以「群治」、「自由」爲題的政治觀、社會觀,實是建構在中西學術融通的基礎上可證。

　　再次,在哲學與宗教領域,梁氏認爲西學也有諸多可借鑒與比較之處。其曾經以康德哲學、佛學、儒學爲例,論說「靈魂」、「現象物質」、時間空間的關係,其肯定道德主體之本質,而以佛學之「眞如」與康德之「眞我」觀念銜接,判定純粹道德爲人心之最高依歸(也是現象界的最終依據),此即〈論道學爲哲學之本〉所說:「案:康氏之意,謂道德之本原與軀殼之現象,劃然爲二物。而超越空劫之眞我,即道德本原所由出,一切道心由眞我自造也。」〔註126〕故比之於現象界的物質,則所謂「神」、「靈魂」是爲「本質」問題,亦是唯心論問題,梁氏以爲康德舉證道德本原之說,其用意乃在於提升道德意識以振奮人心,解決當代社會腐敗與人類生活所衍生之焦慮問題,而使民眾的生命與心理歸於至善。梁啟超對康德評價甚高,謂其學術「故能以身爲德育之標準,取當時腐敗之社會而一新之,非徒在思想口舌之功,抑亦實行也。」〔註127〕梁氏把康德視爲近代西方哲學的啟蒙人物,其調和儒學、《墨》學、佛學、基督教之創舉,也受到康德思想的渲染。

　　梁氏在宗教上亦參考西方哲學與西方宗教的改革理念,其藉此比較中西

〔註124〕《飲冰室全集》,頁44～46。
〔註125〕黃克武:〈梁啟超的學術思想——以墨子學爲中心之分析〉收入《中央研究院近代史研究所集刊》第二十六期,頁81。
〔註126〕《飲冰室全集》,頁207。
〔註127〕《飲冰室全集》,頁194。

宗教學說之優劣，以爲中國或可據此建構一有民族特色之宗教。其〈論佛教與群治之關係〉言：

> 今日之世界，其去完全文明，尚下數十級，於是乎宗教，遂爲天地間不可少之一物。……吾以爲孔教者，教育之教也，非宗教之教也。其爲教也，主於實行，不主於信仰。……無論景教與我國民族之感情，柄鑿已久，與因勢利導之相反背也。……以疇昔無信仰之國，而欲求一新信仰，則亦求之如最高尚者而已。……吾師友多治佛學，吾請言佛學！〔註128〕

此說有數點可留意，第一，宗教之於半文明世界有其存在之必要，宗教有潛移默化與安定人心功能，可增進群治與社會道德；第二，儒學雖有教育與經世的功能，然無有相當學識與涵養之人實無能力修習，或可約束文明之人，而不能盡使根器較低下之民鄙棄成見；第三，基督教雖傳入中國有相當時間，但其教義與思想學說有偏激的一面，並非完全符合中國民情，故不可用爲國教；第四，梁氏認爲佛教教義有諸多宗教兼善、智信、平等之優點，故或可採用之。從此說，梁氏認爲佛教之圓融可用之中國，而以爲基督教不適合於中國。梁氏之抬舉佛教，事實上也是在分判中西方宗教的思維下所提出，其早年隨康有爲倡議保教，乃以「孔教」爲國教，視儒學有宗教地位，以孔子爲教主，梁氏所著〈復友人論保教書〉、〈論支那宗教改革〉皆推崇儒學可成爲中國特有之教派。不過，晚期的梁氏則持相反態度，反而認爲儒學性質與世俗宗教不同，儒學並非投注於「迷信宗仰」或鬼神崇拜之事，故終不適宜加入宗教色彩。

梁氏認同宗教有道德與群眾教化上長處。其曾經比較西方基督教與佛教教義之差別，而判定是否能合於中國民情，其言：「中國之有佛教，雖深惡之者終不能遏絕之；其必常爲社會思想之重要成份。……更有當附論者，曰基督教。基督教本與吾國民性不近，故其影響甚微。」〔註129〕故基督教之不適合中國民情，在於有相當之排他性，其學說雖宣揚道德之善，但往往鄙視其他宗教或學說爲異端，故晚清「重以教案屢起，益滋人厭」，這也表明梁氏所認同的宗教是一能兼容並蓄，且能夠適應中國民情與包容其他風俗的宗教，其在〈保教非所以尊孔論〉言：「如佛教之博愛也，大無畏也，……耶教之平

〔註128〕《飲冰室全集》，頁596。
〔註129〕《清代學術概論》，頁85。

等也，視敵如友也，……吾采其尤博深切明者以相發明，……即古代希臘，近代歐美諸哲之學說，何一不可以兼容而并包之者。」〔註 130〕故梁氏讚許的是宗教式的博愛與教化功能，所不認同在於特定教義對他說的排斥與隔閡，可知梁氏大抵能接受宗教講究道德的一面，但對於其特有的教義與制度則有所保留。在道德學說上，梁氏確有受到西方哲學與基督教觀點的影響，其又說：「愛也者，出於天賦本性之同。然凡人類所莫能外者也。故凡創教立宗者，雖其所說愛之廣狹有不同，要莫不以愛爲教義之基礎焉。」〔註 131〕此「愛」爲道德上之博愛、兼愛，乃人類天賦本性所有，故梁氏以爲人性之善是可經由宗教之啓迪而萌興，故其承認宗教有導正人心的功能，而宗教之所以有益群眾，也不外乎其宣導博愛、泛愛之美德。據此道德觀點，梁氏也認同佛學之「兼善」、「平等」能有益於群眾與社會，其視佛學所闡述「使人人皆與佛平等而已」爲一慈悲心的表現。再次，梁氏認同宗教有教化之功能，其在〈宗教家與哲學家之長短得失〉言：

> 女傑貞德再造法國者也，其人碌碌無他長，而惟以迷信，以熱誠，
> 感動國人而摧其敵，宗教思想爲之也。維廉濱開闢美洲者也，而其
> 所以以自由爲性命，視軀殼爲犧牲者，宗教思想爲之也。〔註 132〕

假使能加以發揚宗教力量，則民眾必然有發奮、勇猛之心，對於國家、社會亦能產生道德的約束力，故宗教之教化意識乃能成爲一種普世價值，此種觀點實欲藉宗教之力量而感化人心也。總言之，梁氏由中西方宗教比較而論說，終以爲宗教之建立是可以凝聚中國民眾之民德，而使人民的道德素養再進化。

蔡元培在〈五十年來中國之哲學〉羅列民國建立前後之哲學家，唯以極少數文字介紹梁氏之《墨子學案》，大抵梁氏沒有專書論述西方哲學原故。不過梁氏之哲學，乃可散見於其佛學研究、諸子學研究、社會學、經濟學研究之論述，其大抵以會通方式申論其哲學識見，如其所言：「既然外國學問都好，卻是不懂外國語，不能讀外國書，只好拿幾部教會的譯書當寶貝；再加上些我們主觀的理想——似宗教非宗教，似哲學非哲學，似科學非科學，似文學非文學的奇怪而幼稚的理想：我們所標榜的新學，就是這三種原素混合構成。」

---

〔註 130〕梁啓超：《儒家哲學》（上海，上海人民出版社，2009 年），頁 313。

〔註 131〕梁啓超：《子墨子學說》收入《無求備齋墨子集成》（臺北，成文出版社，1975 年），第十八冊，頁 30。

〔註 132〕《飲冰室全集》，頁 590。

〔註133〕此爲梁氏早期修習西學之態度，也就是多方吸收新知並加以會通、比較，而這種對西方思想接受的方式也往往影響梁氏之後的撰著，梁氏未必能對西學作一全盤深化的研究，而是比附西學觀點於其宗教、政治、科學、社會學的論述之中。

第三，梁啓超亦認同近代西方科學之識見，梁氏對於西方自然科學與社會科學的接受度相當之高，也曾經數次撰文介紹西方的生物學、經濟學、地理學、歷史學等新知，如其認同倍根（今人或譯培根 Francis Bacon 1561～1626 A.D）的實證科學、達爾文（Charles Robert Darwin 1809～1882 A.D）之進化論影響近代西方思想界之發展。梁氏以爲倍根爲近代西方科學理論發展之祖，是帶動西方啓蒙運動的重要人物，其云：「爲數百年來學術界，開一新國土者，實倍根與迪卡兒。……及倍根興，然後學問始歸於實際。……倍根以爲人欲求學，祇能就造化自然之跡而按驗之，不能憑空自有所創造。若恃其智慧以臆度事理，則智慧即爲迷謬之根原。」〔註134〕倍根以哲學家的提倡實驗科學，其所運用在於歸納與觀察之方法。梁氏在〈近代文明初祖倍根、笛卡兒之學說〉言：

> 凡一現象之定理，既一旦求而得之，因推之以徧按其同類之現象，必無差謬。……綜論倍根窮理之方法，不外兩途：一曰物觀，以格物爲一切智慧之根原。……一曰心觀，當有自主之精神。……如奈瑞因萍實墜地而悟吸力之理，瓦特因沸水蒸騰而悟汽機之理。如此類者更僕難盡。一皆由倍根之法靜觀深思。〔註135〕

所謂「物觀」是爲觀察、歸納之法，依據經驗法則，對物質採取實驗，故以求索當下現象之定理爲主，而不落入推測或無中生有之論說；「心觀」則在於能以科學精神愼密判斷，不陷溺前人舊說，此即是獨立創新研究之精神。梁氏此用朱子「格致」之學比擬，以爲倍根之理念亦是窮理、格物方法，固然朱子所窮主要在於德性之智，而倍根所窮在於物理，其途徑實兩異。總言之，梁氏認爲倍根的科學實驗方法所影響的層次甚多，近代科學領域的發展莫不受其影響，諸如牛頓萬有引力之物理研究、瓦特蒸汽機械製造也是延順倍根識見而開展。

---

〔註133〕《飲冰室全集》，頁 585。
〔註134〕《飲冰室全集》，頁 141～142。
〔註135〕《飲冰室全集》，頁 144。

梁氏在其對變法維新期間所著的〈西學書目表〉中，對西方的科學與人文也有諸多介紹與推崇，更以爲當代中國非深習西學不能富強，其《西學書目表・序例》云：

> 今以西人聲、光、化、電、農、礦、工、商諸學，與吾中國考據、詞章、帖括、家言相較、其所知之簡與繁，相去幾何矣！……故國家欲自強，以多譯西書爲本，學者欲自立，以多譯西書爲功。此三百種者，擇其精要而讀之，于世界蕃變之跡，國土遷異之原，可以粗有所聞矣。〔註136〕

其認爲西方科學之精密繁富程度，並不亞於中國的詞章、考證之學，甚至更具備精細積密之功夫，故「國家欲自強」則有待於民眾對西籍的翻譯、研習，據此乃能進一步瞭解世界變革之趨勢。梁氏以爲舉凡現象界之種種都是科學的範圍，一切關於形而下的事理、物理都是此格物致用之學的範疇，〈格致學沿革考略〉也說「學問者，事物之最繁賾而高尚者也。……觀前此萌達之跡，爲將來進步之階。……其二，形而下學，即質學、化學、天文學、地質學、全體學、動物學、植物學等是也。……舉凡屬於形而下學，皆謂之格致。」〔註137〕故此格致之學所窮在於物理，所盡在於物質之性，欲窮盡形而下之理則「必需借實驗而後得其眞。我國學術遲滯不進之由，未始不坐是也。」〔註138〕，缺少實驗、實證則必然缺乏眞知，中國科學之不能進步之原因亦在於此。總上來說，這種求知、求眞的理念不異是梁氏尋求富強的重要態度，其倡導科學研究與科學方法亦有經世與致用之目的也。

### （二）對西學中源之反駁與比附西方科學之態度

晚清時期，相對於西學大舉東進，保守主義者仍堅持舊學之價值與地位，故在維護舊學的口號下便提出「中體西用」、西學中源的說法，一來以中學爲學術主流，承認中學於道德、倫理思想之優越，而西學惟有輔助之運用居於次要地位；一來抬高古學價值，部份學者以爲西學之所以能夠蓬勃發展，是受到古代中學啟發，在此種說法下中國便成爲一科技古國，甚至是文化傳播的始源地。如張之洞《勸學篇・會通》云「《中庸》天下至誠，盡物之性，贊天地之化育，是西學格致之義也。《周禮》土化之法，化治絲枲，

---

〔註136〕梁啓超：《梁啓超全集》（北京，北京出版社，1999年），第一冊，頁82。
〔註137〕《梁啓超全集》，第二冊，頁951。
〔註138〕《梁啓超全集》，第二冊，頁951。

飭化八材，是化學之義也。⋯⋯《列子》述化人，以穆王遠遊，西域漸通也。⋯⋯故古埃及之古刻，類乎大篆，南美洲之碑，勒自華人。」〔註 139〕香濤以爲西學現有之觀念，實擷取自古代中國，影響西方及其他古文明甚巨，不論農學、化學、機械、礦學、文字之法，古代中學的影響是隨地可求的，因此儒經之奧義「可以通西法之要指」，其思想乃「發其理、創其制」，可謂西學的先導。〔註 140〕

不過單以自然科學論，中國自秦漢之後發展漸緩，未必能影響近代西方之發展。李約瑟（Joseph Needham 1900～1995 A.D）於《中國古代科學思想史》大概承認中國古代有進步的科學。其以爲先秦諸子之學是引發中國古代科學的重要因素，如道家的「自然主義世界觀」已有古希臘自然科學的高度，依據道家學說所衍生的道教與煉丹術則採用道家的自然學說，也有寄托部份自然科學識見。而後期《墨》學所闡述的光學、力學、工藝技術可作爲中國古代自然科學發展的濫觴，其言：

> 實在說來，墨家築城防禦技術之實施，或者即是引使他們注意科學基本方法，以及吾人所有中國科學最早記載中之力學與光學之研究的由來。若謂道家之興趣是趨重於生物學上的變化，則墨家之興趣即是趨重於物理學與力學之發展。⋯⋯早期的墨家著意於倫理、社會生活與宗教；而後期的墨家則頗注重於科學的邏輯與科學及軍事科技。〔註 141〕

李約瑟以爲中國古代科學之發展，道家與墨家爲重要之參與者，道、墨二家所造就「自然主義世界觀」是爲中國自然科學發展的濫觴之一，相較於儒學，道、墨二家也帶出若干的邏輯、經驗、實證思想，漢代的王充《論衡》對此便有所討論。不過李約瑟也認爲中國的自然科學於秦漢大一統之後便無有重大發展，曰：「當此帝國首次統一政治變革時際，此二學派遂見衰落與消逝。」〔註 142〕著重自然科學的道家，與名辨思想的墨、名二家在經歷大一統政治變革後便逐漸衰微與消逝，基於政治制度、社會形態與知識風氣的改變，士人不再有發展自然科學的「社會的目的」，而道家式的自然科學發展亦然，道家

---

〔註 139〕張之洞：《勸學篇》（桂林，廣西師範大學出版社，2008 年），頁 126～129。
〔註 140〕《勸學篇》，頁 128。
〔註 141〕李約瑟著、陳立夫等譯：《中國古代科學史》（南昌，江西人民出版社，2000 年），頁 189～190。
〔註 142〕《中國古代科學史》，頁 244。

思想遁入民間爲道教所吸收，由「不可知論的自然主義」轉以「神秘的宗教信仰」。〔註143〕此也是造成中國科學發展躑躅不前的可能原因。總之，中國本有的自然科學發展經歷千年衰落是有其原由的，其中或以失傳或以文化、制度形態之改變而使其停滯，故是否能間接或直接影響西方文明仍是有待商榷的？

　　梁啓超以爲先秦墨學固然有其高度發展，但是否眞能影響西方文明仍不可確定，其以爲晚清保守學者謂《墨》學爲西學起源乃是出於「愛國心」使然，其云「舉凡西人今日所有之學而強緣飾之，以爲吾古人所嘗有，此重誣古人，而獎勵國民之自欺者也。」〔註144〕梁氏並不以爲近代西學是緣中學而起，其認同近代西方科學有其獨立研究精神與創造性，故能造成啓蒙運動與工業革命的契機，所以「直到文藝復興以後，漸漸把思想界的健康恢復轉來，所謂科學者，纔種下苗，講到枝葉扶疏，華實爛漫，不過最近一百年內的事。」〔註145〕其以爲中國文化自秦漢大一統之後就拘束於「反科學」理念，西方由基督教統治期間亦然，不過西方文藝復興之後，學界普遍存在創新與批評意識，如哥白尼、倍根、笛卡兒、富蘭克倫、達爾文等人，竟能以學術之勢力左右世界，反省教會千年來根深柢固的說法，其科學視野也使西方文明在短短百年內突飛猛進。

　　梁氏求索近代西方文明發達原因之外，也重新檢討中國文化中「科學」不發達的原因，並以此譜出其「科學」求實的概念。梁氏在〈科學精神與東西文化〉一文亦有尋求中國缺乏科學研究的原因與態度。以態度言，梁氏比較之於中西方文化，以爲中國士人對於「科學」有兩個成見，一是認爲科學層次不高，此實鄙視科學也；一是以狹隘的角度看待科學，此即不了解科學的本質。其言：

> 其一，把科學看得太低了太粗了。我們幾千年來的信條，都說的「形而上者謂之道，形而下者謂之器」，……多數人以爲：科學無論如何高深，總不過屬於藝和器那部份。……其二，把科學看得太呆了太窄了，……他門只知道科學研究所產結果的價值，而不知科學本身的價值，……以爲只有學化學、數學、物理、幾何等等纔用得著科

---

〔註143〕《中國古代科學史》，頁 184。
〔註144〕〈墨子之論理學〉，頁 55。
〔註145〕梁啓超：〈科學精神與東西文化〉收入，《飲冰室全集》，頁 306。

> 學；殊不知所有政治學、經濟學、社會學等等只要做得上一門學問
> 的沒有不是科學。〔註146〕

在士人以道德學問爲研治核心的前提下，自然科學與技藝必然少有長進，甚至漠視科學的發展，以爲那只是「術」的層次。再次，多數人都把科學看作一種學科與理論，而非承認其本有之學術態度，故梁氏把其科學觀擴充至大部份學科的領域，化學、物理、光學、力學研究當然必須要有實驗、演算的步驟，但如人文之政治、經濟、社會學科也需要經過科學之歸納、求證、推演的考查，經科學方法的運用也可使這些人文學科更具求眞求實的價值。反之，如其他無法以科學方法研究之領域，才是有待質疑。〔註147〕以此而論，梁氏認爲要發展科學且要「學問之獨立」，實需先打破此成見，也就是檢討中國社會自古視「技藝」不高尚之見解，並且擴展科學的研究方法與擴充科學研究之領域，梁氏亦贊同運用科學的研治方法來處理諸多社會人文的問題。

　　基於部份學者的「科學無用」論或鄙視或不了解的成見，梁氏乃提出加強「科學精神」的呼籲。〔註148〕有三，一爲「求眞智識」，此以經驗、實證爲趨向，鼓吹不造假與歸納、思辨的態度，對於無據無實之說法需加以懷疑、檢驗；第二，「求有系統的眞智識」，於求眞求實之外，還需以系統、組織的方式的來整理學問，如梁氏自言「科學家以許多有證有據的事實爲基礎，逐層逐層的看出他們的因果關係，……好像拏許多結實麻繩組織成一張網。這

---

〔註146〕梁啓超：〈科學精神與東西文化〉收入，《飲冰室全集》，頁300～301。
〔註147〕不過，後期的梁氏並非全然認爲社會文化需服膺於「科學」之下，其在遊歐之後所著的雜文〈歐遊心影錄〉已深刻思考「科學」帶給歐洲的災難。又其在 1922 年於東南大學所講授之〈治國學的兩條大路〉一文則反省科學方法的局限，以爲德性之學需用「内省與躬行的方法研究」，故曰「西人所用的幾種方法，僅能殼用之以研究人生以外的各種問題。人，決不是這樣機械易與的。……以上我們看西洋人何等可憐！肉搏於這種機械唯物的枯燥生活當中。」科學方法的充斥反而使西方道德、宗教之論失去憑據，而儒家的仁學「這絕不是用科學的方法可研究得來的，要全用内省的工夫，實行體驗」，可知梁氏仍然對科學有所保留，其終以爲科學研究並無法完全理解「德性」的學問。見梁啓超：〈治國學的兩條大路〉收入《飲冰室全集》，頁 320～325。
〔註148〕「科學精神」爲梁氏於〈科學精神與東西文明〉一文所專用之詞語，大抵針對受近代西學影響之研究方法與求實態度而言。或說其求實、求是理念係近切近代科學之觀點，但梁氏學術實未必接受全盤西化與西方科學方法之訓練，故其「科學精神」一詞或可視爲一比附的觀點。見梁啓超：〈科學精神與東西文化〉收入，《飲冰室全集》，頁 302～305。

網愈織愈大，漸漸的涵蓋到這一組知識的全部。」〔註149〕故科學方法之研究並非是尋求單一的見解，而是需要有系統有組織的聚合，在諸多學說與證據的支持，從而成為一種專門學科；三「可以教人的智識」，以為學問與智識必須是公開的，學術應是可以教人的學問，而不是一味謹守孤家師法，開放的科學研究終究有利於社會文化的遞相傳播。其在《治國學的兩條大路》也說治學須以求「真」、求「博」、求「通」為三個標準，此與「科學精神」是有緊密聯繫也。〔註150〕梁氏認為假使治學缺乏以上態度便可能產生「籠統」、「武斷」、「虛偽」、「因襲」、「散失」五大缺點，而自秦漢以來中國固有的學術大抵皆有此問題，梁氏乃視為與科學相背離的「反科學」精神。〔註151〕

　　總言之，梁氏這種特意抬高「科學」，認同「科學」之求實、求是以激勵新文化革新的觀點，是可與當代新學與五四運動作一聯繫。晚清民初雖有古學復興與保守傳統思想之呼籲，然新思潮的掘起與風靡實逐漸取代舊有思想，如白話文的提倡、小說與社會關係的檢討、新史學的建構、科學精神的尋求等，於晚清民初之思想界皆造成不容小覷影響力。梁氏在學術上所推崇之科學方法與研究態度，正與近代五四運動所倡導之「民主」、「科學」精神是不謀而合的，可視為晚清民初推廣新文化的中堅人物，李澤厚說：

> 梁啟超的啟蒙宣傳雖淺且廣，雖雜但博。他不是重要思想家，沒有
> 多少獨創性的深刻思想成果。但他從宣傳一般的資產階段世界觀與
> 人生觀到提倡資產階段的「新小說」、「新史學」上，自覺注意了在
> 意識形態方面與中國傳統觀念作鬥爭，在這方面他比當時任何人所
> 做的工作都還要多，起了廣泛和重要的社會影響。〔註152〕

梁氏以史學、小說研究影響民初中國甚深，而其提倡的群治、公德、自由、科學等論也渲染了當代胡適、陳獨秀所發起的新文化運動。梁氏呼籲國民應以新民為第一要務，且能由文化上、生活上積極擴展民智、民德，認為個人應有人權自由、思想自由等觀點。新文化運動的高鋒可以五四運動為代表，五四運動為一救亡圖存的愛國運動，其貢獻在於使知識份子檢討傳統社會的舊思想，並提出「民主」、「科學」的口號，梁氏也以評論家的身份影響輿論，

---

〔註149〕梁啟超：〈科學精神與東西文化〉收入，《飲冰室全集》，頁305。
〔註150〕梁啟超：〈治國學的兩條大路〉收入《飲冰室全集》，頁322～323。
〔註151〕梁啟超：〈科學精神與東西文化〉收入，《飲冰室全集》，頁306。
〔註152〕李澤厚：《中國近代思想史論》（臺北，三民書局，1996年），頁457。

其當時奔走歐洲以確保中國權益的行舉，也可視爲當代民權思想、自由精神的另一闡揚。大陸學者董德福在〈梁啓超與五四運動關係探源〉一文，則直言梁啓超與「科學」的關係，曰：「對五四運動之提倡科學，梁啓超也表示有條件的支持，但他擔心科學會在一切領域裡當權，會導致道德、哲學的讓位。……相反，他爲科學在中國取得的進步而感到由衷的高興，並加以贊美。」〔註153〕梁氏所謂「科學」係爲廣義上之「科學」，也就是包含自然科學與人文科學，其所宣揚的「科學」理念也運用到人文學科的研究，如諸子學研究、新史學方法論、小說理論的提出皆然，而梁氏《墨》學的名辨思想、社會制度的探究亦可見其端倪，見下節。

## 二、融入西方生物學進化意圖的「非命」觀察

梁啓超之接觸諸子學、西學甚早，其早期在「萬木草堂」隨康有爲問學，除涉獵中學傳統之經典外，西籍亦在其修習的項目中，如《萬國史記》、《瀛環志略》、《列國歲計政要》、《格致須知》等西洋書籍，可知康氏所開出的西洋書目亦爲其修習的教科書，其言：「除《公羊傳》外，則點讀《資治通鑑》、《宋元學案》、《朱子語類》等，……則相與治周秦諸子及佛典，亦涉獵清儒經濟書及譯本西籍。」〔註154〕故西學與諸子學乃成爲梁氏問學的重要範疇，一來讀西書譯西書有助於學人增長見識，或可爲謀事進取的門徑，一來諸子學內容富含哲理與致用，也有利於學術研究之求索。本文認爲可由梁氏《墨學微》之西學應用與科學觀二方面探討其西學識見。

中國學術於「命」的探析實自古有之，甲骨文的卜龜燒紋、《周易》以著草占數，所著重不外乎爲一天人感應的「命定觀」，誠如《周易・大有》載：「上九。自天佑之，吉無不利。」〔註155〕古君子所尋求是爲吉凶是非成敗下的天命理解，蓋《易》所講究的「樂天知命」、「受命如響」，也表明了儒學之命定觀與道德思維。《論語・述而第七》：「子曰：『天生德於予，桓魋其如予！』」〔註156〕孔子便不以爲桓魋可傷害其人，其領悟天道所付予是爲高尚的道德與

---

〔註153〕董德福：〈梁啓超與五四運動關係探源〉收入《江蘇大學學報》社會科學版第六期（江蘇，2006年2月第8卷），頁34。

〔註154〕梁啓超：《清代學術概論》，頁71。

〔註155〕孔穎達正義：《周義正義》收入《十三經注疏》（臺北，藝文印書館，1965年），第一冊，頁47。

〔註156〕何晏注、邢昺疏：《論語注疏》收入《十三經注疏》，第八冊，頁63。

命運任務，因此君子能安於所爲。相對的，先秦墨家在建構其天道觀之餘，則進一步否認「命定」的可能，墨子採取「非命」的態度，以爲「命」與「力」的原則相背馳，也就是說假使人人皆執著「命」而不勤勉於「力」，則必然導致衰微，其〈非命下〉言：「早朝晏退，聽獄治政，終朝均分，而不敢怠倦者何也？彼以爲強必治，不強必亂，強必寧，不強必危，故不敢怠倦。……今雖毋在乎王公大人，賈若信有命而致行之，則必怠乎聽獄治政矣。」〔註157〕墨子此說大概以務實態度論述「命」的不可信，執政者爲何要致力政務聽訟？農人婦人爲何要勉力於勞動紡織？這是因爲執政者明白能保有國家富強的關鍵在於勤政使其無訟，而農人婦人也知道要使自家富有，則在能勤勉於農耕紡織，不盡信「命」的安排，這是任「力」的原則。相對的，假若全然任於「命」，王公農人婦人便不專注於「力」，以爲貧富皆已決定之，可能從此就採取消極態度，王公不涉政農人不耕婦人不織，國家社會必然危殆，因此墨子認同任「力」而不任「命」。

梁氏贊同《墨》學的任「力」不任「命」，故進一步闡釋「非命」思想，以爲「命」與力相背馳的理念可以科學進行論證，故其援用西方生物學的「進化論」來詮釋。梁氏所承認之「力」可視爲一順應自然之力，曰：

> 物競天擇一語，今世稍有新智識者，類能言之矣。曰「優勝劣敗」，曰「適者生存」。此其事似屬於自然，謂爲命之範圍可也。雖然，若何而自勉爲優者適者，以求免於劣敗淘汰之數，此則純在力之範圍，於命絲毫無與者也。夫沙漠地之動物，其始非必皆黃色也。……其一存一滅之間，似有命焉，及窮其究竟，則何以彼能黃而我獨不黃，……是亦力有未至也。推言之，則一人在本團體中或適或不適，一團體在世界中或適或不適，皆若此而已，故明夫天演公例者，必不肯棄自力於無用，而惟命之從也。〔註158〕

梁氏以達爾文「進化論」的「物競天擇」爲例，視之爲另一力、命觀的呈現，此「天擇」之「天」大抵是消極的、非意識的，是爲帶動物種競爭的根本背景，但並非決定物種存活的首要因素，使物種在競爭之下存活的主要原因仍在於物種本身的應變力。梁氏所論述的「命」可比擬於「進化論」中的自然

---

〔註157〕孫詒讓：《墨子閒詁》收入《新編諸子集成》（臺北，世界書局，1991 年），第六冊，頁 175～176。

〔註158〕梁啓超：《子墨子學說》收入《無求備齋墨子集成》，頁 14～15。

環境，而所謂「力」，則是較近切於物競中「突變」或「演變」、「應變」的觀念。據梁氏之說，則北極、沙漠皆有其生存環境（植被、水份、土壤等），諸多生物種族爲了在此嚴峻環境下存活，則必然相互競爭，而這些競爭是必須經過某些演變或突變之力才能有優勢，也就是說這些在競爭下生存的物種，並非是自然界無原由的選擇了其群體，而是該群體能勉力於大環境的變化，最終以自身的適應（演變）成爲該領域的存活者。依達爾文「物競天擇」學說，物種能演變亦有一定的契機，比如生長的補償、發育異常、適應性變異自然選擇等，其中「自然選擇」是居於消極的部份，其言：

> 自然選擇學說是以下面信念爲基礎的：每個新物種，最後成爲每個
> 新物種，其所以產生和延續下來，是因爲比它的競爭者占有某些優
> 勢，而居劣勢物種的絕滅，似乎是必然發展的結果。〔註159〕

「天擇」觀念係屬於「自然選擇」，不過能承受「自然選擇」試煉而延續其族群優勢，則在於族群本身對於自然環境的適應力或應變力，達爾文解釋此種「自然選擇」的觀念，曰：「其實自然選擇的作用，僅在於保存已經發生的，對生活在某種條件下的生物有利的變化。」〔註160〕故由這種科學「進化論」可總結出兩點，一者，決定物種存亡的是該物種的變異性與適應力，以梁氏觀點而論就是一種任「力」的展現；第二，「天擇」部份爲所有物種適應與變異之後的處境，大自然環境雖可視爲一既定環境，但此環境對於物種的競爭唯能視爲一客觀條件，影響「物競」則爲次要。此種生物科學理念的導向，也促使梁氏《墨》學所指涉之「命」、「力」有一合理解釋，梁氏之所以調和自然科學與社會人文的畛界，亦是鼓吹貧弱的晚清民初社會通過諸多社會改革以達到進化與改革，故《墨》學的任力不任命也呼應梁氏提出的「新民」、「冒險進取」、「進步」、「毅力」之說，即不迷信既有環境的局限，能以發奮之力改善社會是爲其最大用心。梁氏又欲由佛學的理路解釋「非命」思想，此也把「力」視爲促進世界變動的主因，曰：

> 以佛學來說，此「力」又可視爲娑婆世界所具有之「業力」。故梁氏
> 言「佛說一切器世間有情世間，皆由眾生業力所造。其群業力之集
> 合點，世界也，社會也。」〔註161〕

---

〔註159〕達爾文著、舒德干等譯：《物種起源》（廣西，廣西人民出版社，2001 年），頁 381。
〔註160〕《物種起源》，頁 94。
〔註161〕梁啓超：《子墨子學說》，頁 17。

佛學在強調因果的前提下便有「業力」之說，「業力」爲身體、語言、思想等種種行爲所造成的作用，佛學認爲「業力」是不可思議的，如同作用力與反作用力，能促成當下結果必有其根本原因。梁氏則判此「業力」爲社會進化的推動力量，認爲人類世界之進步退步皆在於此力，曰：「若乃貧富貴賤，則因其社會全體之力，或用之正，或用之不正，而平不平生焉，夫力也者，物競界中所最必要者也。」〔註162〕故用力得正，則結果也爲正面，反之亦然。此說也否定了命定必然性，把人類一切進步或退化的因素，都認定爲人的用「力」與否。

　　總言之，梁氏站在社會發展與進化的出發點，其以爲不該爲固有環境、制度或思維所禁錮。不過，其以生物學所理解的力、命觀仍有相當的誤解。事實上這種科學化的指涉實未完全符合《墨》學的本意，畢竟墨子所承認的「天」爲最高人格神，有賞善罰惡的能力，而梁氏以「進化論」理解的「天擇」則全然爲一無意識的自然天道，以機械化的天道比擬宗教意義的天神，此兩者畢竟仍有差距。而達爾文的「進化論」也只能解釋一部份自然競爭的事實，自然生物於競爭之外，亦有互助的可能（不論間接或直接），據俄人彼得‧克魯泡巴金（1842～1921 A.D）「互助論」的說法「在極其長久的進化過程中，在動物和人類中慢慢發展起來的一種本能，教導動物和人在互助和互援的實踐中就可獲得力量，……它的基礎是人類休戚與共的良知。」〔註163〕以爲「互助」是爲人類生存的本能，亦是人類的良知的舔現，故人類社會的進化並非完全是競爭的結果，人類族群的合作與包容，是爲社會能夠進步的一大因素。

　　再次，儒學雖有承認天命、命定的說法，但儒學也急呼道德生命需勉力於「求仁行義」，蓋儒學發展至孟子已有「盡心、知性、知天」的呼籲，能「求仁行義」以盡天道之性是爲「知命」，《孟子‧盡心上》言：「殀壽不二，修身以俟之，所以立命也。……孟子曰：『求則得之，舍則失之，是求有益於得也。求在我者也。』」〔註164〕因此君子的「知命」並非只持守於固有之命運，反而能在盡心力的態度下，達到生命責任的圓滿，孟子所謂不計殀壽、修身以俟

---

〔註162〕梁啓超：《子墨子學說》，頁 16。
〔註163〕克魯泡巴金著、李平漚譯：《互助論》（北京，商務印書館，2010 年），頁 9
　　　　 ～10。
〔註164〕趙歧注、孫奭疏：《孟子注疏》收入《十三經注疏》，頁 228～229。

命實可證，以是儒家「知命」的人生態度亦可為達觀的而非是消極的。因此
梁氏對儒學「天命」觀的理解亦有待商榷，誠如黃克武所言：「此處梁啓超接
受墨子對儒家的攻擊，將儒家對『命』的看法，整體地說成是命定主義，是
『安於命而弛於力』，我認為這樣的看法是對儒家『天命』思想的一種不當的
詮釋。孔子對命的看法雖然有其複雜性，也很可能有一個發展的過程，但先
秦儒家，以及宋明之後的理學家所主張的『樂天知命』的觀念，其實是相當
積極的。」〔註165〕固然梁氏投入自然科學思維的「非命」觀有其理路與脈絡，
亦能體現部份非命觀的真像，對於社會發展有一定的鼓吹作用，然梁氏《墨》
學的「非命」理解落入過度的科學規則關切，實不能完全闡述儒家道德意義
上的「命定」意義亦是顯明的，此也有待進一步的釐清。

## 三、結合西方理則學思想之墨辯闡發

　　梁啓超思想之中西學術會通，亦可由其結合西學、《墨》家所析論的名辨
思想探索之，梁氏以為墨辯的部份內容能結合歸納論法與演繹論法，已近乎
當代西方邏輯學的理念。墨辯大致發展於戰國時期，或說是為墨子後學為詮
解墨子的思想體制所延伸出的理論學說。〔註166〕今本《墨子》有「墨辯」六
篇，依胡適之分此六篇為「別墨」，也就是受到戰國名辨之學影響「其中所說
和惠施公孫龍的話最為接近。」〔註167〕故並非是純粹墨者的思想，而是有參
雜名家理論於其中。戰國中晚期墨家已分為三，如相里勤弟子與南方墨者苦
獲、己齒、鄧陵子皆各擁派別，故「別墨」的議論也指出墨家內部爭議的事
實，勞思光以為：「『相謂別墨』意即『互指為異派』。如此，可知當相里氏鄧
陵氏之時，解墨者已有紛歧不同之意見，故『倍譎不同』，且因而互相攻擊，
謂對方非正宗墨學而為『別墨』。」〔註168〕墨者雖「俱誦墨經」，但又有派別
之分，為了學說孰優孰劣的問題其內部亦相互較量，而名辨理論也成為分判、

〔註165〕黃克武：〈梁啓超的學術思想——以墨子學為中心之分析〉收入《中央研究院
　　　　近代史研究所集刊》第二十六期，頁85。
〔註166〕如勞思光言：「總之，經上下、大取、小取六篇之時代，既定為莊子之後、天
　　　　下篇之前。則其作者必為墨家之後學。墨經及大取小取中之理論及觀點，亦
　　　　與墨子本人無關。」《莊子·天下篇》已有提及墨辯思想即「以堅白同異之辯
　　　　相訾」的別墨觀點，故墨辯的創作年代應不早於《莊子》。見勞思光：《新編
　　　　中國哲學史》（臺北，三民書局，1999年），第一冊，頁307。
〔註167〕胡適：《中國哲學史大綱》（臺北，臺灣商務印書館，2008年），頁158。
〔註168〕《新編中國哲學史》，第一冊，頁307。

辨論的工具，「墨辯」大概在此種學術背景下產生。梁氏也說：「凡一學說之
獨立也，必排斥他人之謬誤而楬櫫一己之心得。若是者必以論理學為之城壁
焉。其難他說也，以違反於論理原則者摘其伏，則所向無敵矣。其自樹義也，
以印合於論理原則者證其真，則持之成理矣。」〔註169〕故墨家名辨思想的發
展並非偶然，墨家的分流為其背景，墨者一方面以名辯理論解釋、擴充《墨》
學，一方面也用之釐清與其他學說的高下優劣，故此「論理學」實包含詮解、
申辯、推論之功能。

　　而梁氏以為「墨辯」與戰國的名家思想仍有所不同，其給予一「論理學」
的別稱，以為該學與西方邏輯學（Logic）的趨向相近。梁氏曾舉出其採用「論
理學」名詞的原因，其言：「倍根以為治此迷因，惟一良法。然非如亞里士多
德論理學之三句法也。（按英語『Logic』，日本譯之為『論理學』，中國舊譯『辯
學。』侯官嚴氏以其近於戰國堅白異同之言，譯為『名學』，然此學實與戰國
詭辯家言不同，故從日本譯。）」〔註170〕梁氏「論理學」之定名大抵尋日語翻
譯，而不再以中國「名辯」一詞為用。「Logic」本有論證、推論之意，係對於
事實物質現象的一個推演，而不只限於文字詞語的抽象申辨，而日文「論理
學」或有對事理物理推論的意趣在，故梁氏採取之。梁啟超大致承認「墨辯」
思想與西學有許多類似處，如墨學之演繹法與古希臘邏輯學同理，歸納法甚
至可與近代的西方科學方法相呼應，其曰：「《墨子》全書，殆無一處不用論
理學之法則，至專言其法則之所成立者，則惟〈經說上〉、〈經說下〉、〈大取〉、
〈小取〉、〈非命〉諸篇為特詳，今引而釋之，與泰西治此學者相印證焉。」〔註
171〕固然梁氏認為中國的「邏輯學」仍處萌興階段而未成系統，但先秦諸子中
的墨家持論「最堅而用之最密」，對於「邏輯」研究已有深入的理論見解。而
墨辯非但有演繹法的闡述，亦有歸納法的論證，比之同時期希臘邏輯學更為
之先進，歸納法為十七世紀之後倍根所啟發，故墨學之見識或早之西方一千
多年。

　　收入《墨學微》的《墨子之論理學》為梁啟超早期的《墨》學研究，其
中對墨家的論理學提出四個指向。第一為「釋名」，從字義來看所謂「釋名」
即是詞語的解釋，梁氏以為《墨子》是為一求實之書，文字的精準亦影響其

〔註169〕梁啟超：《墨子之論理學》收入《無求備齋墨子集成》，頁55。
〔註170〕《飲冰室全集》，頁143。
〔註171〕《墨子之論理學》收入《無求備齋墨子集成》，頁56。

申論內容之眞訛，故對於詞語的運用也要求愼密無誤。梁氏劃分《墨》學有十三個專有名詞，皆取之《墨子・小取》篇，如「辯」（邏輯申辯，解釋之定義與功能）、「名」（名詞）、「辭」（命題）、「說」（前提）、「實意故」（概念、判斷、推論，此即三段論法）、「類」（媒詞）、「或」（特稱命題）、「假」（假言命題）、「效」（規定、法式）、「譬」（立證）、「侔」（比較）、「援」（累積式舉證）、「推」（推論）。〔註172〕這些專有名詞即是《墨子》理解與判斷各種學說或論證的重要方法，後來梁氏在《墨子學案》中又特地從十五種名詞當中提出關鍵的七種作延伸的闡釋，即「一或、二假、三效、四辟、五侔、六援、七推」。〔註173〕其視之爲墨辯中最重要的辨論法，也是對《墨子》「歸納法」的發明，梁氏以爲這些墨辯範疇可與近代西方邏輯學相互發明之，如「或」云：

> 墨子所謂或，即論理學所謂特稱命題 Particular Proposition 也，論理學命題有全稱、特稱之分，布式者所最不可忽之節目也。（如云「凡中國人皆黃帝子孫也」此之謂全稱命題，蓋其主位之凡字，包舉全中國人而無遺也。如云「或人某人此人彼人爲黃帝子孫」此之謂特稱命題，所包舉者不盡也。此或人之外其餘人爲黃帝子孫與否未嘗言明也）。〔註174〕

「或」可理解爲「不盡」，也就是不全然之意，梁氏則比擬爲西方邏輯學的「特稱命題」，也就是〈經說下〉「彼彼止於彼，此此止於此」的論斷，把彼的定義設限在彼，此的條件設定在此。誠如梁氏的舉例「中國人是亞細亞人」，但並非所有亞細亞人都是中國人，中國人只爲亞細亞人種之一，故「中國人是亞細亞人」是爲一特稱名詞亦是不普及的。

「特稱命題」之彼與此所指涉皆非普及的議論，只局限於特殊的界說，梁氏所下的定義爲「凡主賓兩詞之質量相包延者，則不能互爲主賓。」〔註175〕只能在部份或某些情況下相包延，主、賓語唯有部份相涉之關係，故梁氏以爲《墨》學用「或」與「不盡」係同理，蓋「特稱命題」之主賓的關係只能以特殊的條件判斷可知。所謂「全稱命題」亦是爲西方邏輯學的重要概念，

〔註172〕《墨子之論理學》收入《無求備齋墨子集成》，頁 56～58。
〔註173〕《墨子學案》，頁 114。
〔註174〕梁啓超：《墨子之論理學》收入《無求備齋墨子集成》，頁 57。
〔註175〕梁啓超：《墨子之論理學》收入《無求備齋墨子集成》，頁 60。

大抵「全稱命題」所干涉是爲一普遍的、廣泛的主賓指向，主賓的質量相等故合同，且主賓可互換者，如「無人能飛」的命題，蓋沒有人能夠飛翔，而可以飛翔者非包涵人類，這種完盡的包舉便是「全稱命題」。梁氏嘗於後期的《墨子學案》補充說：「凡命題有全稱 Universal、特稱 Particular 之分：例如說『凡人皆有死』，主詞的『凡人』，是全稱，是盡，所以可以說個『皆』字，……主詞的『有些人』，是特稱，是不盡。」〔註176〕「或」的推斷實影響「辯」（邏輯申辯）的結果，蓋「全稱命題」與「特稱命題」作爲其「法式」的推論條件，則「或」的成立與否也決定三段論法中普及不普及的指向，梁氏刻意抬高《墨》學「或」的功用，而與西學「全稱命題」與「特稱命題」作結合，實有其深意在。

　　另外，梁氏又提出「名」、「辭」、「說」是爲墨辯的重要方法，所謂通過「名」、「辭」、「說」以判斷「實意故」是否成立，也就是〈小取〉篇所云「以名舉實，以辭抒意，以說出故。」梁氏以爲經「名」、「辭」、「說」的運用，所得出「實意故」的結論適與西方邏輯學三段論法同理。其云：

> 墨子所謂名，即論理學所謂名詞 Term 也。……墨子所謂辭，即論理學所謂命題 Proposition 也。……墨子所謂說，即論理學所謂前提 Premise 也。凡論理學必用三段法，其第一段謂之大前提，第二段謂之小前提。……墨子所謂實、意、故，皆論理學所謂斷案 Conclusion 也。凡論理學必先指名，合兩名爲一命題，舉兩命題爲大小前提，然後斷案出焉，斷案即其實也，其意也，而下斷案時恆用故字出之，故墨子曰：「以說出故」。〔註177〕

以西方邏輯學的方法而論，三段論法由大前提、小前提、斷案組成。而梁氏以爲《墨》辯以「名」（名詞）擴充「辭」（命題），再由「辭」（命題）擴充「說」（前提），再「以說出故」，即由大、小前提兩部份出斷案，而「實意故」皆可視爲斷案，「以名舉實」即以名詞標舉實物，「以辭抒意」即以命題表達思想，「以說出故」即判斷最後結論與否。通過此三段命題的組合（一命題是爲斷案），便能以規則方法判定一否定或肯定的結論，此係梁氏以三段論法比擬《墨》學名辨方法。

　　所謂「三段論法」本由亞里斯多德的邏輯學所提出，其在《前分析篇》、

---

〔註176〕《墨子學案》，頁114。
〔註177〕《墨子之論理學》收入《無求備齋墨子集成》，頁56。

《後分析篇》、《解釋篇》等書皆有提及，盧卡西維茨（Jan.Lukasiewicz A.D 1878
～1956）《亞里斯多德的三段論》說：「每一個亞里士多德的三段論包含有三
個叫做前提的命題。一個前提（Πρότάσις）是一個肯定或否定某物爲某物的語
句。在這個意義上，結論也是一個 Πρότάσις（前提），因爲它陳述關於某物的
某物。」〔註178〕蓋三段論法早於古希臘時代即有之，雖亞里斯多德所舉出的
實例有限，唯在《後分析篇》有部份提及，但其對於如何斷案的命題理論實
已有深入論說，梁氏藉此會通《墨》學，亦表明先秦諸子並不亞於古西方思
想。民初譚戒甫也以爲《墨》學可與西方邏輯學的三段論法作聯繫，其《墨
辯發微》言「三段論法，西名司洛輯沁（Syllogism），此言『會辭』，嚴復譯
『演連珠』，日本譯『三斷法』也。《名學淺說》第十章云『凡論一事而有所
斷決者，……要皆由二原而得一委，或由一例，一判，而得一判，合三辭而
成一辯。』……蓋邏輯之例，即因明之喻，墨辯之理。案即因、故，判即宗、
辭。」〔註179〕譚氏認爲墨辯的觀點是與西方邏輯學相通的，而西方邏輯學、
印度因明學、先秦墨辯在名詞的運用上亦可互換。譚氏此說雖欠缺更進一步
的論證，但從其初步的舉證而論，其會通中西論理學的詞語仍有其參考價值。
總言之，《墨》學與西方邏輯學有無干涉仍有待進一步考證，然《墨》學的諸
多專有名詞的確有其邏輯思意在，而梁啓超刻意嫁接西方邏輯學的方法，則
在於藉重西學方法以進一步探討墨辯思想的奧義。

　　第二爲「法式」。「法式」是爲上述十三種墨辯方法中所謂「效」，梁氏云：
「兼西語 Form、Law 之意。」〔註180〕Law 可翻爲法則、法規，故「法式」的
提出實包含西方邏輯學中檢視與判斷之功能，或說在西方科學研究之中，「法
式」是爲一重要「工具」，如倍根在《新工具》所言「人類知識與人類權力歸
於一；因爲凡不知原因時即不能產生結果。……而凡在思辨中爲原因者在動
作中則爲法則。」〔註181〕蓋「法式」作爲原因條件，於科學研究中是爲一探
究具體成果之工具可知，倍根也提出如能運用與認識「法式」，即能進一步把
握事物的眞實與統一性。梁氏認爲《墨》學的所有論說都須由「法式」檢驗，
通過這些「法式」的運用，《墨子》文中的辯說才可謂是合於實理，胡適也說

---

〔註178〕盧卡西維茨（Jan Lukasiewicz）著、李眞、李先錕譯：《亞里斯多德的三段論》
　　　　（北京，商務印書館，1981 年），頁 11。
〔註179〕譚戒甫：《墨辯發微》（北京，中華書局，2005 年），頁 204～205。
〔註180〕《墨子之論理學》收入《無求備齋墨子集成》，頁 57。
〔註181〕培根著、許寶騤譯：《新工具》（北京，商務印書館，2010 年），頁 8。

「須知效、法、故，三字皆墨家名學之術語。……法定，則效此法者皆成圓形。……此所謂『效』，即今人所謂演繹的論證」〔註182〕其以爲《墨》學以法、效、故爲專有術語，通過辯、效之用，則同異、名實、利害才得以驗證。梁氏又言：「法式者，〈小取〉篇所謂效也。中效則是，不中效則非，是墨子所持以權衡天下之理論者。墨子論理學之法式，未嘗泐爲專篇，故不可盡見，今從諸篇中搜其緒論而排比之。」〔註183〕《墨》學的「法式」雖未形成一系統的理論，該「法式」也是由梁啓超由各篇中所提要而來，不過梁氏認爲「法式」係「權衡天下之理論」之依據是明確的，不論是對名家之批判或者對天志、鬼神、光影力學的論說皆必須經由「法式」的檢驗。梁氏由西方邏輯學的觀點，擴充八個「公例」論說《墨》學「法式」，其言：

一、三段論法由三個名詞組織而成，不能多於三，不可少於三。

二、三段論法由三個命題組織而成，不能多於三，不可少於三。

三、媒詞在兩前提中，最少必須有一處爲普及者。

四、兩前提有一不普及者，則其斷案亦不得普及。

五、兩前提皆爲否定者，則無斷案。

六、兩前提中有一爲否定者，則其斷案必爲否定。又欲求否定之斷案，則兩前提中，必須有一爲否定者。

七、兩前提皆爲特稱者，則無斷案。

八、兩前提中有一爲特稱者，則其斷案亦爲特稱。〔註184〕

從上述「法例」的說明可知，舉凡一切《墨》學的論說皆必需經由「三段論法」映證，也就是經大前提、小前提的辨證，而得出斷案。其次，命題主賓語關係的普不普及、同不同類、質量等同與否、有媒辭與否也決定該驗證的最後斷案。如《墨子・經說下》所提出「牛有齒，馬有尾，以此謂牛之非馬」命題，則大前提與小前提無一共同的「媒詞」，牛、馬無有一聯繫的關係，故兩方皆爲不普及，且牛、齒、馬、尾已有四名詞，故也不合於第一公例「由三個名詞組織而成」，故該論斷必然是不成立。〔註185〕另梁氏有舉出「輕氣淡

---

〔註182〕胡適：《胡適文存》（臺北，遠東圖書公司，1979 年），第一冊，頁 267。
〔註183〕《墨子之論理學》收入《無求備齋墨子集成》，頁 58。
〔註184〕《墨子之論理學》收入《無求備齋墨子集成》，頁 62～63。
〔註185〕《墨子之論理學》收入《無求備齋墨子集成》，頁 62。

氣可燃之物也，水者輕氣淡氣也，故水者可燃之物」的命題，則水與輕氣淡氣的質量已不同，水雖可由輕氣淡氣合成，但畢竟已非同樣性質，故其斷案仍是不成立的。〔註186〕總之，梁氏特別提出「法式」之意即是要證明《墨》學論說無一處不由理則邏輯所檢驗，亦以此證明其《墨》學研究係存在科學方法。

第三爲「應用」。梁氏承認《墨子》的諸多內容並非一味放諸空言，而是能經過重重的檢驗、實證才以闡明，舉凡《墨》學之「天志」、「非攻」、「兼愛」、「節用」、「尚賢」等一切學說，甚至屬於道德論、自然科學思想皆然，而《墨》學論說的目的也在於經由縝密檢驗以應和生命實踐，梁啓超言：「墨子一書全體皆應用論理學，爲精密之組織，前所臚舉兼愛說，其稍繁重者也。自餘諸義，亦罔不用之，若悉舉之，則全書皆是。」〔註187〕據此則《墨》學之全部內容莫不在於「應用」，其的鵠在於能與現實生命接軌，而使道德、生命之意義得到一合理的詮解，此「應用」的實際例子本文於後一節有專文論說。

第四爲「歸納法之論理學」，梁氏除認同墨辯的法式與應用，亦比較其中「演繹法」與「歸納法」之優劣。梁氏認爲《墨》學除了俱備「演繹法」的思考，亦有更進一步有「歸納法」的運用，故與近代西方邏輯思想理念相合，其云：

> 欲言墨子之歸納論理學，不可不先明此學之性質。泰西之論理學，
> 遠導源於希臘之亞里士多德，而其歸納派論理學，則發軔於英國之
> 倍根，自歸納派興，而前此舊派，以演繹派之名別之，歸納法與演
> 繹法之相異安在。演繹法者，據總以推分，歸納法者，由分以求總。
>
> 〔註188〕

西方自希臘時代以來，雖有「演繹法」的邏輯思想，但其推論的觀點仍非完善，直到十七世紀的倍根發明與推廣「歸納法」的運用，從此開啓西方的啓蒙運動與科學研究，也造成近代自然科學與人文科學研究的勃興。倍根自言「對於發現與論證科學方術眞能得用的歸納法，必須以正當的排拒法和排除法來分析自然，有了足夠數量的反面事例，然後再得出根據正面事例的結

〔註186〕《墨子之論理學》收入《無求備齋墨子集成》，頁60～61。
〔註187〕《墨子之論理學》收入《無求備齋墨子集成》，頁65。
〔註188〕《墨子之論理學》收入《無求備齋墨子集成》，頁68。

論。……我們還不要把這種歸納法僅僅用於發現原理，也要把它用於形成概念。正是這種歸納法才是我們的主要希望之所寄托。」〔註189〕倍根企圖由「歸納」的方式革變神學時代以來的學術研究，故其標榜科學、經驗、實證欲取代主觀、先驗、迷信的學問，倍根認爲經由「歸納」法的研究實可尋求眞實的概念與原理（屬於唯物論哲學或科學方面），是探索知識的重要法門，其推舉歸納法也帶動了自希臘時代以來西方著重演繹法之外的革新。大抵「歸納法」是由諸多特殊事例以規納出一普遍原理，而「演繹法」則是由普遍的事項推導出特殊的事例。梁氏曾經以行星繞日爲例說明演繹法與歸納法之差異，其以三段論法爲論證工具，其指出：

> 歸納法與演溢法之相異安在？演繹法者，據總以推分，歸納法者，由分以求總，今舉其例。如云：凡繞日者，皆行星也。地球繞日者也。故地球行星也。此演繹法也。如云。金星者，行星也，繞日者也。木水火土星乃至天王海王星，皆行星也，繞日者也。今地球亦與彼七，全同一現象也，故地球亦行星也，繞日者也。此歸納法也。
> 〔註190〕

故演繹法是爲據整體之現象以推論分殊，歸納法反之，梁氏以爲演繹法只能達到語言文上的推理，而無法進一步依據實際驗證成爲有效結論。比如以行星繞日的三段論法來看，則演繹法把一切邐日者皆視爲行星，而地球在繞日者行列，故亦是行者。但如何理解一切邐日者皆行星仍是一問題？或有可能繞日者是爲慧星或流星殞石、或矮行星（是爲繞日的天體，但少去行星的部份功能）。因此這種演繹結論，反不如先歸結太陽系之木水火土等星之特性，再判定地球與其同度而爲行星之有可信度。

蓋梁氏也較之認同累足成步的歸納實證，其又言：「如吾心中欲提示一原理，未敢遽自信也，乃即凡事物諸現象中，分別其常現之象及偶現之象，而求其所以然之故。反覆試驗，參伍錯綜，積之既久，則能因甲知乙，必見有一現象與他現象常相伴而不可離者，夫然後定理出焉。」〔註191〕故歸納法不是由一大前提的假設而論證，而是反覆試驗當前證據，在積累的條件下論斷其結果，固然歸納法有樣本數量的統計問題，但比之演繹法著重推斷，則歸

---

〔註189〕《新工具》，頁89。
〔註190〕《墨子之論理學》收入《無求備齋墨子集成》，頁68。
〔註191〕《墨子之論理學》收入《無求備齋墨子集成》，頁68～69。

納法顯然更重視實證層面。因此可以說，演繹法的缺點在於武斷太過，而歸納法可能因樣本不足，使結論與眞實頗有差異，但歸納法在一一證據下至少可推論出全部或一部份眞實，此亦演繹法所無法比擬。

梁氏又以爲《墨》學能兼備歸納、演繹兩法的特點，而以歸納爲論證的依歸，故《墨》辯於反覆論證下，亦符合科學研究方法。其以〈非命上〉、〈非命中〉的「三表法」爲例。〔註192〕云：

> 第一法「甲，考之於天鬼之志；乙，本之於先聖大王之事」。
>
> 第二法「甲，下察諸衆人耳目之情實；乙，又徵以先王之書」。
>
> 第三法「發而爲刑政，以觀其是否能中國家人民之利」。
>
> 右三法中，其第一法之甲，第二法之乙，皆數演繹派。其第一法之乙，第二之甲，與第三法皆屬歸納派論法也。是故墨子每樹一義明一理，未嘗憑一己之私臆以爲武斷也。必繁稱博引，先定前提，然後下其斷案。〔註193〕

以爲「三表法」所採取的「考之於天鬼之志」、「又徵以先王之書」係演繹用法，此蓋梁氏把天鬼、先王的用法視爲「語言文字之法」一類，而不能視爲一明確的證據；而「本之於先聖大王之事」、「下察諸衆人耳目之情實」、「發而爲刑政，以觀其是否能中國家人民之利」則能由實際作檢驗，故終能列爲歸納之條件，以求出一合理的斷案。故梁氏於此亦贊同「歸納論法」爲《墨》學的重要方法論，因此「墨子以純用歸納論法故，故以歷史學及物理學爲一切學說之根原，……近代學者，固往往以西人科學，比附而證明之。」〔註194〕這也說明，梁氏認爲《墨》學的高明之處是能運用歸納法於自然與人文思想等範疇，甚至是可與西學相比擬，因此《墨》學係一著重歸納法之論理學。從此說，梁氏對於《墨》學方法的理解有三點可留意，第一，梁氏比較演繹法、歸納法，以爲歸納法著重客觀故優於演繹法；第二《墨》學演繹法、歸納法兼備，但更留意歸納法的運用；第三，《墨》學的標準依據與演繹或歸納

---

〔註192〕「三表法」根本上是《墨》學判斷是非的內容依據，「言必立儀」則是《墨》學論說必依據標準儀法，所謂「三表」即是在固有根本、來源指向、實際運用等三個層面尋求標準。而梁氏以「三表法」與歸納、演繹作會通，則歸納、演繹法的推論也與《墨》學所持守的標準依據同理。

〔註193〕《墨子之論理學》收入《無求備齋墨子集成》，頁70。

〔註194〕《墨子之論理學》收入《無求備齋墨子集成》，頁70～71。

法有所相涉，且《墨》學也是經由這些「儀法」而達到「繁稱博引，先定前提，然後下其斷案」的程序，故《墨》學的辨證方式或可與近代科學方法作一聯繫。

總言之，梁氏以爲《墨》學經由這種演繹法與歸納法的論證，實不亞於古代西方的亞里士多德的演繹邏輯，而部份理念更與當代科學研究亦有部份理念合同。固然《墨》學仍有許多主觀太過或不成系統的申辯，但比之邏輯思想於十七世紀方成熟的西學，《墨子》則能包舉其演繹與歸納用法，故仍有諸多可取之處。梁氏自言：「墨子之論理學，其不能如今世歐美治此學者之完備，固無待言。雖然，即亞里士多德（論理學之鼻祖也），其缺點亦多矣。寧獨墨子？故我國有墨子，其亦足以豪也。若夫惠施、公孫龍之徒，以名家標宗，其實乃如希臘之詭辯派。」〔註 195〕從此說，則梁氏以爲《墨》學已發展出高度的邏輯思維，其詳細或未必如近代西方邏輯學之細膩，然其《墨》學所運用之方法實已包舉西方古代與近代邏輯學說的部份概念，故對於中國古代的人文科學發展是爲一重要指標。

梁氏有一段話可以用以論證其認同之「科學」與《墨子》論理學的關係，其言：「所謂科學精神，不外發明事物公共法則拿來應用；怎樣的發明，怎樣的運用，卻是靠論理學。演繹的論理學，是把同法的推到同類；歸納的論理學，是從同類中求出同法。」〔註 196〕誠如梁氏所認同，墨學係「至其應用彼之論理學，以立種種之前提武斷」，故墨家之論理學乃在於以演繹、歸納方式而達到實踐與應用，故與近代科學研究實有一致處，因此墨家論理學之「法式」、應用或可視爲中國古代科學的重要發展。〔註 197〕至於梁氏如何調解此墨家論理學之用，則可由其「兼愛」、「利用」、「天志」的範疇所尋求，見下節。

## 四、《墨》學邏輯之應用論說
### ──以「兼愛」、「利用」、「天志」爲例

梁氏以爲，《墨》學並非純粹的學術思辨，其內容亦著重現實上事物之實踐，故俱備實用色彩的兼愛、利用、非攻論說也可運用邏輯學的「法式」、歸納論法作一析辨。俞樾爲孫詒讓《墨子閒詁》作序時嘗言：「墨子則達於天人

---

〔註 195〕《墨子之論理學》收入《無求備齋墨子集成》，頁 63。
〔註 196〕《墨子學案》，頁 113。
〔註 197〕《墨子學案》，頁 134。

之理，熟於事物之情，又深察春秋戰國百餘年間時勢之變，欲補弊扶偏，以復於古，鄭重其意，反復其言，以冀世主之一聽。」〔註198〕此可證明《墨》學非但探索屬於「天志」、「明鬼」與「兼愛」的「天人之理」，對於現實上的「事物之情」、「時勢之變」的利益亦關切之，故可以說《墨》學於天人思想、道德論、致用思想上皆頗有可觀處。

梁氏以爲《墨》學之建構「天人之理」、「事物之情」、「時勢之變」等學說，是欲經論理學的申辨而提供一合理思路，梁氏在《墨子之論理學》專立「應用」一節，用以論述邏輯方法於《墨》學之運用，其云「墨子之論理學，非以騁辯才也。將據之以研究眞理，而樹一堅確不拔之學說也。」〔註199〕論理學既然能爲眞理研究提供方法，則《墨》學的「兼愛」、「天志」、「節用」、「明鬼」等論也可由此論理思想所析釋，故梁氏提出「兼愛」、「天志」與論理學有所干涉，此並非無所依據了。

梁氏舉「兼愛」爲例，說明「兼愛」於論理學可分判爲三義。「兼愛」大抵爲《墨》學論說的基礎，墨子提出「兼天下而愛之，撽遂萬物以利之」的旨趣，其用意在於使天下之人愛人又愛己，故「兼愛」的實現便能達到一人人相愛和諧社會，蓋「兼愛」亦是天下之大利。梁氏此以三個理念說明此「兼愛」之合理性，其舉出〈兼愛中〉、〈兼愛下〉、〈小取〉、〈大取〉的「兼愛」說爲例，言：

> 今爲演其圖式，其第一義，則「彼人而我愛之者，愛人之界說也。」「今我所謂愛人，限於某部份而不周也。」「故我所謂愛人，非愛人之界說也。」……其第二義，則「凡人者我所愛也。」「己者人也。」「故己者我所愛也。」……「第三義，謂愛己者，是以利害問題明兼愛義也。」〔註200〕

此第一義以三段論法論說，企圖說明「兼愛」才是唯一「愛」人的界說，而選擇對象不周延的愛人，並非是「愛」人，可知《墨》學思想中的「愛」人是爲「兼愛」，非一般意義上的「愛」人。第二義則說明愛人也是愛己，我（己）既包含於「人」的概念中，則愛他人也是愛己，此誠屬於演繹用法，以泛愛所有人而推論於己，故愛人亦愛己。第三義則說明只「愛己」者並非眞「愛

---

〔註198〕孫詒讓：《墨子閒詁》收入《新編諸子集成》，第六冊，頁1。
〔註199〕梁啓超：《墨子之論理學》收入《無求備齋墨子集成》，頁63。
〔註200〕《墨子之論理學》收入《無求備齋墨子集成》，頁63～64。

己」，此干涉於《墨》學的「利用」關係，也就是說，眞正符合全體利益者，在於兼愛眾人，除此外皆爲害己。此命題所導出的「利用」思想，是一種訴諸周全的「兼愛」，也就是不能兼愛即是害己，能夠兼愛即是利己，梁氏舉〈魯問〉「利於人之謂巧，不利於人之謂拙」爲例，證明愛己者非眞愛己且是害己，其以四疊的三段論法言：

> 「己之利者，愛己者所目的也。人人愛我者，己之利也。故人人愛我者，愛己者所目的也。」……一。

> 「不愛人者，人未有愛之者也。愛限於己者，不愛人者也。故愛限於己者，人未有愛之者也。」……二。

> 「人不愛我，己之害也。不愛人，人必不愛我也。故不愛人者，己之害也。」……三。

> 「害己者，非愛己之人也。愛己者，適所以害己也。故愛己非爲愛己之人也。」……四。〔註201〕

第一式表達了愛己者實在於利己，而最大利己則在於人人愛我，人人愛我即是愛己者最大的利益。第二式則以爲，不愛人者人亦不愛之，故只有愛己者便得不到他人關愛。第三式則直接闡述人不愛我是害己，人不愛我實在於我先不愛人（不兼愛），因此不兼愛者便爲己之害。第四式則爲不兼愛則害己的結論，蓋不兼愛即是害己，害己便是不愛己，因此《墨》學認定下的利己愛己也必須利人愛人（兼愛），因此只有單單愛己者也不能算是利己。從此說我愛人人、人人都愛我才是愛己，愛人必須兼愛不能私愛，不愛人就是害己，梁氏總結這些《墨》學觀點，而以爲唯有實現「兼愛」才是眞正愛己利己，除此外不周全有條件的愛人都不能算愛人。雖然，此論或有陷入一論說的謬論，即如何知道「人人愛我」？且人人中如有一人不愛我亦如何得知？顯然此四疊論法屬於演繹推論，頗有尋求語言文字上理解的意味在，但如何實現又是一問題？不過，如單以學理而論，這些論證則更明確的表達《墨》學的兼愛、利用之關係，對於《墨》學思想的擴充有更一步推波助瀾的作用。

再次，梁啓超也認爲「天志」說可反溯於論理學的推論。其舉出〈天志〉上中下三篇的理念進行分析。此大概視義行爲「天志」所出，故「天志」爲一道德實踐的推行者，並具有審查天子百姓言行善惡的能力，梁氏以三疊三段論法論之，曰：

───────────
〔註201〕《墨子之論理學》收入《無求備齋墨子集成》，頁65。

> 大前提……天下有義則生，無義則死，有義則富，無義則貧，有義
> 　　　　　則治，無義則亂。
>
> 小前提……然則天欲其生而惡其死，欲其富而惡其貧，欲其治而惡
> 　　　　　其亂。
>
> 斷　案……此我所以知天欲義而惡不義也。」
>
> 大前提……義必從貴者知者出。
>
> 小前提……然則孰爲貴孰爲知？曰：天爲貴天爲知而已。
>
> 斷　案……然則義果自天出矣。
>
> 大前提……
>
> 小前提……天子爲善，天能賞之。天子爲暴，天能罰之。吾未見天
> 　　　　　之祈福於天子也。
>
> 斷　案……此吾所以知天之貴，且知於天子矣。〔註202〕

第一式表達了「天志」趨向義而惡不義，首先大前提爲天下有義則生、無義則亡的思維，「愛生」、「惡死」、「愛富」、「惡貧」作爲「媒詞」，「天志」因愛生惡死、愛富惡貧，故可以從此推斷「天志」是嚮往「義」，而惡「不義」的，此爲演繹論法。第二式則推論「義」由「天志」所出，其論證凡出「義」者爲貴者知者，而最貴最知者爲「天」，故「義」終爲「天志」所出。第三式則無大前提，所直陳以小前提爲主，以爲天有賞善罰暴天子的能力，天子必須向天祈福，而非天向天子祈福，因此天的高貴智慧實高於天子無疑。梁氏以爲第三式雖無大前提，不過在論理學中無大前提者並非特例，論理學中「本有省段之法」。〔註203〕也就是可以從直陳文字中判斷是否有隱語或省語，故第三式的論法仍是成立的。從上述積累三式中可以理解，一者「天志」善善惡惡摒除不義之事，故「天」有好善厭惡意的意志明矣。再次，高貴義行係由「天志」所出。第三，「天志」的地位遠高於天子，唯有天子向「天」祈福可證之。從此說，則「天志」係人間最高權威，有賞善罰惡思維，且爲天下道德的根據是成立的，此也進一步映證了《墨子》最高「人格神」的立論，且以「天志」爲「儀法」的學說。

　　總上述言之，則梁啓超認同《墨》學的實踐，有法式與邏輯思辨的分析

---

〔註202〕《墨子之論理學》收入《無求備齋墨子集成》，頁66。
〔註203〕《墨子之論理學》收入《無求備齋墨子集成》，頁66。

是顯明的，法式與邏輯理論的應用也成爲《墨》學立論的依據，故《墨》學的種種論說並非憑空臆測，大抵有經過邏輯的推演與思辨過程。不過，有研究者針對《墨》學重實際的面向而質疑其論是否存在抽象的推演與分析，如林育德《梁啓超墨學研究》言：「梁啓超點出墨家邏輯的缺點，即是不求推理形式的公式化與形式化，原因乃在於墨家邏輯注重的是現實目標的追求，即推理的實質內容和說服效果，而不是對推理作抽象思考及形式分析。」〔註204〕此說顯然有對梁氏《墨》學誤解，《墨》學雖有尋求務實與致用的面向，然其種種作爲皆必先經過邏輯思辨的驗證，也就是合乎其法式、儀法，必以墨辯規範尋求其論述之理路，故梁氏乃謂墨辯之思意在於「據之以研究眞理」，屬於道德的、神學的「兼愛」、「天志」、「明鬼」範疇，其本質實不可捉摸揣度，然梁氏根據西方邏輯學論述其內容，正欲爲《墨》學的抽象面與實務面的聯繫以別開一門徑，如此來說《墨》學並非無抽象思考，該學係取材於抽象與實質兩端，雖然對抽象思考之闡發其目的在於實用，以至於不易爲研究者所留意。且墨辯的撰著要旨本在於「明是非之分」、「察名理之實」，其內容多有駁斥名學之辨，且探討名稱、概念、類別邏輯處亦不在少處，固然《墨》學有其致用與救世之弊的考量，然其天志、兼愛、非命之論，實際皆以論理學爲立論根本，故《墨》學天志、兼愛之提出於歷史上並無實現過，所謂「不是對推理作抽象思考及形式分析」觀點實是可再進行商榷的。

## 五、小結

據上述而論，則梁氏欲會通《墨》學與西學的範疇是顯明的，《墨學微》做爲梁氏於晚清之《墨》學著作亦有其可觀處，本文認爲梁氏前期的《墨》學研究三個趨向可留意：

### （一）梁氏《墨》學所闡發的新文化觀點、科學應用與清末民初思想界有所聯繫

梁氏對《墨》學的研治實爲其學術研究的一個縮影，梁氏《墨》學包含政治學、社會學、經濟學、神學、理則學、科學等思想命題，可說其《墨》學研究與當代的新文化、科學觀點實緊密聯繫。

---

〔註204〕林育德：《梁啓超墨學研究》（雲林，雲林科技大學資料整理研究所碩士論文，2008 年），頁 89。

梁氏以爲，先秦《墨》學之申論政體制度問題，是爲中國「開明專制」論先驅，如梁氏在 1905 年發表的〈釋開明專制〉一文自言：「吾國先哲，儒家、道家、墨家、法家，皆好爲政談，惟道家主張非專制主義，儒、墨、法三家，皆主張開明專制主義。而三家之中，儒、墨皆以人民利益爲標準，法家則以國家之利益爲標準。」〔註205〕所謂「開明專制」係爲西方君權制度下之產物，但此制度不以君主獨裁爲要點，而是標榜在君權之下，人民有更多的社會權益與平等、言論自由，故「開明專制」也影響近代西方的「啓蒙運動」，如思想家霍布士、盧梭、俄國的凱撒琳二世、普魯士的腓特烈二世皆爲西方「開明專制」的代表人物。梁氏則以爲「開明專制」思想中國自古有之，如儒家孔子的「天生民而立君，……豈其使一人肆於民上」、孟子「保民而王」皆俱備「開明專制」的觀點，墨家則以「尚同」、「尚賢」爲主張，但實際上《墨》學對於群眾的關懷在於「兼愛」，亦講求社會實利，此乃以民眾之全體利益爲標的。〔註206〕據此而論，梁氏亦鼓吹當代君主可以開明統治的態度執政，一來國家能避免專制制度的弊端，二來能建立平等的法律制度，而此與康、梁當時所認同的「君主立憲」思想實不謀而合，故可知梁氏之治諸子學、西學，其用意仍在於對當代的政治、社會、文化思想進行申論，胡適亦言：「中國的新文化運動起於戊戌維新運動。戊戌運動的意義是要推翻舊有的政制而採用新的政制。後來梁啓超先生辦《新民叢報》，自稱『中國之新民』，著了許多篇〈新民說〉，指出中國舊文化缺乏西方民族的許多『美德』，如公德、國家思想、冒險、權利思想、自由、自治，……這樣推崇西方文明而指斥中國固有的文明，確是中國思想史上的一個新紀元。」〔註207〕胡適亦認同梁啓超對於當代政治界與思想界的影響力，梁氏提倡的「自由」、「公德」、「群治」、「實利」觀點實渲染晚清民初時代的國家社會，而梁氏所倡議的社會改革亦可求索其《墨》學研究，此也符合梁氏所謂「學術之勢力左右世界」之宗旨。

故單以學術而論，梁氏的諸子學研究也間接或直接影響當代思想界，錢穆《國學概論》言：「前東大教授柳翼謀有〈論近人講諸子學主之失〉一文，謂近日學者喜談諸子之學，浸成風器。……因舉章炳麟〈諸子學略說〉，胡適

---

〔註205〕梁啓超：《梁啓超全集》，第三冊，頁 1456。
〔註206〕《梁啓超全集》，第三冊，頁 1456。
〔註207〕胡適：〈新文化運動與國民黨〉收入《新月月刊》第二卷第五號（上海，1929年），頁 6～7。

〈諸子不出王官論〉，梁啓超〈中國古代思潮〉諸篇所論，歷加駁難。其言頗足以矯時弊。然清儒崇經之風，實自三人之力而變。學術思想之途，因此而廣。」〔註208〕從此說，章、梁、胡氏對於諸子學的用力，也影響清末民初「文明進化」的脈絡，蓋梁氏以諸子學導入社會群治甚至人倫生命的層次並非是無據的。

### （二）梁啟超的《墨》學研究與西方的科學、邏輯學有一定的聯繫

如前所論，梁啓超的《墨》學研究與西學之科學觀、邏輯觀有所干涉，或說梁氏乃特意以西學範疇比附之。如梁氏認為《墨》學所依據的「三表法」與近代社會科學的研究方法近似，其言：「凡事都要原察耳目之實，就是科學根本精神。就是那第三表的推論法，也是要看他是否『中國家百姓人民之利』，這就不是空泛的推論了。所以墨家言可算得徹頭徹尾的實驗派哲學。」〔註209〕《墨》學中以實驗論證者，比如《墨經》的光學、力學與工藝機械創作（造梯、造柱、五行無常勝論等），此與近代物理學或有相應處，都是需通過耳目手工的驗證，梁氏從此析辨以為《墨經》之地位「與今世所謂科學精神相懸契者」，此也間接承認先秦《墨》學已萌興了近代科學文明之部份觀念。

而梁啓超採取西方邏輯學觀點探究墨辯亦是顯明。如其專立「釋名」一節，便以為《墨》學的十三個專有名詞，大抵可以西方邏輯學加以會通，而其「法式」、「歸納法」、「演繹法」之說，與西方邏輯學的範疇亦有所干涉。其《墨子之論理學》、《墨子學案》、《墨經效釋》所析論的名辨法式則與西學有頗多近似處，梁氏自言「墨經論理學的特長，在於發明原理及法則，若論到方式，自不能如西洋和印度的精密。但相同之處亦甚多。」〔註210〕此也表明了梁氏認同《墨》學與西方邏輯、印度因明有頗多近切之處，故由對《墨》經的析論而進一步會通西方邏輯學之脈絡，是為梁氏撰著之要旨也。

不過亦有學者認為先秦名學不能視為有系統的邏輯思辨，如民初王國維便以名家思想為例極力反對中國古代已出現系統性的邏輯學，其〈論新學語的輸入〉：

> 夫戰國議論之盛，不下於印度六哲學派及希臘詭辨學派之時代，然在印度，則足目出，而從數論音論之辨論中抽象之作而作因明

〔註208〕《國學概論》，頁325。
〔註209〕《墨子學案》，頁89。
〔註210〕《墨子學案》，頁107。

學，……希臘則有雅里大德勒自衰里亞派詭辨學派之辯論中抽象之
而作名學。而在中國，則惠施、公孫龍等所謂名家者流，徒騁詭辨
耳，其於辨論思想之法則，固彼等之所不論，而欲其所不欲論者。
故我中國有辨論而無名學。〔註211〕

此說爲王氏比較中西方邏輯思想的特點，其以爲希臘、印度哲學重抽象思維，
故能發展出著重思辨的邏輯理論。而先秦諸子雖有名家之流，但如惠施、公孫
龍皆以言辭的詭辯爲旨趣，故終不能出現如西方邏輯學的系統架構。王氏
之言有部份觀點是值得參考的，然唯以惠施、公孫龍的「騁詭辨耳」而謂中
國自古無「名學」，則非持平之論，且王氏並未提及墨學思想。客觀的說，縱
使先秦雖未必已有完全的邏輯學系統，然有邏輯思想之萌興則爲一事實，如
章太炎撰《國故論衡》便以墨辯、西方的邏輯學、印度因明學比較之，其〈原
名〉篇云「印度之辨，初宗，次因，次喻。……〈墨經〉以因爲故。其立量
次第，初因，次喻體，次宗，悉異印度、大秦。……大秦與墨子者，其量皆
先喻體後宗。先喻體者無所容喻依，斯其短於因明。」〔註212〕以是墨辯與因
明學、古希臘羅馬邏輯學實有同有異，章太炎分解其中句型的法式，進而判
斷三家論說之優劣。章氏大抵以爲墨辯不如印度因明學來的精密，然其中的
邏輯推論並不相違，而此說也應和梁啓超的識見，也就是「墨經殆世界最古
名學書之一」的呼籲了。〔註213〕

## （三）梁氏《墨》學所提出之科學觀與邏輯思維皆呼應墨學之 「應用」

如前所論，梁啓超以爲《墨》學的邏輯運用，大抵可由其中「兼愛」、「利
用」、「天志」的議題推敲。梁氏也以爲《墨》學是以論理學爲立論根本，其
著重邏輯辭語、法式的運用，又以三段論法結合「天人之理」、「事物之情」
的範疇，而導出一歸納法、演繹法的脈絡，可知梁氏《墨》學實重視論理學
的「應用」層面。如梁氏所自言：「以上各義紬繹原書，無一不以論理爲樹義

---

〔註211〕王國維著、佛雛輯：《王國維學術文化隨筆》（北京，中國青年出版社，1996
年），頁13。

〔註212〕章炳麟：《國故論衡》收入《章太炎卷》（河北，河北教育出版社，1996年），
頁115～116。

〔註213〕梁啓超：《墨經校釋》收入《無求備齋墨子集成》（臺北，成文出版社，1975
年），第十九冊，頁1。

之原。」〔註214〕故《墨》學之一字一義皆不違離論理學的範疇，其中的事物、制度、學說亦是諸多邏輯思辨的集合。胡適論《墨子》「三表法」也說：「上章講的，是墨子的哲學方法。本章講的，是墨子的論證法。上章是廣義的『邏輯』，本章是那『邏輯』的運用。」〔註215〕因此不論《墨》學於社會文化或科學之求眞或求實，則必須由此論理學所規範，胡氏認爲其中「邏輯」之運用也是「墨子哲學方法論」的成立。〔註216〕此觀點也導出《墨》學或有近切近代人文科學的研究方法。

　　總上述而論，梁啓超之《墨》學研究所干涉的層面相當廣泛，其中識見也直接或間接影響清末民國的中西學術會通與社會、文化、學術思想，以是其群治、新民、公德、自由等思想皆有《墨》學思想的渲染，故梁氏《墨》學所開展的「實利」思想與當代社會亦有干涉。余英時撰〈我所承受的「五四」遺產〉一文，也以親身經歷爲例，認爲五四時期的「求知」精神，對於抗戰後的知識界仍有相當之感染力（大概爲城市或文人階層），其言：「現在回想起來，大概梁啓超給我的影響最深，胡適次之，……梁啓超和胡適的影響主要也限於中國學術傳統方面。梁啓超『筆鋒常帶感情』，他一方面批判舊傳統，一方面又激動讀者熱愛中國文化，……他的熱情似乎偏向於『求知』的一面。……現在回想起來，『五四』對我的影響大概以『求知』這一點爲最深。」〔註217〕梁啓超思想的求知、求眞精神對於晚清民國的社會文化不可謂無有影響，其所倡議的新民、道德、科學亦多有援取自《墨》學，因此梁氏《墨》學的價值與意義對於近代中國之學術思想是無可忽略的。

## 第三節　劉師培之先秦學術史觀與附會西學的「民約」　　　　思想

　　劉師培（1884～1919 A.D）可視爲清代學術之殿軍，其以研治經學、小學、史學名於當世，其先祖劉文淇、劉毓崧皆爲經學名家，以治左氏學聲名當時，劉師培亦頗受渲染，其學術終以闡明古文經學、保存「國粹」爲指歸。劉氏

---

〔註214〕《墨子之論理學》，頁 68。
〔註215〕《中國哲學史大綱》，頁 170。
〔註216〕胡適以爲《墨》學之求眞、求實大抵以名理辨證爲基礎，故其謂《墨》學的「邏輯」運用爲「墨子哲學方法論」。見《中國哲學史大綱》，頁 165～167。
〔註217〕余英時：《中國文化與現代變遷》（臺北，三民書局，1995 年），頁 91。

在治古文經學之餘亦研究先秦諸子，其晚期則稟持以儒爲宗的理趣，其云：「孔門學術大而能博，豈儒術一家豈盡哉。……古代學術操於師儒之手。」〔註218〕特意提高先秦儒學於諸子九流的地位，以爲孔子能兼容諸子之術，與道、墨、法家、名家之學皆有干涉，因此「師儒」之博大學問便得以「操古代學術」。從此說，劉師培研治先秦學術終不違離乾嘉儒者以儒爲宗的觀點，「治子通經」亦是其斠補諸子學的理念。

不過，早期的劉氏受到晚清「新學」的影響，亦能夠接受西學的諸多觀點，其雖未必全然同意西學的說法，然實能致力於中西會通而進行古學與西學之比較與闡釋。劉氏對於先秦諸子的申論有二類可留意，第一類是由考據訓詁著手的著作，如《老子斠補》、《老子韻表》、《莊子斠補》、《荀子補釋》、《墨子拾補》等書，此類與乾嘉王念孫的《讀書雜誌》、道咸俞樾的《諸子平議》觀點並無二致，誠爲錢穆所言：「清儒研究群經，於諸子即多所董理，校勘訓詁，卓著成績。」〔註219〕劉氏家學以古文經學聞名，故亦稟持乾嘉考據學風的特色，此部份無異是把治子視爲經學的輔助了；第二類以會通中西之學爲旨趣，如其《國學發微》、《周末學術史序》、《中國民約精義》、《左盦外集》等書皆然，此類著作多有通過西學觀點論說，並能與當代政治、社會、致用思想作結合。〔註220〕劉氏亦嘗自言先秦諸子可與西方學術作一比較，曰：「《荀子·非十二子篇》論諸子學派頗詳，即荀子所言觀之，知周末諸子之學派多與西儒學術相符。比較而觀，可以知矣」〔註221〕蓋劉氏由《荀》學的〈非十二子〉發微，稱墨家頗近於希臘的「什匿克學派」（今稱犬儒學派），而名家的惠施、鄧析則近於西學的詭辯學派，子思、孟子一脈與蘇格拉底之學近切，此說雖有諸多可議之處，然其特意以西學會通古代學術的企圖是顯明的。

再次，劉氏前期治學亦重視政治、社會思想，其所撰著的《中國民族志》、《古政原論》、《古政始原論》，對當代的民族、政治思想頗有議論，可知劉氏實能以學者之姿而關切政治、社會發展，進以影響當代學術界。本文以劉師

〔註218〕劉師培：《國學發微》收入《劉申叔遺書》（南京，鳳凰出版社，2010 年），上冊，頁 478。

〔註219〕錢穆：《國學概論》（臺北，臺灣商務印書館，1998 年），頁 318。

〔註220〕依據錢玄同對劉氏著作的考察，《劉氏遺書》雖匯集於民國期間，然而其中《周末學術史序》著於民國前七年，《中國民約精義》著於民國前九年，《古政原論》、《古政原始論》著於民國前七年，皆屬於晚清著作，故本文所論述之劉氏諸子學大抵以其晚清作品爲主要。

〔註221〕《國學發微》收入《劉申叔遺書》，上冊，頁 479。

培的諸子學所涉及的「民約」思想與先秦諸子源流論說爲研究範圍，通過其
學術之「原理」與「作用」的考察，論述其前期學術研究的創新價值。〔註 222〕
所謂「民約」思想與先秦諸子源流論說大致體現了劉氏中西學術會通之觀點，
與當代新學研究亦有淵源，故可爲學界留意之。

## 一、劉師培研治諸子學的創新與保守態度

劉師培的學術思想大抵可分爲二期，據錢玄同之分判：「余區劉君之思想
及學問，爲前、後二期。自民元前九年癸卯至前四年戊申爲前期；自民元前
三年己酉至民國八年己未爲後期。」〔註 223〕劉氏的前後期思想實際上也影響
其著作態度，此也可由其歷來行事作一探究。劉氏前期受到章太炎、蔡元培
與國民革命影響，具有濃厚的民族意識與反滿思想，《中國民族志》自言「有
民族之競爭，然後有排外之思想。……故聖賢垂訓以攘夷爲不世之功」，其尊
漢排滿思想實溢於言表，而其東進日本亦爲躲避滿清的搜捕。〔註 224〕故劉氏
前期學術有西學之渲染故較之開明，除提倡國粹外，亦能包容當代西方政治
思想與社會學改革的識見，或議論民約制度，或提倡無政府思想，其觀點頗
爲新穎。然而民國前五年以降，劉氏由日本回國，其政治思想則逐漸轉變，
同年劉氏同革命黨分裂，歸國後應清督撫端方之邀擔任幕僚，反而贊同帝制，
之後甚至認同袁世凱稱帝，此時期其思想轉趨保守，已不復談前期所提倡的
民族思想與民主改革。而此轉變亦可從其所撰著的政治學、社會學、諸子學
著作探尋。本文則以其前後期研治諸子學的識見爲論說，如下。

### （一）劉師培前期研治諸子的學術理念

本文以爲劉氏前期治子俱備創新意義，故可與當代新學脈絡相結合，或
說劉氏前期的治學態度與其經歷亦有干涉。劉氏早年嘗投身革命事業，其交
友如章太炎、蔡元培等儒皆爲當代新學的先驅，故其學術亦有創新的特色，

---

〔註 222〕劉氏以爲西人之學亦有形而上與形而下之分，故有「原理」與「作用」之別
　　　　異，其云：「周末諸子之學有學有術，學也者，指事物之原理言；術也者，指
　　　　事物之作用言也。今西人之書皆分學與術爲二分。」其說大抵以爲先秦學術
　　　　的形上、形下範疇亦可經由西學而會通，以是認同西學之「原理」與「作用」
　　　　方法與中學所謂之「道」、「器」是近切的。見《國學發微》收入《劉申叔遺
　　　　書》，上冊，頁 480。
〔註 223〕《劉申叔遺書・總目》，上冊，頁 7。
〔註 224〕《中國民族志》收入《劉申叔遺書》，上冊，頁 600。

且俱備濃厚的民族意識與反滿思想。劉氏在此種學術氛圍下，亦認同中西學術會通的脈絡，其研治諸子學則積極調和西學的諸多觀點，以爲先秦諸子學的倫理、經濟、名辨思想可經由西學的思路發微。劉氏前期之學術思想有兩個面向可留意，一來闡揚民族精神，以保存漢民族文化傳統爲己任，其反滿思想亦萌發於此；再者俱備創新意義，其中西學術會通的觀點也呼應了當代「新學」研究之理路。錢玄同對於劉氏的評論頗爲中肯，可參考之，錢氏言：

> 劉君初名「師培」，前九年癸卯至上海與章太炎、蔡孑民諸先生相識，主張攘除清廷，光復漢族，遂更名「光漢」，用「光漢」之時期約有五年。爲前九年癸卯夏至前四年戊申秋也。但自前五年丁未秋至前四年戊申秋思想變遷，喜言無治。……因劉君之更名『光漢』，實有重大之意義，在用此名之時期，劉君識見之新穎與夫思想之超卓，不獨爲其個人之歷史中，最宜表彰之一事。即在民國紀元以前二十餘年間，有思想之國學諸彥中，亦有其高之地位。〔註225〕

「光漢」爲劉師培於民國前九年至前四年所用之名，有光復漢族的用意，大抵晚清末期滿人官僚制度腐敗，中國在經歷多次戰亂與不平等合約後，社會殘破潦倒，學人眼見諸多弊端也多有改革或反滿之意，劉師培前期所撰寫的《中國民族志》、《攘書》等書也宣揚漢族攘夷之志，其言之：「況滿族當近世以來，守漢人強滿人亡之訣，日思侵削漢人，而漢人受其壓制者，至今不覺耶！……此民族主義之世，存亡之機，間不容髮，是在漢族有以自擇耳。」〔註226〕此強調漢族需脫離滿人統治而恢復政治上自主，劉氏大抵藉史的觀點宣揚漢夷之分，其所提出的「有一次異族之侵陵，即有一次漢族之光復，漢族亦世界偉大之民族」觀點亦可與當代「民族主義」相呼應，可知劉氏前期的學術有興漢反滿的觀點是明確的。故劉氏前期之學實能結合當代新學、政治改革思想、傳統漢學研究，錢氏評之爲「識見之新穎與夫思想之超卓」是合理的。

劉氏以經學家的身份研治先秦學術，其一反儒者尊經的觀點，反而對於先秦儒學提出諸多質疑，其懷疑儒經的權威地位，又以古史考察的觀點評判諸子九流地位平等，此在於清末民初之經學界亦屬新穎。有幾個要點可留意，第一，劉氏特意抬高先秦諸子的地位，以爲九流皆出於「史」，「史」能「總師儒之長」，故爲派生出諸子九流各家之學說。第二，對於西學與諸子思想的

---

〔註225〕《劉申叔遺書・總目》，上冊，頁5。
〔註226〕《中國民族志》收入《劉申叔遺書》，上冊，頁626。

會通不遺餘力；第三，劉氏前期之治學俱備經世致用的精神，其諸子學研究亦然。從第一點來看，劉氏本出自爲經學世家，其先以治古文經學爲事業，然劉氏前期治學則判儒道墨法皆出於史，此無異也間接承認諸子地位有平等之可能，故孔、老識見的孰優孰短仍可再議，其在《攘書·孔老篇》云：

> 《史記·孔子世家》謂孔子適周問禮，蓋見老子云。而〈老莊申韓
> 列傳〉亦言孔子適周，將問禮老子，孔出於老有明徵矣。蓋周室既
> 東，典籍舊聞於史氏，老聃以知禮宗爲柱下史，……孔學之初亦出
> 於史，以老氏爲師，觀於《莊子》所記，則孔老之學同出一源，故
> 仲尼之答門人亦多溯源於道德。〔註227〕

此說直把孔子視爲老子門下，以爲孔子的知禮通史皆是出於老子所傳，因此肯定孔學本「出於史」，而老子曾以「禮宗爲柱下史」，故孔子有「問禮老子」、「以老氏爲師」的事實。此外，劉氏亦認同儒典以外典籍的載記，以爲《史記》、《莊子》的〈德充符〉〈天運篇〉所載「孔子見老子」事跡是可靠的。劉氏此論不異是打破歷來儒家學者對於孔老問禮的申訴與質疑，畢竟孔子問禮老聃之事歷來典籍的記載仍未見精詳，故未必能證實孔子之禮學與史學盡出於老子。而劉師培世代以儒學傳家，其既然有此議論，可知其觀點實屬新穎。

劉氏在孔子問禮老子的基礎上，又更進一步提出孔子有「變教」之說，其云：「是則老子之學由經驗而反玄虛，……孔子之學由玄虛而歸經驗，……雖然，儒教之興，孔子之變教也，教旨既殊不得不諱其所自出，故《論語》一書削孔老問答之言，於言之稍近道家者，輒稟棄弗錄，而著書之旨悉與老氏懸殊。」〔註228〕此以爲孔老皆出於「史」，而老子爲周王室的史官，因此孔子適周，有學於老聃的可能，且孔門早期的問答「多溯源於道德」，《禮記》也保留多則孔老答問的紀載，故可爲孔子「以老氏爲師」的明證。但後來孔子爲更新儒學而「變教」，從此避諱老學之說，後學於《論語》中亦刪削與老子的問答，儒、道二家學說從此懸殊。觀劉氏於〈孔老篇〉、〈史職篇〉之說固然有抬高諸子學的意味在，不過劉氏以儒家後學質疑儒學源流，且批評歷代被視爲「聖經」的儒典，此在晚清的儒學界亦屬異端，劉氏在《攘書·史職篇》云：「故六藝之道憑史而存，九流之名離史而立。」〔註229〕此承認九流

---

〔註227〕《攘書》收入《劉申叔遺書》，上冊，頁643。
〔註228〕《攘書》收入《劉申叔遺書》，上冊，頁644。
〔註229〕《劉申叔遺書·總目》，上冊，頁642。

皆史，而六藝之學只是史學範疇之一隅，故不論儒道墨法皆平等，皆源出史官，故劉氏特意抬高諸子學的觀點是顯明的。

第二，劉氏之會通西學與諸子學不遺餘力。劉氏對於西學之接受度極高，如其論先秦名學則以西方名理思想析論，探討先秦義理思想也以爲可與西方哲學干涉，此與晚清新學觀點大抵相當，章太炎在〈明見〉云「自馬鳴、無著皆人也，而九流亦人也，以人言道，何故不可合？有盈蝕而已矣。夫其倰者，印度諸文學，始有地、水、火、風諸師；希臘放焉，希臘自闉利史明萬物皆成於水。中夏初著書即《管子》，《管子》亦云：水者，萬物之本原，諸生之宗室。」〔註230〕章氏以「求道」爲各家學術發展的重要範疇，假使「道」唯是一理，則諸家詮解雖各有差異，然所指涉終究同一無礙，章氏以「萬物皆成於水」爲喻，此也闡明了東西哲學思想之殊途同歸。劉師培在當時新學發展之氛圍下，也致力於中西學術會通，其在《攘書‧正名篇》便以先秦諸子的名辨思想與西學、印度因明加以比較，云：

> 中儒之言曰：名生於眞，非其眞，弗以爲名；西儒之言曰：名學者非論思之學，乃求誠之學。……嗟呼！春秋以降，名之不正也久矣。惟《荀子‧正名》一篇由命物之初，推而至於心體之感覺。名理精詣，賴此謹存。而儒家之外又墨家之辨名，有道家、法家之辨名，而名家者流，則又操兩可之説，設無窮之辭，……以視印土之因明，歐儒之論理，暌乎後矣。吾觀同文之世，首重雅言，……及梵音東被，譯以華言，使西土法音，顯於中土，言各有義，夫固有條不紊矣。近者海隅通市，西籍東來，達志通欲，舍譯奚由，然蒼頡、佉盧同源異出，文字之用此竭彼盈，以固有之名，標新增之物。〔註231〕

此以爲中西名學所尋求是爲同理，故中、西儒於名辨所尋求的「眞」、「誠」實爲一致。〔註232〕劉氏又據此比較先秦諸子之名學，以爲諸家的名辨思想都

---

〔註230〕章太炎：《國故論衡》收入《章太炎卷》（河北，河北教育出版社，1996年），頁118。

〔註231〕《攘書》收入《劉申叔遺書》，上冊，頁645～646。

〔註232〕劉師培初期治學受到法國學者拉克伯里的「中國文化西來說」影響，也稟持中國祖先來自西亞的觀點，也就是中國祖先源自於兩河流域，而與巴比倫人同源同種。劉氏在《古政原始論》提出一段禮俗原始的考究，欲證明中國傳統祭祀之禮與雅利安人無異，其言：「《說文》禮字下云『履也，所以事神致福也。從示，從豐，豐亦聲。』案《說文》示字下云『天垂象，所以示人也。從二、三，垂日月星也。觀乎天文以察時變，示神事也。』蓋二字即上字之

造成語言文字的錯亂、誤解，唯有《荀子‧正名》才符合古代名辨「詰其名實，觀其離合」的要旨，可與古學相通貫，《荀》學也影響後世之《爾雅》、《說文》、《廣韻》等書的撰著，而《荀》學「正名」的脈絡亦能進一步解析日益複雜的文字詞語現象。劉氏此說大抵承認《荀》學的正名思想爲古學正傳，視爲中國訓詁學、文字學、音韻學之先驅，而六朝佛學傳入、近代西學東來之際，學者也莫不以此訓詁範疇以調和外來語言。劉氏贊同中西語言文字同源的觀點，故以爲「蒼頡、佉盧同源異出」，《荀》學爲古學正傳，因此學者通過訓詁學、文字學的脈絡便可翻譯佛典、西籍，此也間接證明《荀》學與西學的名辨思想有一致之處。

　　總之，劉氏是承認中西學術可進行調和，其在《倫理教科書》又補充中西倫理思想有相近之理念，如其以爲近代西學「權利義務」的觀點，中學實早已有之，曰：「《韓非子》有言，昔蒼頡造字，『自營曰私，背私爲公。』自營之說近於西人之權利。背私之訓，近於西人之義務，中國古昔之思想，咸分權利與義務爲二途。孔子之言曰『君子喻於義，小人喻於利。』以義爲公，以利爲私，由是倡交利學派者，皆賤視利字。」〔註233〕其以《論語》、《韓非子》爲界說，認爲西人政治思想所重視的「權利」、「義務」課題，中國之於先秦古學已有提出，蓋義、利之分也等同「義務」與「權利」，一來著重公義，一來也不漠視個人私利，可知先秦古學於公益、私利皆有關懷。姑且不論劉氏此論有無誤解，其刻意聯繫西學與古學範疇，此亦可見其端倪。

　　再次，劉氏前期之研治諸子學亦頗俱社會致用的視野。劉氏前期著作中舉凡經學、歷史學、地理學、倫理學、社會學、諸子學等論，皆倡議致用之功效，如其編《地理學教科書》的原意本在於便利初學使「治地者可以由淺入深」，且明於「海陸之區分，山川之流峙，邦國之建設，物產之盛衰，民風文化之變遷。」〔註234〕其認同輿地之書必須「咸崇實用」，而排斥崇尚「空言」，

---

古文，而小字即象日月星之形。示字古文作兀　　，一即天也。昔迦爾底亞爲中邦祖國，故所奉宗教仍沿迦爾底亞之遺風，禮字從示，足證古代禮制悉該於祭禮之中，舍祭禮而外，固無所謂禮制也。」此說大抵以祭禮的起源與意義，論證中西方文化有極密切的淵源，不過在稍後諸多原始人類遺蹟出土之後，則文化西來的說法則逐漸不被採信。見劉師培：《古政原始論》收入《劉申叔遺書》，上冊，頁678。
〔註233〕劉師培：《倫理教科書》收入《劉申叔遺書》，下冊，頁2028。
〔註234〕劉師培：《中國地理教科書》收入《劉申叔遺書》，下冊，頁2274。

故劉氏推崇亭林之撰著《天下郡國利病書》詳言行政、景范著《方輿紀要》明於用兵，此也符合晚清地理學著重實用的發展沿革。誠如梁啓超所言清代地理學：「第一期爲順、康間，好言山川形勢阨塞，含有經世致用精神。……第三期爲道、咸間，以考古的精神推及於邊徼，浸假更推及於域外，則初期致用之精神漸次復活。」〔註235〕較之於乾嘉學者著重考古的「歷史地理」，則晚清學者的西北地理考察是以邊陲要地爲重點，審視遠疆山川形勢的分佈，與各地區部落經濟物產之實況，欲資治執政者對既有疆土的掌握，此即所謂「致用」的意義。劉氏之論述諸子學亦提倡「致用」理念，如其在〈墨子節葬篇發微〉一篇，便特意爲墨子的「節葬」、「節用」思想發微，以爲墨子之論能充實國家財用，敦節民生不必要的浪費，且不違離儒家的仁道精神，其言：

> 《墨子‧節葬》下篇之旨，自孟子斥之於前，荀卿斥之於後，士大夫偶有道及者，則眾斥爲異端。予謂此特由於未觀《墨子》耳。夫《墨子》節葬之旨有二。一曰費無用之財，一曰損生人之性。前之一說，原于節用者也，故主於儉。後之一說，厚于兼愛者也，故主於仁。蓋墨氏之旨，以爲人所以生財而生財，則所以富民。今喪葬不節，則人之因服喪而廢有用之日者多矣。有用之日廢，則生財之數愈乏矣。……墨子以厚葬久喪爲國家貧、人民寡、刑亂政之祖，殆謂此夫至於損生人之性者，則以人以有用之身，不當因哀而致毀，……而墨家之說亦由不忍人之心而推之者也。〔註236〕

《墨》學的節用、節葬鼓勵君民儉樸，而不以著重文化與禮制，故歷來的儒學者已多有批評，如孟子視楊墨之言爲無父無君，且以「放蕩之言」視之，而《荀子‧解蔽篇》也有「蔽於用而不知文」之批判，此誠把《墨》學歸於異端一類。不過，劉師培並不以爲《墨》學的節用、節葬有背離儒家之學，反而把節用視爲「富民」的捷徑，反而以爲「厚葬」之弊「一曰費無用之財，一曰損生人之性」，一來長期的治喪會大耗民財，使國家民生陷入危機，厚葬的結果使「國家貧、人民寡、刑亂政」成爲社會混亂之源；一來《墨》學思想雖異於儒學，然其節葬則符合《禮記》「不勝喪乃比於不慈不孝」之旨，量力服喪，才符合聖人所謂不忍人之心的態度。故劉氏所認知，《墨》所言節用、

---

〔註235〕梁啓超：《中國近三百年學術史》（臺北，里仁書局，2002 年），頁 443～444。
〔註236〕劉師培：《讀書隨筆》收入《劉申叔遺書》，下冊，頁 1952。

節葬雖未必全合於儒學，但頗有增進社會利益之功效，對於社會改革是有其益處的。除此外，劉氏又抬舉諸子學的實利功效，以為楊朱之利己說、《呂氏春秋》的群利說，《管子》之法、商鞅之書皆有用於政治，許行之君民並耕也類似近代的民權說與社會平等，可知劉氏認為諸子學能有益於治理，是俱備社會致用價值的。

總言之，劉師培前期的治學受到其事跡遭遇的影響，大抵有創新的觀點，其以儒者身份治學，卻敢於質疑儒學的合理性，且強調社會致用，致力於中西學術會通，故有其特殊意義。大陸學者陳奇之言頗可參考之，其認為劉氏：「既提倡國粹，又鼓吹西學；以西學指導傳統文化的研究，以傳統文化為思想資料證明西學，倡揚民族文化而摒棄其封建、迷信糟粕，鼓吹近代西方學說而又反對自卑、奴化意識。國粹與西學並行不悖，融合中西、薈萃中西，以服務於中國的資產階級民族民主革命，這就是劉師培當時的中西文化觀。」〔註237〕因此劉氏前期之學術也如同其投身革命之經歷，以關懷民族復興、接濟社會為最大標的，其間所撰著著的典籍亦受到西學之渲染，謂之當代新學的先驅人物亦不為過。

### （二）劉師培後期轉趨保守的子學意趣

劉師培後期思想則轉趨復古，故較之於前期治學的創新意義，其後期思想明顯有保守的趨向，此實與其政治立場改變異有所干涉，大陸學者郭院林以為：「劉師培一生多變，從舉業士子一變而為反滿派的民族民主革命者，再變而為無政府主義者，三變而為君政復古的鼓吹者。」〔註238〕劉氏後期有投靠滿清政權與維護袁世凱帝制的事實，其一反前期的宣揚民權與平等，轉以認同君權與專制的合理性，而此也終影響其學術撰著之態度。此可從二點看出端倪，一者，劉氏前後期著作的書寫理念有所差異，以詮釋之態度與方法而論，其後期著作甚至與乾嘉學者無異；二者，劉氏更積極維護經學地位，較之其前期敢於批判經學，其後期則多以正面觀點論說。

劉氏後期的治學之轉趨保守，此亦可從其前後期著作之比較可看出。以諸子學而論，劉氏後期著作頗有回歸乾嘉經學之傳統，亦不再兼論中西學術

---

〔註237〕陳奇：〈西學與劉師培的國粹研究〉收入《貴州師範大學學報》社會科學版2005年第五期（貴陽，貴州師範大學），頁80。

〔註238〕郭院林、程軍民：〈保守與激進：劉師培思想歷程分析〉收入《石河子大學學報》第22卷第一期（新疆，石河子大學，2008年一月），頁56。

會通，而轉以訓詁考據、治子通經的態度研治諸子，錢玄同整理其著作，亦提出見解：

> 丙類校訂各書，或名「補釋」或名「斠補」，大致前期所著名「補釋」，後期所著名「斠補」。後期對於前期所著，多有修改，故校訂《晏子春秋》、《荀子》、賈子《新書》、楊子《法言》、《白虎通義》五書，均有名「補釋」者及名「斠補」者兩本。〔註239〕

錢氏分劉師培的著作大抵有六種，即甲、乙、丙、丁、戊、己類等。其中甲類為「群經小學類」、乙類為「論學術與文辭類」、丙類為「群書校釋類」、丁類為「詩文類」、戊類為「讀書札記類」、己為「學校教本」類。錢氏以為劉師培丙類著作中多有對前期修改的現象，前期著作以「補釋」為名，後期著作中多數以「斠補」為名，其關鍵在於後期「斠補」本對前期論說有所修改，且較之於其他前期乙類「論學術與文辭類」的著作，劉氏以「斠補」為名實有復古的意趣，此與乾嘉經學的觀點是一致的。據錢玄同對劉氏之分期，大概民國前九年至民國前五年秋之前為前期，民國前五年秋以降為後期，而丙類二十四種著作中，除了《晏子春秋補釋》、《法言補釋》、《周書王會篇補釋》、《荀子補釋》、《琴操補釋》五種之外（此五種亦有後期「斠補」本），其他皆為劉氏後期作品，而此十九種著作皆俱備劉氏後期學術之特色。如其〈老子斠補序〉自言：「其所發正約百餘事，按文次序成《老子斠補》二卷，以補王、洪、俞、孫所未備，若夫宣究義蘊，以經史大誼相闡明，或侈述微言眇義，高下在心，比傅穿沉，窮高遠而乖本真，今輯斯編概無取焉。」〔註240〕故劉氏此「斠補」之著作實以王洪俞孫等前儒的作品為借鑑，其全篇大抵是以考據訓詁為方法，以經子、子子互證互解的方式，論證其中文字音韻的古說原貌。「斠補本」亦少有哲理思想的疏發，因此《老子》書中所蘊含的微言義理亦不以評論，而此種撰著態度也近切於王念孫父子、俞樾、孫詒讓等儒研治子學的態度。又如劉氏之《墨子拾補》解《墨子‧備梯第五十六》：「因素出兵施伏」一段，其言「案《禮記‧中庸》『素隱行怪』。鄭注云『素讀如攻，城攻其所慄之慄，慄猶鄉也。』疏以攻其所慄，為《司馬法》文，此文因素，疑與慄同，謂因敵所嚮，乃兵家恆語也。」〔註241〕其詮解實著重於文字、音

---

〔註239〕《劉申叔遺書》，上冊，頁7。
〔註240〕劉師培：《左盦集》收入《劉申叔遺書》，上冊，頁1270。
〔註241〕劉師培：《墨子拾補》收入《劉申叔遺書》，上冊，頁905～906。

韻、訓詁範疇，而以經、子故訓條例以說子學，因此經子、子子互證爲主要，如劉氏所言：「凡諸子之文與互同者亦互相勘正，疑義奧詞，間加發正」，此以堪正諸子書內文的文義爲意趣，故劉氏後期學術之「斠補」諸子，也同於其經學理念，每發明一義例，則盡求群書之言以析解至當。〔註 242〕

　　再次，劉師培對於經學研究之態度轉變，此亦影響其諸子學觀點，固然劉氏一門以經學傳家，而劉氏也始終以儒者的身份自居，然其前期學術實多有批判儒學之處。如其稱孔子出於老學，且儒出於「史」與九流平等，甚至質疑儒經的論說觀點。劉氏後期學術則不以前說爲矩矱，而轉以維護經學之地位，劉氏《左盦集》之〈釋儒〉云：

> 儒爲術士，惟通經致用始被此稱。孔子治經，故以儒家標說。儒家以通經爲本，故以儒家標說。儒家以通經爲本，故以孔子爲宗，然均古代術士之遺教也。考之〈王制〉，凡修禮明教諸端，以及率俊選論秀士，均屬司徒之官，以班志證許說而誼以互明由斯而言，則儒家之學上有所承，舍窮經之彥，孰克伺儒林之列哉。〔註 243〕

此說仍承認儒者出於古代術士，而古代儒者以孔子爲宗，儒者習六經的目的在於「通經致用」仕於國家，故與「司徒之官」密不可分。而「儒」名也爲孔子而創，蓋「降及孔子以六藝施教，俾爲學者進身之資」，學者也從孔子修習六經，成爲宦仕的標準，故才被上儒名，從此說「儒學」應爲孔子所創，孔子之後的儒者則以博通六經、傳播儒學爲職誌。劉氏此說無異是在提升經學地位，蓋儒者以聖人爲宗師，故披文學、服禮義，以窮經致用爲仕進的準則，經學嚴然成爲聖人的正傳，亦爲聖學的正統。不過，比之於劉氏前期於民國前七年〈古學出於史官論〉，與前六年所著〈儒家出於司徒之官說〉、民國前九年《攘書》的〈史職篇〉、〈孔老篇〉的說法則顯然大有出入。劉氏於〈儒家出於司徒之官說〉首先分學者有二，一爲「儒」、一爲「師」，兩者皆不傳經，但職責都與道德教育相關。孔子當時「九流百家各持異說，惟孔子之說近於教民，以道德禮儀之言爲天下倡」，可知當時儒者未必以傳經爲業，故「儒」者原本的工作是以「以道教民者」，也就是以傳「道」爲志業。〔註 244〕劉氏〈儒家出於司徒之官說〉云：

〔註 242〕劉師培：《晏子春秋校補》收入《劉申叔遺書》，上冊，頁 826。
〔註 243〕劉師培：《左盦集》收入《劉申叔遺書》，下冊，頁 1231。
〔註 244〕《左盦外集》收入《劉申叔遺書》，下冊，頁 1515。

> 近世阮氏雲臺謂通六經者謂之儒，明道德者謂之師，漢學近於儒，
> 宋學近乎師，其說亦非。夫師以賢得民，儒以道得名，均與古學教
> 民者不同。漢之陳晏，唐之陽城，其德足以化民為鄉邦所矜式，律
> 以古師儒之職，曾屬無虧。……故儒者之職，在於訓俗，而不在於
> 傳經，自漢人以傳經之人為儒，阮氏本之，轉以漢學為近儒，無亦
> 昧於司徒之遺法歟。〔註245〕

劉氏嚴密的劃分「師」與「儒」的不同，以為古代儒者係以化民易俗為職責，傳經並非其終極意趣，故其言「故儒者之職，在於訓俗，而不在於傳經」，而漢代之後的儒者以經學為業，才旋以傳經為主要工作，故古儒與漢儒實不同。總之，劉氏早期學術的認知中，儒學為九流之一，其業或近於古術士，以化民易俗為職責，其工作之重點並非在經學明矣。而從此說也可看出劉氏前後期學術的迥異，其後期大抵認同經學為孔子正傳，且儒者有傳經的事實，故劉氏後期欲提高經學地位的態度是顯明的。

　　再者，劉氏前後期學術，對於儒者的起源亦有不同意見。其前期通稱九流皆「史」，而孔子曾修習老子之學，故孔老之學「同出一源，故仲尼之答門人亦多溯源道德。」〔註246〕老子本為周官的柱下史，則儒學亦出於史職，蓋「六藝之道憑史而存」，把儒者之所出視為史職漫衍，九流皆源於史，故九流地位實平等。然劉氏後期之學則少有提及「史」職之事，其以為儒家出於司徒，而「地官掌邦教」，因此儒學教育又為周代的國學教育，故儒家地位可列於諸子之上，〈釋儒〉言：

> 周代以禮為儒書也，……周代以書為儒道也。儒學既該於六藝，故
> 孔子即以詮明六藝，紹古代術士之傳。《史記》言「孔子弟子身通六
> 藝者七十二人。」既曰身通六藝，則所學與古術士同。故《韓詩外
> 傳》云「儒之謂言無也，不易之術也，千變萬化其道不窮，六經是
> 也」。〔註247〕

劉氏以為周代不論禮制、制度無一不是取材於六經，而儒學又總該六經，因此儒學乃成為周官的主流學術，亦是古代術士的正傳。此論表明了儒學是周代官學正統的觀點，劉氏所採用《禮記‧王制》：「升於司徒，升為國學之士

---

〔註245〕《左盦外集》收入《劉申叔遺書》，下冊，頁1516。
〔註246〕《攘書》收入《劉申叔遺書》，上冊，頁643。
〔註247〕《左盦集》收入《劉申叔遺書》，下冊，頁1231。

也」即可證明其把六藝提升至國學的層次。〔註 248〕此與劉氏前期的儒道「同出一源」、「六藝之道憑史而存」實大相逕庭。總之，劉氏以儒學爲先秦學術的正統官學，則其諸子學從此也成爲儒學的附庸。亦可以說，劉氏後期之學不再承認諸子九流的平等地位。故從劉氏後期之論諸子源流亦可知，其諸子的學術地位有明顯下降的趨勢，儒學的地位亦從而提升，其一反前期之說由創新轉趨保守是可由此而證明的。

　　由上述觀之，而劉師培後期之治子與治經態度是相近的，其一改前期的創新態度而趨向保守，故劉氏後期的學術也可以近代「保守主義」的觀點分析。英人羅傑・希斯克頓（Roger Scruton 1944～A.D）於《保守主義的含義》一書中便認爲保守主義者首先會樹立一種權威，以鞏固其思想學說，其言：「保守主義者致力於維護能夠培養出忠誠習慣的各種慣例和制度，家庭當然是其中最好的。我們將會看到，保守主義思想的這種必然的推斷，與任何暗示保守主義者維護自由主義或所謂『最弱意義上的國家』的說法勢不兩立。如同社會主義者一樣，保守主義者在必要時會成爲『權威主義者』。」〔註 249〕因此保守主義者尋求傳統上的慣例與制度，以樹立其威信，從而延伸至家庭、社會、國家制度的範圍。同樣的，劉氏後期在學術上也以其家學爲研究核心，通過推廣經學事業，擴充儒學思想而維護其保守觀點，劉氏在政治上並不排斥帝制，其提倡君臣之義理也符合部份的儒家理念，故劉氏致力於儒學權威的樹立，實也有益其保守政治態度的實踐了。

## 二、劉師培以西學發微之古學起源說與「民約」思想

　　劉師培前期學術對於當代的政治、思想改革頗有著墨，而其中西會通的議題亦干涉當代的社會改革與對先秦學術的論說。本文則以其中西學術會通的觀點，探索其古學起源說、先秦學術史觀與「民約」思想，如下。

### （一）以「宗教」、「史官」、「實驗」論說的先秦諸子「起源」論

　　劉氏論古代學術起源亦大量參酌西學觀點。其大抵以爲中國古學與西學起源的情態近似，此種牽綰或多有附會之，不過也論說了部份事實，即先秦學術之發展是有可能繼承自宗教的。劉氏認爲古學起源可歸納爲幾個途徑，

---

〔註 248〕《左盦集》收入《劉申叔遺書》，下冊，頁 1230。
〔註 249〕羅傑・希斯克頓、王皖強譯：《保守主義的含義》（北京，中央編譯出版社，2005 年），頁 19。

首先，起始於「宗教」，而擴充於「史官」。再次，因「實驗」而有其規模，而這三者之間亦有聯繫的可能。

　　首先，劉氏認爲古學與原始宗教相關，宗教之要在於對天地鬼神的祭祀信仰，關於祭祀的諸多知識，經歷代的流傳後，則成爲一專門學問，專由官學與史官系統傳承。故劉氏謂古學源起於「宗教」，其乃以經學的論說爲根據。大抵三代王室皆有祭祀之法與禮樂之儀，《周禮‧天官冢宰》載內宰之官：「大祭祀后，祼獻，則贊瑤爵亦如之。正后之服位，而詔其禮樂之儀。」〔註250〕鄭玄以爲此「大祭」即「宗廟之祭」，內宰既掌故王畿中圖書與法規，也兼掌王室後宮之儀，亦有義務指導祭祀禮樂法度的順序，此也證明王官之宰輔與宗教祭祀是有關聯的。因此劉氏謂宗教祭祀之沿革由王官所繼承是爲合理，劉氏在〈學校原始論〉又言：

> 古人以禮爲教民之本，列於六藝之首，豈知上古教民，六藝之中樂爲最崇，固以樂教爲教民之本哉。又案孟子之敍鄉學也，謂夏曰校，殷曰序，周曰庠。庠者，養也，校者，教也，序者，射也。蓋教字隱含二義，一爲教育，一爲宗教。……校訓爲教，所以明夏代之教民，咸以宗教爲主也。重宗教故崇鬼神，崇鬼神故隆祭祀，既崇祭祀則一切術數之學，由是而生。〔註251〕

人民天生有好疑、畏懼的性格，爲求取生活的安適，對於一切自然山川的峻偉便產生敬畏態度，進而使之神格化，視之爲鬼神加以崇拜與信仰，此爲祭典的產生。而該時君主作爲祭司的大宗，也是人民與鬼神溝通的中間樞紐，而君主所設立的祭祀之官，乃成爲掌管禮樂之臣，相關於祭祀的明堂，爾後也成爲教育之所。〔註252〕蓋謂教育由宗教、祭祀而出，此並非是無根據的。古代教育以禮樂爲重，其目的在於配合祭祀之用，周王室勢弱之後，諸多專門知識才逐漸分散民間。故劉氏又說：「人君爲教主，以人臣爲司教之官，凡一切學術政治悉無不與宗教相關。」〔註253〕古代的教育實包含「宗教」的內容，人君爲祭祀之主，臣子爲大宗的輔助是爲司祭之臣，禮樂也源起於祭祀，

---

〔註250〕鄭玄注、邢昺疏：《周禮注疏》收入《十三經注疏》，第三冊，頁111。
〔註251〕《古政原始論》收入《劉申叔遺書》，上冊，頁677。
〔註252〕《毛詩正義》：「明堂者，明政教之堂也。」可知古人認爲周代之明堂，非但是祭祀的廟堂，也可擴充爲學術教育、宣揚政令的場所。孔穎達正義：《毛詩正義》收入《十三經注疏》（臺北，藝文印書館，1965年），第二冊，頁385。
〔註253〕《古學起源論》收入《劉申叔遺書》，下冊，頁1473。

因此「人君即以神道設教」，此態度莫不表明了古代教育實俱備宗教上的意義了。

　　劉氏又以爲中國古代崇尙宗教法度的政治體制，可比擬爲政教一體的宗教，劉氏特意以西方「基督教」之說闡明，其言：「人君之做事，嘗自言受命於天。其所謂天者，即昊天上帝是也。與西教基督之說固甚相符，是則古代之政治，神權之政治也，古代之學術，天人表裡之學術也。」〔註254〕政教合一本爲古代政權取信於民的方式，故君權往往也是神權的代表，此中國、西方皆然。而相關的學術也莫不與宗教相關，劉氏也謂之爲一「天人表裡之學術」。因此古代的「傳教之君」、「司教之臣」莫不因宗教而有，「傳教之君」即是祭祀之主也，祭天之大君則爲教主，由帝王擔當。「司教之臣」即是管理各祭祀法典、程序、儀器的臣子，如掌卜之官、掌天文之官、掌樂、掌禮之官等，故巫醫方技之官皆與宗教相關，亦掌管部份文獻故也有史官的身份，其持有的專門知識，在流出民間後即成爲一專門學問，故也是學術的重要起源之一。

　　劉氏據此，又說明先秦諸子與「宗教」之可能關係，其《周末學術史序》指出儒、墨、道、陰陽等流派與古宗教之淵源，其云：

> 降及東周，天人並稱，故百家諸子咸雜宗教家言，一爲孔墨派，孔墨二家敬天明鬼，立說大旨以神於世界萬物外，別爲一體，操持人世，威德無垠，乃沿襲古代之宗教，而非特倡之宗教也。一爲老莊派道家者流，以世界萬物之外別有眞宰眞空，立說始於老聃、莊、列諸家，沿承其說，乃宗教而兼哲學，非純全之宗教家也。一爲陰陽術數派，上古之初，陰陽五行分爲二派，而陰陽術數之學皆掌於史官。陰陽家言，倡五德終始之說，以推帝王受命之源，讖緯之學，其流亞也。術數家言，雜五行占卜之學，以證史臣占驗之工，災異之事，其別派也。〔註255〕

此說認同儒、墨皆崇尙一俱備神格之「天道」，「天道」大抵「操持人世、威德無垠」故可與人感應，因此有賞善罰惡之功能，故儒家的「祭神如神在」、墨家的「敬天明鬼」也體現了鬼神祭祀對於古學術之影響。此外，道家以形上之有、無而對天道信仰進行會通，其學另樹立一哲學概念，也就是把天道

---

〔註254〕《周末學術史序》收入《劉申叔遺書》，上冊，頁508。
〔註255〕《周末學術史序》收入《劉申叔遺書》，上冊，頁508。

視爲自然天道，而把萬物創生視爲形而上之「道」的漫延，故劉氏謂其是「宗教兼哲理」，以是認爲道家是對古代宗教進行改造的家派。又劉氏認爲陰陽家是爲先秦諸子中宗教色彩最爲濃厚之學，陰陽家專以五德相生、吉凶禍福論說，亦不違離天人相感的範疇，故劉氏把陰陽家的「五德終始」、五行占卜與政治結合，視爲其學術與天人感通、災異變化聯繫的一出路。就以上來說，儒、墨、道家、陰陽等諸子學皆有古代宗教之影響，不論對「天道」創生說的贊同或對「天道」融入自然體系的哲學改造，皆有其深遠影響。就學術源起於王官來說，古代王官是爲古代宗教知識的匯總，因此經由古代「宗教→王官」的線索，亦可闡明學術與宗教是有其密切聯繫的。

　　第二，劉氏又以爲「王官」之學實由史官所把持，故古學源於「宗教」，而擴充於「史官」，「先秦諸子學」亦爲史官系統所出。案劉氏的說法，古代的學術本與宗教有所干涉，故天子是爲宗教之大宗，天子的官員本爲祭祀的輔佐，官員掌管各類文獻在名目上亦爲史官，如《說文》言：「史，記事者也，從又持中。」〔註256〕故手形持握筆刀是爲「史」，因此「史」有掌管文獻之意。到了東周禮崩樂壞，古代道術乃爲天下割裂，周王室權勢衰弱之際，史官系統也流入民間，此觀點與《漢書・藝文志》的「諸子出於王官」是近切的。王官崩壞，掌管各類學問的官學沒落，私人講學興起，故有諸子九流十家的爭鳴，劉氏云：「官學變爲私學，孔子有弟子三千，墨子有鉅子十數，許行亦有弟子數十人。」〔註257〕不論儒家或墨家之學，其學術發展的源頭是爲王官，因此劉氏結論「古道術即古代所謂官學也。」〔註258〕把古代道術與學問的出處判給王官。晚清章太炎據此也把先秦學術歸之於王官之學，以爲「古之學者，多出王官世卿用史之時，百姓當家，則務農商畜牧，無所謂學問也。其欲學者，不得不給事官府之胥徒。」〔註259〕民間本無學，欲爲學者唯有追隨官府的學者，此也表明古代學術與學官的淵源，因此先秦諸子之學始於學官，而終可溯源於古老宗教明矣。劉師培屢次以西方與印度爲例，說明該地的學問皆有賴教士與婆羅門保存，其在《周末學術史序》亦言：

　　　昔歐西各邦學校操於教會，及十五世紀以降，教會寢衰，學術之權

〔註256〕許慎著，徐鉉校注：《說文解字》（香港，中華書局，2000 年），頁 65。
〔註257〕《周末學術史序》收入《劉申叔遺書》，上冊，頁 504。
〔註258〕《周末學術史序》收入《劉申叔遺書》，上冊，頁 504。
〔註259〕章太炎：《諸子學略說》收入《章太炎卷》（北京，河北教育出版社，1996 年），頁 480～481。

> 始移於民庶，及證之中邦典籍，則有周一代學權操於史官，迨周室
> 東遷，王綱不振，民間才智之士各本其性之所近，以自成一家言。
> 〔註260〕

劉氏此以西學比擬，認爲當教會衰微時，教會的學問流入民間，則民間之學才興起，同樣的當周王室衰微時，緣於宗教所發展的官學也逐漸勢微，其學後來流入民間，便造成了諸子學的發展。總之，劉氏大抵把先秦諸子學的發展判以「宗教→史官→民間」的脈絡，由宗教至史官說明學術與古代宗教、政治的關係，而由史官至民間這一階段也解釋了王官的衰微與私學的興起，因此劉師培又說：

> 西儒斯賓塞有言「各教起原，皆出於祖先教」，斯言也，證之中國古
> 代，益信有徵。民之初生，無不報本而返始，……尊祖敬宗之說起，
> 又必推祖所自出，而郊禘之典以興。……尊人鬼故崇先例，崇先例
> 故奉法儀，載之文字謂之法、謂之書、謂之禮，其事謂之史職，以
> 其法載之文字而宣之士民者謂之太史，……有法斯有書，故官守其
> 書，是則史也者，掌一代之學者也。〔註261〕

此據史賓塞《社會學原理》闡述，大抵以爲宗教皆起於祖先祭祀與鬼神崇拜，而中國之宗教亦然。宗教既然源於鬼神祭祀，則一切宗教儀法便與此相關，史官則是載記其中儀文之人，必然嫻熟於文獻之詳細始末，長久之後「史職」有其規模，則史官受其專門訓練亦能掌握其中知識而成爲專門之學，故「官守其書，是則史也者」，則史官是爲掌管一切文獻官員之通稱，王官之學的形成與此史官系統也就密不可分了。劉氏以王官掌文獻官員皆史職說法也延伸出幾個要點，一者「六經皆史」、二者「諸子皆史」、三者「方技術數皆史」，故劉氏不但認同了儒家淵源於史官，也把中國古代學術甚至古代道術都託付於「史職」，誠如劉師培所言「書籍保存實賴史力」，「史官」的功能對於古代學術的發展與維護實不容忽視。

　　總之，劉氏這種刻意聯繫「宗教→史官」之脈絡，是有其用心的，一來其贊同《莊子・天下篇》的道術爲天下分裂的觀點，並舉出《周禮》所指涉古學與祭祀禮樂之關係，再積極聯絡西方學術的「宗教」起源說與《漢書・藝文志》的「諸子出於王官」說，並採取「六經皆史」、諸子皆出於史官的態

---

〔註260〕《周末學術史序》收入《劉申叔遺書》，上冊，頁504。
〔註261〕《古學起原論》收入《劉申叔遺書》，下冊，頁1477。

度，其所欲建構是爲一種古學「合」、「分」發展的脈絡。劉氏云「是則私學之源出於官學，官學之派主於合，私學之派主於分。」〔註262〕何謂「合」，在於各種宗教祭祀禮儀規範盡爲王官所併，故說王官能集古代知識於一時，爲天下道術集聚之所在；所謂「分」，則表達了王官衰微，古學流入民間之事實，不過此「分」終造成諸子九流十家的興起，也就是莊子「道術將爲天下裂」的呼籲了。由上述可知，劉氏之博採眾說，以爲學術出於宗教而擴充於史官，其說也論證了先秦諸子同出王官一系的淵源脈絡。

　　第三，劉氏又以爲古學之起源與「實驗」亦有聯繫，而部份諸子學也經由「實驗」而有所啓發。劉氏此說在於表明古代學術有集經驗、致用的特點，其言：「上古之初，本無學術，其所謂學術者，非文字所記載，亦非由思想而生，蓋一切學術咸因經驗而發明。學也者，即民生日用之事物也。故上古之時有徵實之學，無推理之學。」〔註263〕其認爲上古本無「學術」，先民一切的發明本爲了生活日常起居，故知識的產生也是欲解決民生問題，如神農之嚐百草，先王的結繩而治、發明文字，觀法天文、發明曆數無異皆是爲了方便民眾生活，劉氏又云：

> 三代以前之學，孰非由經驗而得者乎！蓋炎黃以降，交通往來，得智識交輸之益，且土著之民易爲游牧，生計之念漸萌。凡有形無形之事，莫不進化而學術從之，則上古之時，用即所學、學即所用，舍實驗而外，固無所謂致知之學也。〔註264〕

所以上古之時，一切學問的目的都在於運用，學問之發生無有致用則無有致知，因此「有徵實之學，無推理之學」，古代知識之產生本爲生活便利，其基礎在於可見可觸及的事物，故大抵其旨趣在於驗證，而非是以理論的推演爲趨向了。劉氏以此比之古希臘學術，其又言：「惟其知徵實而不知推理，故古人學術直質寡文，基於物理，與希臘古昔之學術相同。」〔註265〕部份古學所重視在於經驗與物質的範疇，而非由純理論所闡釋，此與古希臘哲學的重物質現象的思路相近。近人湯用彤在《西方哲學講義》說古希臘學術在蘇格拉底之前：「Thales（泰勒斯）視水爲原質，萬物悉爲其所變；Anaximenes（阿

---

〔註262〕《周末學術史序》收入《劉申叔遺書》，上冊，頁504。
〔註263〕《古學起原論》收入《劉申叔遺書》，下冊，頁1476。
〔註264〕《古學起原論》收入《劉申叔遺書》，下冊，頁1476。
〔註265〕《古學起原論》收入《劉申叔遺書》，下冊，頁1476。

拉克西美尼）則以世界爲空氣之現象，……唯蘇格拉底以前諸哲學家甚少如氏之搜討於感覺界之外者，類皆研究自然，其解決世界秘密恆於物質方面求之。故亞里士多德稱彼等爲物理哲學家。」〔註266〕水、空氣、原子等皆現象界之物質，古希臘學者探討世界之生成亦著眼於此，因此誠如湯氏所言「萬物即已成爲經驗之材料」，蓋希臘古學亦有著重物質、數字的經驗面向也。〔註267〕此也同於劉氏所謂「徵實之學」。

劉氏以爲先秦古學經「實驗」而衍生出五個領域的學術，即天文學、地理學、數術、農學、兵學，而諸子學中農家、兵家亦重視「實驗」趨向，劉氏言農學：「昔神農教民播穀，而所作之書有法，咸言耕稼之法，即后稷農書亦爲《呂氏春秋》所引，於闢疇植穀之法明皙辨章，是古人未嘗空言農學也。由是言之，則三代以前之學術，孰非由經驗而得者乎？」〔註268〕農作物之生成實攸關民生，故欲達到春耕冬藏的成果非有相當之經驗則不可行，因此謂農家之學由「實驗」而有，此並非空言。此外，陰陽家之學也著重生活上之徵驗，其知識的獲得也有部份來自於「實驗」，《史記》說鄒衍之學「其語閎大不經，必先驗小物，推而大之，至于無垠」，故鄒衍的五德終始說雖有過於怪誕之處，但也必先徵驗於小物，經推論後再加以擴充，故謂其學有「實驗」的步驟並非無當。〔註269〕劉氏也言：「陰陽家之起原，由於上古之人咸信感生受命之說，因所感之帝不同，則所尙之德亦不同，由是有五德終始之說，觀帝王改命易姓必權度量，改正朔、易服色、殊徽號、異器械以與民變革。」〔註270〕劉氏雖承認陰陽家有迷信附會色彩，但也不否認該學之論述陰陽變異與五行相生，是先民觀察於自然界中天文地理、山川形勢、四時節氣變化後之心得。

因此，不論是農家的播百穀、勸耕桑，陰陽家的歷象日月星辰，說二家之學得之於「實驗」之中，而尋求生活之效用與日常運用亦無不可。〈古學出於官守論〉嘗對此作出總結：「古代雖無九流之名，然九流之學固古代職官所

〔註266〕湯用彤：《西方哲學講義》（臺北，佛光事業出版有限公司，2001年），頁371～372。
〔註267〕《西方哲學講義》，頁372。
〔註268〕《古學起原論》收入《劉申叔遺書》，下冊，頁1476。
〔註269〕司馬遷：《史記》收入《百納本二十五史》（浙江，浙江古籍出版社，1998年），第一冊，頁201。
〔註270〕《古學起原論》收入《劉申叔遺書》，下冊，頁1474。

分掌也。後世以降，分吏戶禮兵刑工爲六曹，雖曰沿周官之舊典，實則諸子學術之見諸施用者也。……。蓋學古入官必洞明諸子一家之言，斯爲致用之學，則天下豈有空言之學哉！」〔註271〕此以爲諸子學的產生，也有實用與「致用」面向，故劉氏以爲先秦學術沿革與諸子學起源，大概就「史官」與「實驗」層面而擴充，此亦是有所依據的。

英人李約瑟（Joseph Needham 1900～1995 A.D）認同先秦道家、陰陽家皆爲中國早期「自然主義」者，而陰陽家甚至啓發了中國科學的基本概念，其謂：「自然主義者（陰陽家）們的『術』，大概決不是徒托空言的，……人事與大自然兩者都是遵守不變的法則的，這就是所謂『相勝』。」〔註272〕陰陽家乃以自然觀察之所得，而轉入解釋人事興衰勝亡之「法則」，也就是其五行「相勝」學說的開展，故李氏此論也在在證明中國古學的起源，與科學實驗或有一定的關係與淵源，而此也反映劉氏判釋古學出於「實驗」，並非是無所依據的論說了。

## （二）以先秦諸子佐證之「民約」思想論

所謂「民約」思想，可定義爲民眾與統治者之間爲彼此共存所訂立的契約觀念，由個人爲單位，而延伸至族群、社會與統治者之間的約定關係，故又稱「社會契約」。在原始社會中，畢竟個人單獨的力量難以在充斥野獸與自然危機的原野中生存，於是人與人之間便組成群體以分工方式因應生活所需，此即爲「社會」的產生，社會或國家必須有領導者，故持「民約」論者便以爲社會與國家的組成是爲人民與領導者之間相互約定的結果。西方有系統論述「民約」思想者，是爲英人湯瑪斯・霍布斯（Thomas Hobbes 1588～1679 A.D）與法人雅克・盧梭（Jean-Jacques Rousseau 1717～1778 A.D），霍布斯的著作《利維坦》創作於西方文藝復興時期，其雖鼓吹政府機構與君權之重要性，但對於國家起源則抱持統治者與民眾互利共存的觀點，其論述了君、民之間權利與義務的畛界，霍布斯的思想終影響隨後之啓蒙運動與西方的開明專制；盧梭撰著的《社會契約論》則以自由、理性爲口號，提升了人民地位、壓抑君主權限，也渲染當時西方的政治獨立運動，如法國大革命與美國獨立皆然。

---

〔註271〕《古學起原論・古學出於官守論》收入《劉申叔遺書》，下冊，頁 1487。
〔註272〕李約瑟著、陳立夫等譯：《中國古代科學思想史》（南昌，江西人民出版社，2000 年），頁 298～303。

　　至於「民約」是否可作爲國家起源的濫觴？也就是作爲統治者與人民約定組織國家的各種權利、義務規定？此實爲一問題。大抵專制國家的君主不承認君民互訂契約的可能，而以君權神授爲其專制政權之合法性。不過，如霍布斯等學者則認爲社會組成的「民約」是存在的，原始社會的部族散落各地本就不爲統一的群體，故其結合實有其條件在，如霍布斯便以爲「國家」的成立有兩類，一爲取得的國家，如戰爭的征伐、併吞所造成的國家皆然。不過，征服者與被征服者仍立有彼此共存的契約，超過此限度則被征服者亦能反抗之；再次爲建立的國家，此即民眾與統治者因互利之協定所產生的國家，亦是君民契約之存在。〔註273〕故可知，先民之組成國家雖有武力征伐與互利共存的事實，然「民約」仍舊爲國家組成的重要條件，霍布斯在《利維坦》言：「動物之團結，乃出於自然的，人之團結，乃由於契約而爲造作的。故在其約之外，必須有一權力焉，從而督責之，俾其守約而行動，以有利於群焉。」〔註274〕此也表明了君主、人民、國家的組成是因爲互利共存而有可能，也就是君主、政府得其權力，人民得其生活之安定。而「民約」論部份觀點與中國古代先秦諸子思想亦有部份近切之處，如《墨子‧尚同上》「選天下之賢可者，立以爲天子」，充份表達了天子地位本爲民眾所選出，天子無能無賢則不能爲天子，又《孟子》所認爲的「民爲貴，社稷次之，君爲輕」，也表達了民本思想，也就是刻意抬高人民的地位，而非是君主制度下的弱勢者。

　　劉師培前期學術對於民主政治與制度改革頗有興趣，其在民國前九年便撰著《中國民約精義》、《攘書》，民國前七年著《中國民族志》以闡揚中國的民權思想。《中國民約精義》則專以「民約」爲課題，劃分上古、中古、近代三個時期，以《周易》爲始，至晚清戴望爲終，專論中國固有的民約思想，其言「因搜國籍，得前聖曩哲言民約者若干篇，篇加後案，證以盧說，考其得失。」〔註275〕故劉氏以爲中國古典學術中亦存在「民約」思想。其以先秦諸子爲例，舉出包含儒家、道家在內的典籍與人物，認爲是暨六經以降論說「民約」之典範，如《論語》、《孟子》、《荀子》、《老子》、《莊子》、《楊貨》、《墨子》、《呂氏春秋》、《管子》、《商君書》、《鶡冠子》、許行等，而此也初步

〔註273〕霍布斯：《利維坦》，（臺北，台灣商業印書館，2002年），頁94。
〔註274〕《利維坦》，頁82。
〔註275〕《中國民約新論》收入《劉申叔遺書》，上冊，頁563。

論證了先秦諸子學存有「民權」理念。〔註276〕劉氏由先秦諸子所闡述的民約觀點，大抵藉由西哲盧梭的《民約論》申論之，有三點可留意，第一，劉氏以為「民約」的成立條件在於人民有權而君主有能；第二，「民約」是建立君主與人民的互利平等之上；第三，「民約」實干涉於社會分工，即君主得其權利、地位亦落實保護民眾，而民眾在政府的幫助下致力於社會生產，故「民約」論乃以君民的利益為最大標的明矣。

以第一點來說，部份學者認為「民約」的成立可能早於人類文明發展之前，君主與人民原先的地位是平等的，而人民認為有能力的人可以託付其生命與財產，故推舉出有能力者作為領導者以代管整個群體，因此人民有權、君主有能是為「民約」成立的條件。劉氏認為國家的組成需俱備三個層面，一者民眾，一者政府，一者君主。首先，民眾為國家組成的真正主體，但眾多人民一人一義無法以群體的方式處理國家事務，於是人民便集中其勢力授權給能力者建立機構，專門管理公共事務，此即為「政府」的產生。再次，政府機構中亦必須有一個領導者，於是有君主的產生，故君主是為人民授權機構中的領導者是明矣，謂其是民眾「公僕」亦非不可，而政府機構作為政策的執行機構，也是人民與君主之間的溝通者，劉氏曰：

> 案《孟子》一書於君主、政府、人民三級晰之最精。政府者乃國家執政大臣，介於君民交接之樞紐者也。《民約論》云，人民雖有統治之權，然不能舉通國人民統治之。於是乎有政府，政府之中不可無人以長之，於是乎有君主。是則政府者，受人民之直接監督者也。君主者，受人民間接監督者也。……盧氏謂官吏之權，

---

〔註276〕固然先秦諸子學說有提及所謂以民為貴的思想，不過亦有學者反對其說是以「民權」或「民主」為指向，而可能只是一種粗略的「民本」意識。如日本明治、大正時期的學者服部宇之吉，便以為中國先秦諸子學所指涉的，或有「民本」思想，而非講究「民權」、「民主」。其云：「儒家的民本主義中，並無主權在人民全體的思想，……總而言之，中國儒家思想中，雖有民本主義，卻無民主主義。」又「墨子的學說，其出發點和霍布斯學說很相似，但再進一步，便全然不同了。……他並無『民約』一類的思想，他只把當時所行的封建制度，認為唯一的國家組織。」可知服部氏認為儒家雖重視人民，但以為人民智識為萌起狀態不足以自治，故乃以聖人、君子為人民的扶持，故國家主權應在君子而不在民。而墨家雖提倡愛民、利民，但其重視君主、賢士與政府組織，反而忽視了公民權利，故也沒有「民主」思想。見服部宇之吉：《儒學與現代思潮》（臺北，文鏡文化出版有限公司，1983 年），頁 14～24；頁 5。

　　　　皆由國民委任，故黜陟官吏之柄，不可不儲之國民。〔註277〕

此舉孟子爲例，把群眾、社稷、君主視爲國家的重要組成份子，案孟子之意則民眾實爲社稷與君主的根本，因此地位也必然貴於後兩者。劉氏則以此結合盧梭的《民約論》，把民與君主的關係認定爲一種社會「契約」，蓋「人民→政府→君主」之間便存在一種權力委付的關係，畢竟人民爲多數，而政府人員與君主爲少數，少數人天生並非有管束眾人的權利，除非有存在契約或協議（比如氏族中的宗子、家長子亦是一種族群間所認同的默契）。由劉氏的說法而論，人民的權利又可析爲三，一者任命權，或說是推舉權，也就是推舉與授權君主行政之能力；二者爲監督權，一切政府與君主的作爲亦必須經人民的檢視；第三爲罷黜權，每每政府與君主發生缺失，則人民亦有權力進行罷免。

　　　劉氏論《荀子‧正論》的「湯武伐桀紂」一段，也同意此種「民約」看法，其言：「案君主之權利，非君主一人之固有，乃受一國人民者也。與之由人民，收之由人民，故放桀紂不必湯武而後可也。凡一國人民悉有伐桀討紂之柄，不過一人權力微弱而假手於湯武之師耳。……《民約論》不云乎『不正之約，非由主權所生之法典，即不得爲人民應盡之責』。」〔註278〕也就是說人人皆有權力推舉、監督，甚至罷免君主，只要君主之所作所爲不能對人民盡責。因此按照「民約」的觀點，則國家主權應在於「民」，而「君主」之權力不過爲「民」所託付之權力，其終究不過是人民的公僕，此亦劉氏以西學「民約」論爲出發點，對人民、君主、政府權力的理解也。上述這種「民約」的觀點，實影響近代的民主國家或制度的產生，如法人托克維爾（Charles Alexis de Tocqueville 1805～1859 A.D）在《論美國的民主》一書便指出美國民選總統是有其權力限制的，故美國總統是爲有能者，而非是權利的唯一擁有者，其云：「美國總統雖然也是法律的執行者，但他並不實際參加立法工作，因爲他不同意並不妨礙法律的存在。因此，他決不是主權的化身，而只是主權的代理人。……總統不能成爲國會的議員，……他只能通過間接的辦法使自己的影響和意見進入國會這個大衙門。」〔註279〕美國是爲「主權在民」國家，

〔註277〕《中國民約精義》收入《劉申叔遺書》，上冊，頁570。
〔註278〕《中國民約精義》收入《劉申叔遺書》，上冊，頁571。
〔註279〕托克維爾著、董果良譯：《論美國的民主》（北京，商務印書館，1997年），上冊，頁137～138。

人民對總統的任命推舉，必然是以其爲有能者，不過人民給予總統之權力唯有行政權，總統不能直接干涉司法機構的獨立運作，亦不能直接干涉議會的立法決議，且總統每四年推舉一次，也就是總統權力必須在四年後再經由人民付予，故美國是爲近代民主國家的先驅，其大抵也落實「民約」論中，人民有權、君主有能的構想。

第二，「民約」是建立在君主與人民的平等與互利的原則上。劉氏以《管子》中「先王善與民爲一體，則是以國守國，以民治民也」爲說，以爲古代先王爲政是著重「君民上下一體」的觀點，此也導出君民平等的觀點。劉氏曰：

> 案管子所行之政以立憲爲主，〈立政篇〉首憲節云：「正月之朔，百官在朝，君乃出令布憲於國。憲既布有不行憲者，罪死不赦，考憲而有不合於太府之籍者侈曰『專制』，不足曰『虧令』」，則齊國早定憲法明矣，重立憲而斥專制，爲《管子》書中之精義，且管子治齊最得西人法制國之意，以法律爲一國所共定，故君臣上下同受治於法律，而君主僅踐立法者所定之範圍。《民約論》引孟德斯鳩之言曰（上古之世，立法者即爲國家之元首，後世文明日進，則元首即在法律之中），旨哉此言殊合管子以法治國之旨矣。〔註280〕

劉氏以爲管子所推行是爲「以法爲治」的法治國家，守法者由法律保護之，違法者則法律制裁之，國王犯法與平民同罪，不論身份地位高低則獎懲皆以憲法爲主，故劉氏才說「君臣上下同受治於法律」，此未必是沒有根據的。劉氏重新闡釋在「民約」定義下的國家「主權」問題，又說「可知管子之尊視君權乃由於尊視法律。以主權爲唯一不可分，甚合於盧氏之說。」〔註281〕劉氏特意聯繫《管子》與《民約論》的觀點是顯明的，以爲二者都提倡法治，而使君民身份地位平等，且凡事皆必須受到法律的限制，此說不異是欲提高民權而黜落君權。雖說劉氏或有曲解《管子》以符合盧梭之意，畢竟在封建時代「刑不上大夫，禮不下庶人」是既定的事實，貴族通常能不受刑法約束，人君的地位必然是高於法律之上，不過劉氏重新以近代憲政國家的觀點詮釋《管子》，此也表達了劉氏認定中國古典學說已有法治平等的意趣。又劉氏又以爲《老子》的「故貴以賤爲本，高以下爲基，是以侯王自稱孤寡不穀」之說，也寄託君民同心與君卑民貴思想。其言：

---

〔註280〕《中國民約精義》收入《劉申叔遺書》，上冊，頁574。
〔註281〕《中國民約精義》收入《劉申叔遺書》，上冊，頁574。

　　聖人無常心數語，觀之非即《孟子》樂民之樂，憂民之憂之意乎！
非即《大學》好民之所好，惡民之所惡之意乎！蓋老子察理至深，
明於富貴無常之說，……富貴無常，故君位無定，《民約論》謂強非
真權，老子言君非真貴，既知君非真貴，故其言君德也，必以卑下
爲基。觀《老子》一書一則曰「以賤爲本」，再則曰「不爲天下先」，
啓賢君謙讓之風，斥愚主自尊之念。〔註282〕

案老子的「聖人無常心，以百姓之心爲心」說法，則聖王的所作所爲全然是
以人民爲主要，也就是聖人之執政在於以民樂爲樂，以民憂爲憂，此充份體
現了君民同心的意趣，而孟子也有「樂民」、「憂民」之論，故兩者的指向實
同理。因此劉氏又舉老子的「貴以賤爲本，高以下爲基」爲說，以爲君位並
非天生高貴，反而君主之以上屈下、謙沖虛心是君位能立足於群眾之間的必
然原因，就也是君主能親近民眾才能進一步受到民眾的愛戴。事實上，老子
的學說中「君主」所秉持是爲一守柔、主靜、謙卑、貴賤的態度，或說與「民
約」思想中哲王之維護公理、正義、謙遜、慈悲的性格相近，故能夠能秉持
「民約」以關懷社會民眾，其態度也就如同上古賢君之治民了。

　　同樣的，劉氏以爲君民所訂的契約，其用意在於君、民的互利，其舉出
《墨》學的「兼相愛、交相利」爲說，其言：

　　案《墨子》之說，最近於西人之神權，而著書之旨則在於稱天制君。

　　〈法儀篇〉謂愛人利人者，天必福之。……以爲天者，愛民者也。

　　其愛民也，無所不用其愛者也。人君承天命以治國，則亦當愛民。

　　　〔註283〕

墨子所認同是爲一「神權」至上的政體，神權之下又有君權，君權有傳達天
命、管理百姓的地位，而屬於君權的「天道」是愛民利民的，故君權亦必須
效法神「天道」，以愛民利民爲執政上的首要事務，因此愛民利民也成爲君權
的重大責任。劉氏又舉《呂氏春秋・恃君覽》「群之可聚也，相與利之也。利
之出於群也，君道立也，故君道立則利出於群」爲說，以爲群眾的聚合、君
主的產生等等，其出發點都在於人與人之間的互利。劉氏言：

　　案《呂覽》之言最合於民約，與《荀子・禮論》一篇，由爭鬥之人
　　群進而論完全之邦國，其形態秩序最合於《墨子・尚同篇》。但荀子

〔註282〕《中國民約精義》收入《劉申叔遺書》，上冊，頁571。
〔註283〕《中國民約精義》收入《劉申叔遺書》，上冊，頁573。

之意以立君所以制民，而《呂覽》之意，以立君所以利民，此其不
同之點耳。……《民約論》不云乎！一己之力不足以去人人之國之
害，遂以人人之力共去人人之國之害，其事半，其功倍，實天下之
至，便是民約之成立，皆由於人民自利之謀。……人人各舉其權利，
投之以國家而君主以立，是國家之立君乃一國人民之利，而非君主一
人之利也。〔註284〕

察《呂覽》之意，假設其「立君所以利民」為社會契約成立的條件，則君權
的存在實在於服務人民，使民眾得到更好的生活便利，因此君民並非是上對
下的關係，而可能是一種互利的關係，也就是君權得其榮譽，而民眾得其便
利，此也表明了國君於人民實負有莫大之社會責任。從此說，則劉氏所認同
之先秦諸子學與近代西學的「民約論」大抵是有所合同，不論由《孟子》的
民貴君輕、《管子》的君民一體、《墨子》的兼愛利民、《老》學的謙沖平等、
《呂覽》的「立君所以利民」等，皆可證明諸子學已有「民約」觀點的萌發，
固然先秦諸子並沒有一完整的學說闡述民主理念，然其內容所寄寓的君民互
利思想，是值得考究的。

　　第三，劉氏以為先秦諸子的「民約」觀點，與社會分工亦有干涉，此說
可由孟子反駁農家許行的言論為代表。許行學說今已不傳，唯見於《孟子‧
滕文公》，該文載陳相倡導許行「賢者與民並耕而食，饔飧而治」的理念，而
孟子反對之。〔註285〕其說認為賢明的國君必須與人民同耕同食且自食其力，
這樣才不至於剝削人民的血汗勞動。然而孟子當時已提出「治天下獨可耕且
為與」的疑問？假使人人皆盡以耕作，則畜牧、冶煉、紡織這些工作由誰進
行？故孟子所呼籲不外乎「一人之身，百工之所為備」的社會分工，執政者
勤於政事，百工堅守其職份，眾人能發揮其專長，則社會的各項所需才足能
完備。〔註286〕劉氏也以為許行之言似乎是倡導君民平等，但卻不符合「民約」
思想，其云：

蓋許行之說不獨背於孟子，亦且大背乎盧氏者也。其背於民約之旨，
厥有三端，一曰不知分工之義也。《民約論》之言曰，使通國人民分

---

〔註284〕《中國民約精義》收入《劉申叔遺書》，上冊，頁 576。
〔註285〕趙歧注、孫奭疏：《孟子注疏》收入《十三經注疏》（臺北，藝文印書館，年），
　　　　第八冊，頁 97。
〔註286〕《孟子注疏》收入《十三經注疏》，頁 97。

> 任各事，而後以分任各事之人合爲一國，……蓋治國之源在於任事，
> 任事之本在於分工，而分工之說，尤以理財爲最要。昔斯密氏作《原
> 富》謂功分而生財。〔註287〕

此說有二，一者「民約」論者之強調社會分工，也就是「使通國人民分任各事」，人人各有其職，也有其應盡之社會事務。因此當人人都能夠分工職權，則一人生活所需便不是全由一人所負擔，而通過人人精密的分工合作，達到「勢必取於相資」的互助功能。依據亞當・斯密《原富》的觀點，「分工」才能夠促進社會進化，也是提升生產力與發展的重要方法。故劉氏乃據此反對許行的「君民並耕」思想，以爲人人皆致力於一種工作實忽視了社會分工的重要性，故未必能帶給社會最高的效能。再次，劉氏由社會分工觀點表達了國家主權的重要性，其以爲講求地位平等雖是公民社會的權利，但不能把「舉國人民皆平等」之論無限擴充，公民社會是必須在合理規範條件下有其平等、自由。蓋劉師培所承認平等自由制度是一俱備法治與公共意識的社會，而非是一無限制自由與權力的社會。其曰：

> 《民約論》之言曰，所謂平等之權者，非富貴威望相同之謂也。本
> 此說以以觀當今之政治，則專制政體雖屏絕於地球，然立憲政府共
> 和政之邦，於統治者與被統治者之間，無不區分執事。……謂人人
> 亦主治者亦被治者則可，謂主治者即被治者，被治者即主治夫豈可
> 哉！故雖民主之邦亦不能倡無主權之論。……要而論之，許行之自
> 由，無限之自由也。孟子之自由也，有限之自由也。許行之說可行
> 於野蠻之時，不可行於文明進化之日。〔註288〕

劉氏此說並非反對主權在民的思想，而是認爲被授予人民權力的執政者，其必然擁有國家主權，則擁有國家主權者需受到法律規範之保護，其地位有特殊性故人民必須禮遇之。因此縱使近代的民主國家與君主立憲國家，也不會把統治者視與平民同等，此即保護國家主權所作的舉措也。劉氏以爲唯有無政府主義者會提出人人平等的構想，但那是在少數特殊狀況才有辦法實現，故劉氏也由此抨擊無政府主義制度的不可靠，其以爲「嫉貧富之不均，而思所以革其弊。……旨曰世間最可樂之事，未有甚於革命者也。」〔註289〕理想

---

〔註287〕《中國民約精義》收入《劉申叔遺書》，上冊，頁570。
〔註288〕《中國民約精義》收入《劉申叔遺書》，上冊，頁570。
〔註289〕《中國民約精義》收入《劉申叔遺書》，上冊，頁576。

無政府主義者反對一切階段制度的範疇，唯提倡公物公產的社會，當遇到有貧富不均之現象，而盡以「革命」激烈的方法去除之，劉氏知其弊端乃以爲其說法唯能「行於野蠻之時」，而非能用於「文明進化之日」。事實上，盧梭在《民約論》中也提及公民社會之建立，是乃放棄自己「天然的自由」而去追求社會契約上的自由，能接納社會契約的人民：「由自然狀態進入社會狀態，人類便產生一場最堪矚目的變化；在他們的行爲中正義就取代了本能，而他們的行動也就被賦予了前此所未有的道德性。唯有當義務的呼聲代替了生理的衝動，權利代替了嗜欲的時候，此前只知關懷一己的人類才發現自己不得不按照另外的原則行事，並且在聽從自己的欲望之前，先要請教自己的理性。」〔註290〕其認爲人民爲取得社會所認同之平等與自由，亦必須犧牲部份人身的自由，轉以被法治與社會制度約束，此即公民社會的責任與義務也。故較之於無政府社會過之激烈的自由平等，公民社會之人民則應在合理的規範下尋求平等。總的來說，劉氏認爲許行的君民並耕是一種無政府社會的平等，固然把君民視爲一體，但其不重視主權與執政者的權威，其觀點實「不可行於文明進化之日」，因此孟子當時已譴責之，劉氏亦不能認同。

## 三、小結

　　總言之，劉師培前期學術有創新之特色，有別於其家傳之學與其後期學術之復古保守，其前期之學大抵能以中西學會通爲門徑，兼論當代的政治、社會改革；在學術上則不再一味尊《經》，反而其擴充「史」家之地位，而認同「六經皆史」、「諸子皆史」，把一切學術數術皆歸於史，此也間接承認儒、道、墨、法家之地位平等。本文以爲，可經由劉氏於西學、諸子學所論說之民約思想與先秦學術史觀，尋求其前期學術創作之意趣，大抵可廓清兩個要點：

　　第一，劉氏之古學起源說實反映其對傳統學術開新之企圖。劉氏前期之學好以新義檢視古說，此往往也打破既有學術的定論，劉氏所欲樹立者，則在於依據西學理念對傳統學術思想進行創新。尹炎武〈劉師培外傳〉言劉氏：「旁及東西洋哲學，咸有造詣，其爲學報好以古書證新義，如六朝人所謂格義之流。」〔註291〕如劉氏在《攘書》之質疑儒學，以爲儒家出於道家，後又

〔註290〕盧梭著、何兆武譯：《社會契約論》（北京，商務印書館，2005年），頁25。
〔註291〕《劉申叔遺書》，上冊，頁17。

提出孔子「變教」說，此有別於傳統學者尊經宗儒的觀點，劉氏這種疑古的態度或爲傳統儒者視爲異端，但也表現出其欲對傳統學術開新之視野。

劉氏《古學起源論》之論說，大抵理出了古學與「宗教→史官」、「實驗」之聯繫，也導出其六經皆史、諸子皆史、古學術皆出於王官之理論，其尊史的說法對於晚清民初一系列的考古學說亦有所呼應。今人郭院林言：「劉師培以爲六經皆史，他以社會學說研究六經，以六經研究史，以之『考古代之史實，以證中國典制之起源，以觀人類進化之次第』。劉師培治史，一方面承家學餘緒，另一方面接受西方史學理論與治史方法，雖然他從事史學研究時間短暫，但粗略可歸入信古一派。」〔註292〕劉氏既嫻熟於傳統經學，對於經學所衍生的種種問題或有其見解。而劉氏之時代乃爲新舊思潮磨合之期，如梁啓超所言「環境既已變易，社會需要，別轉一方向」。〔註293〕在此氛圍下，劉氏也積極對古學進行改造，以因應學術與社會致用之間的關係，其古學起源、九流平等觀點雖未必與傳統儒學合同，但實反映出其欲對傳統學術擴充之企圖。

第二，劉氏之「民約」觀點實反映其對現實政治與社會情態之不滿。劉氏前期的學術著作大抵有排滿、光漢之情緒，故反對滿清專制而積極宣揚「民約」思想，劉氏這種對社會之關懷也爲其中西學術會通提供研究素材，今人郭院林言：「劉師培處於天崩地裂的時局，又素懷士大夫式的救世情懷，因此不甘作一個純粹的學者。他所精熟的經學本來就是經世的作品，因此他試圖從中吸收救世的藥方。他用文化作手段，希望救世。」〔註294〕劉氏論說之目的本在於建立一個以漢民族爲核心的民主法治社會，故所直陳之「民約」、民主思想亦表達對當代滿清專制社會的不滿。劉氏結合諸子學、西學所論說之君民能權分立、平等互利、社會分工，是可與當代的社會致用之學作一聯繫，此與其所處的時代氛圍亦有干涉。故劉氏以西學闡釋先秦諸子學，也同於嚴復之以「進化論」研治《老》、《莊》，梁啓超的以西方論理學治《墨》、或章太炎由反西學的態度闡釋《莊子》自由平等論，其用意莫不在於透過西學理論以闡釋中國的文化、思想，並欲由此反應學術與政治、社會之間的聯繫。

---

〔註292〕郭院林：〈劉師培治學特點平議〉收入《雲夢學刊》第30卷第一期（岳陽，湖南理工學院，2009年1月），頁22。

〔註293〕梁啓超：《清代學術概論》（臺北，里仁書局，2002年），頁8。

〔註294〕郭院林、程軍民：〈保守與激進：劉師培思想歷程分析〉收入《石河子大學學報》，頁56。

# 第六章　結　論

　　本文以爲，晚清諸子學的價值是多方面的，晚清爲一講求革變時期，其學術趨勢則體現於社會經濟、政治上與當代文化之改革上，而此革新、求變之風貌亦可與諸子思想相聯繫。晚清學風大抵不以持守傳統經學爲滿足，諸子學雖以古學之姿復起，學者乃能融會諸家理論與方法而求其嬗變，故晚清諸子學既有創新的格調亦有復古的面向。從創新面來說，晚清諸子學能兼容西學，亦能結合當代經世思想，強調古代諸子理論與當代致用學說的聯絡，以尋求社會致用爲的鵠；以復古面向而論，晚清諸子學亦繼承正統派方法，稟承乾嘉以來實事求是的學術理念，運用考據訓詁治學，亦能融通佛學思想而影響晚清以降的思想界發展，故可說晚清諸子學之於清代學術，大抵有承繼與開新的雙重特色。本文乃整理道光時期至民國前相關的諸子學研究著作，由四個議題，即「乾嘉考據學」、「致用之學」、「佛學」、「西學」貫串其中的思想，試圖藉重諸晚清學人的著作發微，並加以釐清晚清諸子學之價值意義與影響。再者，本文所運用四個議題並非是單一學術課題，大抵此四個議題與當代學術環環相扣，而有相互證補之功能，故本文以爲，晚清諸子學之發展實有諸多層面，而非盡局限於單一命題。其中內容或有所干涉而環環相扣，如章太炎之治佛學而不忘論述當代致用、進化之弊，劉師培以西方學術推敲中國古代史，乃結合先秦文獻、典制、禮制之考釋，此亦劉氏受到乾嘉考據意趣影響所致，故本文誠以爲晚清諸子學之研究探析，其人物、文獻與諸命題之間仍有諸多觀念上之重疊，故雖以四個命題立論，然亦留意四個命題間的相互影響問題。

## 一、晚清諸子學之學術意義與價值

　　諸子學於清代復起之契機，實源於乾嘉學者的「校勘」學，學者考訂經書則必依據於諸多的參考典籍，先秦諸子書爲先秦古學的重要遺緒，其年代久遠甚至可追溯到春秋之際，頗俱有文獻上之價值。到了晚清，諸子學獨特的義理思想爲學者留意，故能擺脫經學研究的附庸地位，學者運用之以聯繫西學、佛學的哲理。誠如胡適對於清代諸子學的評價：「漢學家既重古訓古義，不得不研究與古代儒家同時的子書，用來作參考互證的材料。故清初的諸子學，不過是經學的一種附庸品，一種參考書。不料後來的學者，越研究子書，越覺得子書有價值。」〔註1〕先秦諸子書乃爲乾嘉學者所肯定，而用以解經註經，所謂「價值」則指向由諸子學所闡述之特有哲理與思想言，此亦晚清新學家用以聯繫當代學術思想的重要文獻，故晚清諸子學之意義，實體現於對傳統學術之繼承與對當代新思想的兼融。

### （一）對乾嘉學術之存古與創新

　　晚清學術本有「復古」之面向，蓋清儒「嗜古」、「稽古」的趨勢於晚清也成爲流行，學者治今文經學可視爲復西漢之古，理學於晚清的一時流行則爲復宋代之古，在此種復古的潮流下，先秦學術的「復古」也爲學者所留意。諸子學於清代初中期本爲經學之附庸，學者治子目的本在於通經解經，不過以爲諸子典籍的文字、義理可發明六經意旨，故乾嘉諸子學惟有文獻上的意思，其蘊涵的哲理思想仍有待學者的開發。到了晚清時期，以古義聯繫新說爲學風所尚，先秦諸子學所獨有之義理思想也成爲新學家變革與創新的重要依據，故逐漸受到重視，梁啓超《清代學術概論》言：「及考據學興，引據惟古是尚，學者始思及六經之外，尚有如許可眞珍之籍，故王念孫《讀書雜誌》，已推勘及於諸子。其後俞樾亦著《諸子平議》，與《群經平議》並列，……夫校其文必尋其義，群其義則新理解出矣。」〔註2〕「惟古是尚」係諸子學於乾嘉至晚清受到注目的重要原因，固然諸子書有「申韓之刻薄，莊列之怪誕」異端荒誕之言，不過「其書往往可以考證經義，不必稱引其文，而古言古義，居然可見。」〔註3〕此也不諱言先秦諸子學亦有考據訓詁學上的重要意義，其

---

〔註1〕　胡適：《中國哲學史大綱》（臺北，商務印書館，2008年），頁7。
〔註2〕　梁啓超：《清代學術概論》（臺北，里仁書局，2002年），頁52。
〔註3〕　俞樾：《諸子平議》收入《新編諸子集成》（臺北，世界書局，1991年），第八冊，頁1。

年代久遠的古義古說不但能考校經書，且多有經書未發掘之處。因此諸子學的「復古」除了具有校經功能之外，其古義古說乃能為學者所重視，終能在晚清的「復古」思潮中獨立於經學之外。

再次，晚清諸子學於「復古」之外，亦有創新之面向。一方面學者依據乾嘉考據方法審訂其正訛，考證其中遺缺，研精覃思，以治經方法研治子學，另一方面又以此為基礎而有所開新，故錢穆說晚清學術：「言期承接舊傳之部，則有諸子學之發明，龜甲文之考釋，與古史之懷疑。三者，蓋皆承清儒窮經考古之遺，而稍變其面目者也。」〔註4〕此也體現出晚清學者治子的趨向，所謂「承清儒窮經考古」是為「復古」，也就是以「正統派」的考據訓詁為方法，尋求「實事求是」、「無徵不信」的治學理念，如俞樾《諸子平議》、劉師培的《老子斠補》、《荀子補釋》皆如是。再者，諸子學又有創新的面向，能以「古為初步而延闢新徑」，學者之治學也並非一味持守考據學方法，反而能以此為治學初步，而「廓大其內涵」，甚至進行義理改造。如魏源的《老子本義》、嚴復《老子評點》、《莊子評點》與章太炎《齊物論釋》皆於乾嘉考據方法的基礎上，進一步疏發義理思想的內涵。

魏源以今文學者的身份治《老》學，則採取與乾嘉學者不同指向之詮釋，在方法上魏源所運用之方法與乾嘉學者無異，不過在內容的論證上其扭轉經學為核心的觀點，由乾嘉學術之「治子通經」轉以「經子互證」，甚至「以經解子」或「以儒解子」，此也間接拉抬了晚清子學的學術地位。在義理思想上，魏源積極論說儒道二家「道」、「用」的同異，其重新定義《老子》「道」的層次，並認同道家之「道」等同於儒學之「太極」，陰陽之作用也道家靜動、開闔之義所收攝，故儒道合。魏源又以為儒學為一「經世」之學，道家則為「救世」之學，兩家應世的方法與態度迴異，故儒道異。總言之，縱觀魏源之著作大抵干涉多方，其以「明道」為的鵠，而「不拘章句」、「不為儒者之經所圉」，能「旁通百氏」之言以自成一家，此種著作態度亦影響其子學視野。

嚴復與劉師培子學的比較亦有可觀處。二儒之治子一則採取開新態度，一則採取保守旨趣。嚴復以「評點」方法研治道家思想是為開新，其在方法上雖不違離正統派，不過其核心思想則不再以儒家為研治的核心。嚴氏的論述大概著重對西方思想的援引，其採取西學觀點論述天道形上形下之義，其所論之「道」等同於自然之道，亦合乎《老》學之道、儒學之太極與佛家的

〔註4〕錢穆：《國學概論》（臺北，臺灣商務印書館，1998年），頁318。

真如，嚴氏統攝中西思想的目的則在於論證其「天演」哲學。劉師培係晚清民初人物，其後期治學則盡棄前期敢於批評儒學的理念而趨於保守，劉氏在學術上則急呼保存國粹，治子也採取以儒爲宗，留意版本、文字、音韻的闡釋，且能「以經、史大誼相闡明」，此實無異清代樸學的訴求，劉氏此種理念也代表晚清西學東漸以來部份學者的理念，以爲西學只言功利而不言德性，違離聖學甚遠，故寧願採取「保守」態度，誠如張之洞所言：「今日新學舊學，互相訾謷，若不通其意，則舊學惡新學，姑以爲不得已而用之。」〔註5〕傳統學者視西學爲不得已才使用之，或者以爲西學只能作爲技藝之用。本文從二儒的諸子學著作比較之，認同晚清學術上的確有保守與創新趨勢共存之現象，一來學者承續乾嘉學術的餘韻，贊同學術上的復古，方法上則尋求實事求是、無徵不信。一來又以此爲基礎，積極吸收外來學術的特點，以附會新說爲趨勢，此也可見晚清學術緣考據學發展的多個面向。

　　俞樾、章太炎由「通經」至「明道」之子學進路，亦能釐清諸子學與考據學聯繫的諸多問題。俞氏與章氏本爲師徒，故二者之學本有傳承的事實，然而較之於恪守乾嘉考據學的俞樾，章太炎則能據正統派之學而有所開拓，章氏受到新學影響之後，學風不再局限於正統派的學術方法，其雖以考據訓詁爲治學的基礎，然內容上更著重義理思想的解析。在治諸子學上，章氏採取與研治經學迥異的理念，也就是「經多陳事實，諸子多明義理」的指向，這也反映了章氏雖留意治經的種種方法，但並非盡以治經的規格來論證諸子哲理。本文以爲經由俞氏與章氏子學比較可得出三個脈絡，也就是「乾嘉學統之繼承至哲學家立場之轉變」與「由治子通經到治子明道的思想遞嬗」、「由釋義而求哲理的訓詁進路」，此三個議題乃遷涉經學、考據學、諸子學等諸多層面的影響與會通，其中內容也論證了傳統經學之勢微與晚清學人尋求經學之外學術開拓的事實，故由晚清諸子學「考據→義理」的觀察，則可理出晚清學人於治學方法上與態度上與正統派學術有同有異之現象。

　　總言之，由乾嘉考據學與諸子學之會通亦可看出，所謂「復古」與「創新」面向是併存的，或說晚清學術新舊學術是對立的，故晚清學人之研治諸子，或採取保守、或趨於創新，以是晚清學者對於乾嘉考據學的態度一有採取繼承之面向，一有依據此學爲初步而開新的面向。劉仲華於《清代諸子學研究》以爲晚清諸子學有走出「考據」的事實，其言：「事實證明，嘉道以後

---

〔註 5〕張之洞：《勸學篇》（廣西，廣西師範大學出版社，2008 年），頁 126。

漢宋兼采的學術取向、今文經學的興起和經世致用思潮的再度張揚，促使晚清子學開始走出考據。」〔註6〕此以為嘉道以後，清儒著重今文學與經世之學的義理觀點而不再經由正統派考據學的理念治子，不過如以本文所論述魏源、俞樾、章太炎等儒之著作，則諸儒實非盡棄考據學的研治方法，故此說仍是可再斟酌的。由民初章太炎與胡適於治子方法之爭論可知，乾嘉考據學對於晚清諸子學實有其深刻影響，因此自乾嘉學術以來「訓詁明而義理明」的觀點並非被取代，而是「稍變」其面目以開擴另一新格局也。

### （二）強調「致用」於治術、社會改革之意義

晚清諸子學的另一價值在於可聯絡「致用」之學。晚清「致用」之學與清初經世致用之學的不同處，在於清初的經世致用，本以經學為論述之核心，欲濟心學的缺失，稟持六經為宗的意趣，把事功與學問相結合，也就是「務使學問與社會之關係增加密度」，故清初的經世致用是欲由經學對當世之務進行改革與針砭。不過清初環境的限制畢竟不利學者的提倡經世致用，加上清廷的文字獄與黨禁，故對於社會整體的影響力有限，爾後學人乃輾轉投入對經學考據與小學研究的範疇。〔註7〕而晚清的「致用」之學，一來經學於晚清已漸衰微，故學人不全然以經學為接濟社會的核心思想，一來受當代新學影響，學者也融入新思想、新觀念，能結合西學、佛學、諸子學的思想進行探討，且晚清學人至光緒後期普遍有結社集會的行舉，自康有為成立「強學會」以來，學人的學說與識見往往能經由會社的力量成為輿論，甚至影響清廷，再加上雜誌與報紙的開放，晚清學人所提出的致用思想、改革思想對社會確時能產生更大的影響力，如梁啟超籌辦的《新民叢報》與章太炎為主筆的《民報》，對當代立憲改革與民主革命皆有所渲染，章氏諸多的改革文章也是經由《蘇報》、《民報》、《國粹學報》、《國故月刊》這些民辦刊物所發表。故從此論，晚清的所談「致用」思想實與當代社會發展更為之緊密，而非只是由學說或筆談所呼籲的改革思想。

晚清時期係中國社會發生巨變之時期，自 1840 年鴉片戰爭以來，中國不斷飽受外國侵略，加之各地民變崛起，政治腐敗嚴重，朝廷負債俱增，故不論朝野皆欲尋求變革，由新式技藝工業的鼓吹以至於政治制度，晚清中國實經歷數十年的改革。如早期曾國藩、李鴻章、奕訢所領導的自強運動，康、

---

〔註6〕 劉仲華：《清代諸子學研究》（北京，中國人民大學出版社，2004年），頁308。
〔註7〕 梁啟超：《清代學術概論》，頁16。

梁的立憲維新運動，乃至孫文的國民革命，諸人的終極目的莫不欲使中國社會進步，孫文在〈民生主義〉言：「我們要解決民生問題，如果專從經濟範圍來著手，一定是解決不通的。要民生問題能夠解決得通，便要先從政治上來著手，打破一切不平等的條約。」〔註8〕孫文的國民革命初步是成功的，其理念莫不在於經由政治制度的改變，而驅使社會經濟、民生獲得改善，故晚清民初群治思想所存在的重要課題，莫不是要如何變革與達到社會文明的進步。

　　晚清學人亦留意當代社會的諸多巨變，在學術「復古」的趨勢下，屬於古學的諸子思想或可為學人提供一研究途徑。先秦諸子學本為先秦思想家為解決先秦紛紛亂世所提出的學說，故寄託豐富的改革思想，其在政治、社會或經濟學層次的各種理論乃重新所重視。如梁啓超在《先秦政治思想史》言：「中國學術，以研究人類現世生活之理法為中心，古今思想家皆集中精力於此各方面之各種問題。以今語道之，即人生哲學及政治哲學所包含之諸問題也。……專言政治哲學，我國自春秋戰國以還，學術勃興，而所謂『百家言』者，蓋罔不歸宿於政治。」〔註9〕案此說法則先秦諸子九流之學本有經世、救弊的意趣在，也就是先秦諸子所欲革變與政治、制度的範疇亦息息相關。故梁氏以為從政治、社會致用的角度來探索先秦諸子，與其中的理論思想並無隔閡。晚清學人之治子與當代的「致用」之學亦有相應和者，如治《老》、《莊》多言社會與關係，治《墨》學則附會實利主義、邏輯學、自然科學，論法家者則採取政治、法治學說之聯繫，故晚清子學以「致用」為論說的目的乃在於能聯繫當代的社會，調解社會變動與提供社會改革的出路，以盡符合經世、救弊之論。

　　陳澧為晚清經學界代表性人物之一，《東塾讀書記》雖為其筆記叢談之著作，亦是其《學思錄》未完成之前，所擷取其中精要出版的典籍，不過當中的論說與其「肆力於經史子文章」的課題緊密相關，亦有所謂「維正學，救流弊」的意趣在，故本文乃以陳澧此著作為探索其諸子學與「致用」之學的對象。陳澧之治子大抵仍採取正統派「治子通經」的保守態度，不過其諸子經世之論說大抵有諸多創見，亦能依循前儒之言予以批判，或按照客觀事實給予析辨，對諸子的治術則褒貶參半，可視為晚清正統派研治子學的重要意

---

〔註 8〕　孫文：《三民主義》（臺北，大中國圖書公司，1984 年），頁 205。

〔註 9〕　梁啓超：《先秦政治思想史》收入《梁啓超全集》（北京，北京出版社，1999 年），第六冊，頁 3604。

見之一。陳氏《東塾讀書記》大概僅以一卷之譜探索子學思想，然其中實干涉陳氏對治術與學術經世的諸多觀點，本文則由其「致用」觀點闡述，剖析其對先秦功利治術之關懷與其反對商、韓的刑法權術治國論。而其以子學視野評議西方之事功議題亦有可觀處，本文也藉此窺探陳澧對於西學東漸下所作的思考與反省。總言之，陳氏的諸子學實較著重在學術經世的層面，故與當代的教育改革、社會風氣改革較之相關，其雖未必專由當代所重視的經濟議題、政治議題論說，然其通過諸子學所探析之學術經世課題，仍有諸多可為學界所留意處。

梁啓超為晚清研治《墨》學的重要學者，其所著的《墨學微》、《墨子學案》、《墨經校釋》多言《墨子》之治術、道德倫理、宗教思想，故與社會群治、社會制度、社會經濟有密切的關係，梁氏承認《墨》學對中國文化有深遠的影響，其言「吾嘗諦觀思惟：則墨學精神，深入人心，至今不墜，因以形成吾民族特性之一者，蓋有之矣。」〔註10〕梁氏認為，《墨》學之講究兼愛、犧牲精神，因此能影響民眾務實、堅忍之性格，而《墨子》所倡言之功利、實踐，梁氏也用之聯繫當代社會的致用思想，其認同《墨》學與晚清民初流行的經世、救弊理念是近切的。梁氏《墨》學有幾個要點，首先是欲由《墨》學論述當代的宗教與政治，其以「天志」為宗教哲學的核心，以「兼愛」為立教根本，以「實利」為落實社會公益的依據，蓋此社會實踐與實利思想是當代學人所留意的範疇，而梁氏用《墨》學觀點來審視晚清思想界的諸多問題，乃可與當代的宗教、道德、經濟學說相比附。大抵梁氏的《墨》學可視為晚清民初新學的重要著作，較之孫詒讓《墨子閒詁》的「間者發其疑悟，詁者正其訓釋，……亦以兩漢經儒，本說經家法，箋釋諸子」的傳統詮解方法有不同之面向。〔註11〕孫氏之書以集諸家之說，糾謬匡誤為主要，其貢獻在於整理《墨》學千年以來文字內容艱澀難讀的疑慮，而梁氏則積極調和《墨》學對「致用」思想的畛界，藉此結合近代西學的理論學說，且針對當代的政治、社會問題進行闡發，故其創新與結合社會致用之價值實超出前儒。總結來說，梁啓超由《墨》學所寄寓的「致用」觀照，可與民初之群治、民德、新民思想聯繫，故謂梁氏是欲經由先秦古學範疇以開闢晚清以來經世致用之新徑，此亦是恰當的。

〔註10〕梁啓超：《墨子學案》（臺北，新文豐出版公司，1975 年），頁 1。
〔註11〕孫詒讓：《墨子閒詁》收入《新編諸子集成》（臺北，世界書局，1991 年），第六冊，頁 5。

　　章太炎子學的以法致用與反「進化」議題。依據李澤厚對章氏學術之分期，章氏初始以修習正統派經學爲主要，不過古文經學雖爲章氏學術之基礎，然其學術地位之建立則在第二期以降，也就是以先秦諸子、佛學爲研治核心之哲學，章氏大抵能融會諸子學、佛學、西學、經學之理論特長，而漸形成其獨有之思想體系，李澤厚說：「構成章太炎思想的複雜性的另一原因，是他對中國古代文化和哲學思想的吸取繼承。……後來又以佛學唯識宗爲主，企圖將道、儒、法和西方哲學等等熔爲一爐。」〔註12〕故可知章氏大抵把經驗層面視爲過渡期，而以社會人文、物質文明的超脫爲人類存在的最終了義，此以唯心哲學審視現實層次的「致用」思想，是爲章氏學術體系的一大特點。

　　章氏之涉及先秦諸子學本不在少數，如其《訄書》所改寫的《檢論》、《菿漢微言》、《國故論衡》、《國學略說・諸子略說》、《齊物論釋》等對諸子思想多有辨析，而其單篇的〈無五論〉、〈四惑論〉、〈國家論〉、〈代議然否論〉、〈俱分進化論〉則體現其對當社會「致用」之學的諸多觀點。本文以爲章氏所提出之「以法致用」學說是爲融會先秦諸子與經世致用之學所理出的一個扼要議題。章氏既不承認當代的君主專制體制也不滿意君主立憲，故其特意開出一「法治」爲準的的制度，把對政治的期望寄託於嚴密的法治國度，而先秦法家經世、救弊的觀點也循此有了新契機。不過，章氏仍不相信人類社會，其政治理想仍著重於「無爲」之治，故其學說最終乃回歸於哲學的層面，而以爲一切政體都有空無，其認同一種無政府、無聚落、無人類的社會，似乎以返樸歸眞爲標的。總言之，章氏「致用」之學有其雙重意義，章氏以學者之姿提倡經世致用，也可見其欲整合現實面與理想層次的用心了。

### （三）泯除諸子學、佛學之義理畛界

　　佛學對於晚清思想界有深遠之影響，而佛學與諸子學皆以哲理見長，故二學術之會通，亦爲晚清思想界開拓另一視野，蓋佛學之深奧有其哲學之價值，佛學之著重形而上思辨則可與部份諸子學相比附。梁啓超認爲晚清新學家多好言佛學，而學者學佛又未必在於出世，而是欲經由探析佛學以理出一新思想視野，比如：「文會深通『法相』、『華嚴』兩宗，而以『淨土』教學者，……譚嗣同從之遊一年，本其所得以著《仁學》，尤常鞭策其友梁啓超，……其所著論，往往推挹佛教。康有爲本好宗教，往往以己意進退佛說。

---

〔註12〕李澤厚：《中國近代思想史論》（臺北，三民書局，1996年），頁406。

章柄麟亦好『法相宗』，有著述。故晚清所謂新學家者，殆無一不與佛學有關係；而凡眞有信仰者，率皈依文會。」〔註13〕故眞以佛學爲信仰者唯楊文會，楊文會以居士身份研治學佛，對晚清民初佛學界有重大影響，然其最終也未出家。楊文會所倡導的佛學學理則爲譚嗣同、章太炎、太虛法師、歐陽竟無所吸收，也影響了熊十力、呂澂等佛學家，其中譚嗣同著《仁學》以佛學與基督教思想論說儒學，章太炎的《齊物論釋》以《莊子》思想聯繫佛學哲理，亦體現了諸家思想會通的深度。蓋晚清學人之學佛，其用意未必在信仰，而在於擷取佛學之深奧義理，故往往能「以己意進退佛說」，在方法上著重對佛學的比附，如玄佛互釋、以佛解道、以佛釋儒乃爲晚清思想界所運用，此可留意之。

　　晚清民初，對於佛學界有重大影響者首推楊文會，楊氏辭官之後以弘揚佛學爲己任，其刊刻佛經、培育佛學人才，訂定近代佛學教育章程，影響晚清民初佛教之復興。楊文會以居士身份參悟佛學，故不避諱佛教所謂的外道之學，亦好以佛法會通他說，如其關於儒家的《論語發隱》謂孔子爲「行菩薩道」，關於道家的《道德經發隱》、《南華經發隱》等書，則指出道家與佛學之工夫方法不違離，此也泯除了三家哲理思想的畛界，有助於三家會通之流行。楊氏「以佛解道」的代表作係《南華經發隱》一書，楊氏充分運用了大乘空宗、有宗、華嚴等理論觀點，對《莊》學的「心齋」、「德」、「渾沌」作了詮解。又如其會通道家之「道」與佛家之「眞如」，視老子、莊子爲大乘菩薩，以「十大」範疇比附《莊子》之工夫論，以佛學的法空、我空結合「逍遙遊」之圓融，亦提高了道家思想於佛學之高度與深度。而由佛學「識」、「眞空」觀點攝入「心」、「破」、「氣」等義理課題，層層漸進，也處理了道、釋二學思想的隔閡。總的來說，楊氏之發展道家思想，又積極闡揚佛學理念，以居士身份振興佛教事業，其對於晚清學術與宗教之「復古」趨勢是有長足貢獻的，因此楊氏思想於晚清學術的意義乃值得學界留意之。

　　另外，德園子《道德經證》之撰作，則體現了儒家、道家、佛學與道教金丹思想之會通，德園子以丹術爲喻，認爲諸多法門固然不盡相同，但所尋求的意境不二，所謂「人同此心，心同此理，先聖後聖，其揆一也」，此即表現其欲融會諸家思想精要爲「一」之用心。故其論述《道德經證》的目的在

---

〔註13〕《清代學術概論》，頁84。

於「會三家之合」，以泯除「三教之分」。〔註 14〕在方法上，其多有以佛經或道教經典註解，故德園子之《老》學並非全然依循傳統道家的理解，或多有涉入佛家、儒家思想的矩矱。本文則以探索其道、佛思想會通，及道佛、金丹之聯繫爲要點。德園子論說之內容亦有所謂求仙、爐火、種果之喻，諸此觀點實展現了道教思想的意趣，故德園子以爲：「只修祖性不修丹，萬劫陰靈難入聖。」〔註 15〕此所言金丹之修持工夫，無非是欲遁入究極之玄理，以道家而言是爲尋求無爲、無待之境，以道教而言則在於成仙，以佛教而言則等同「眞如」的映證。總言之，該書並非一般之道書，其援引道經、佛典之說，又重視成佛、仙道工夫之理趣，其以金丹爲寄託，以成就「明心見性」爲最終標的，實含有學術與宗教上之雙重意義，故謂該書爲玄學與道教思想之漫延亦無不可。

章太炎於中期以降，則轉以鑽研道家、佛學思想，其在《齊物論釋》則針對唯識、華嚴之學，進一步融通《莊》學與道家思想，該書的諸多觀點影響晚清思想界至鉅，此亦梁啓超、錢穆所認同。章氏之《齊物論解》大致緣「以佛解莊」爲其經典詮釋之門徑，其以爲佛學「以分析名相始，以排遣名相終，從入之途，與平生樸學相似。」〔註 16〕因此佛學思辨的理念與方法（特別是唯識之學），係章氏所重視，甚至以爲其精密可與樸學相提並論。從此可知，章氏之治學，一者要求精審，再次則尋求哲理之深奧，章太炎對於先秦諸子與佛學頗有評論，以爲：「學問不自大小，要能精審，則可以成天下之亹亹。……若夫周秦九流，則眇盡事理之言，而中國所以守四千年之胙者也。玄理深微，或似佛法。」〔註 17〕察章氏《齊物論釋》的道佛會通，所尋求不外乎由精密的道、佛理論對《莊》學所涉及的種種名言象意進行審視，以期乎一超脫的圓融法界之呈現。其著《齊物論釋》，大抵能援用佛學理論以詮說《莊》學「道」論。如其以眞如心映證「空相之理」，以「本心」範疇窺探最高了義，謂「以明」即是本心緣「道」所觀照的澄明，故由「唯心」說「道」；又如〈齊物論〉所論之時空，可由佛學之虛無、緣起論說，而《莊子》「齊物」

〔註 14〕 德園子：《道德經證》收入《無求備齋老子集成續編》（臺北，藝文印書館，1970 年），第七十一冊，卷一，頁 1。

〔註 15〕 《道德經證》收入《無求備齋老子集成續編》，卷一，頁 3。

〔註 16〕 章太炎：《菿漢微言》收入《章氏叢書》（臺北，廣文書局，1970 年），頁 943。

〔註 17〕 《民國章太炎先生炳麟自訂年譜》，頁 67。

以破斥名相為原則,此也與佛學的主觀唯心、萬法唯識相涉。總言之,章氏之學可觀處在於對深奧哲理之爬梳與分析,《齊物論釋》所論述之道佛會通則為其哲理思想的代表作,故實具有特殊之價值意義。

　　晚清民初時期,佛學與諸子學的會通也成為一個專門議題,如嚴復、楊文會、章太炎、丁福保之以佛解老、以佛解莊皆有其代表性,此亦造成學術思想會通的一高峰。本文以上述三位晚清學者之作品為探索對象,大抵根據有二,一來佛學本有哲理之理趣,此與部份諸子學思想是近切的,如先秦道家之學便具備豐富之哲理思想,而楊文會、德園子、章太炎皆論述道家之作,亦對佛學有高度興趣,故分析該典籍關於道佛會通、以佛解老、以佛解莊的範疇,亦有助於釐清學者之諸子學與佛學之思想;第二,佛學本有宗教的意義在,而晚清學人亦重視宗教思想之開展,晚清諸多著作也趨向推廣宗教思維。如楊文會之振興佛學,推廣佛教事業,德園子以為三教可合流,以佛學的有為法、無為法、種果之喻來析論生命修養之工夫,章太炎甚至以為可用佛學教化社會,從此說可知晚清思想界並非輕視宗教學問,反而能重視宗教對於當代社會之影響力,故本文以佛學干涉諸子思想為論說,此亦符合晚清學術思想發展之脈絡也。

### （四）對西學理論之運用與深化

　　晚清學術之創新風氣實多有西學之影響。自鴉片戰爭以降,英人以船堅炮利敲開清廷之鎖國,則西學之風乃逐漸深入中國社會各層面,由工業生產之形態全然改變,以至於學術、政體、典章制度之改革皆受到渲染,可知西學對於晚清民初社會之影響是具有普遍性的。以思想界而論,魏源嘗提出「師夷之長技以制夷」的口號,其所撰著之《海國圖志》、《聖武記》率先鼓吹對西洋先進技術的學習,其洞見也成為晚清經世改革思想之引領;張之洞所創辦之新式學堂、煉鋼廠、紡織廠、兵工廠,亦莫不有其「中體西用」之呼籲,張氏之觀點與作為渲染晚清民初社會甚深。總言之,晚清學人對於西學的援取也成為當代改革思想的重要依據,不論李鴻章新兵制、康有為的「立憲」運動,譚嗣同的「仁」通哲理、嚴復以進化論所論說之社會革變、梁啟超結合實用主義所闡述之經濟思想皆然。本文則以晚清子學思想為探討核心,以嚴復的道家思想、梁啟超的《墨》學、劉師培的諸子學為例,論說學人以西學理論深化晚清學術之視野與價值。

　　誠如蔡元培所言「五十年來,介紹西洋哲學的,要推侯官嚴氏為第一。……

嚴氏所譯的書，大約是平日間研究過的。譯的時候，又旁引別的書，或他所見的事實，作爲案語，來證明他。」〔註18〕故嚴復爲晚清之引進西方學術之重要人物，嚴氏所擅用之方法以譯書與評注爲主，而嚴氏這種以案語、評點來作爲其研究的佐證，也成爲其學術的特色。其《莊子評點》的意趣旨在會通道家、西學，並由傳統的義理學開展，也就是「道」論之研究，以闡述其結合進化論的「天演」哲學。本文以爲，嚴氏畢生所追求乃在於「融通中西文化中最高的原理原則」，欲從此成就其一家之言，其著重對先秦道家「道」思想所派生的氣論、宇宙論、工夫論，而其援用西學的「進化論」觀點，也映證其「天演」、「治亂盛衰」的社會學理念，故嚴氏演繹《莊》學之價值，不但在於溝通中西，爲晚清義理思想投入新意，也能結合經世致用思想，檢驗當代社會的改革面向。

再次，梁啓超之《墨》學亦普遍援用西學以求創新，其內容之名辨思想與科學觀、社會文化觀點之闡釋則大量應用西學詮解，梁氏以爲《墨》學可與世界潮流相結合，故說「而斯義者，則正今後全世界國際關係改造之樞機，而我族所當發揮其特性以易天下者也。」〔註19〕此無異把墨子的「兼愛」、「利用」、「天志」，提升至國族思想的層次，而可與西方列強的社會趨勢相聯絡。猶如梁氏所言《墨》學之「互助精神，圓滿適用」，墨家思想乃以兼相愛、交相利爲旨要，因此梁氏認同「墨道」可比擬於西方的「利他」、「互助」主義，故說「兼相愛是託爾斯泰的利他主義，交相利是科爾璞特金的互助主義。」〔註20〕是以梁氏認爲《墨》學的精要，與近代西方社會學有相近之處，事實上梁氏也認同《墨》學是爲一重視方法與實踐的家派，與近代西學的實用觀點頗近似，因此不論由演繹法與歸納法會通「墨辨七法」，或者以進化論融入《墨》學「非命」，梁氏皆認爲可由近代之科學方法檢視。

總言之，梁啓超前後期的《墨》學研究所干涉的層面相當廣泛，其中識見也直接或間接干涉清末民國的中西學術會通與社會、文化、學術等層面，以是其群治說、新民說、公德、自由等思想皆有《墨》學思想的渲染。固然梁氏承認其學有「愛博不專」的缺失，然單以晚清民初之《墨》學研究而論，梁氏融入西學之創新，實有益於晚清《墨》學之擴充。

---

〔註18〕蔡元培：《蔡元培全集》（浙江，浙江教育出版社，1997 年），第五冊，頁 102。
〔註19〕《墨子學案》，頁 4。
〔註20〕《墨子學案》，頁 16。

劉師培的諸子學則俱備史學考察與政體改革之價值，故頗有可觀處。劉氏之學大抵可以前期創新、後期保守視之，其後期之學以持守傳統派學術之崮門爲要，〈經學教科書・序〉言「夫六經浩博，雖不合於教科，然觀于嘉言懿行，有助于修身，考究政治典章，有資于讀史。……經學所該甚廣，豈可廢乎。」〔註21〕此誠把經學視爲專家之學，修身、考史皆不離此範圍，劉氏實以光復漢學傳統爲旗幟；而劉氏學術能吸收西學新知則在其前期學術，〈并青雍豫顏門學案序〉言：「昔在成周，格物致知區分兩派，……儒家尙道，墨家尙藝，……默契西法，用則施世，捨則傳徒，律以古代學術道藝並重，……因思元明以來，士趨實用，不以西法爲恥。」〔註22〕此把西學與「實用」之學相聯繫，以爲西學有「格物」的特長，而與古代墨家之重「藝」是近切的。因此劉氏亦贊同以西學緣飾經籍，其抬舉顏李學派、戴震的曆算之學用意亦在於此。

劉氏諸子學對於西學之援用，亦反映在其學術史觀與附會西學的政治、社會思想，故有務實的面向。其學術史觀，乃針對古學源流進行探索，並積極聯繫西學與「宗教」、「史官」、「實驗」的關係，此由新義檢視古說的特點，也往往能別開生面，使既有學術觀點得以檢討，劉氏所欲樹立者，則在於依據西學理念對傳統學術思想進行批判或維護，故也寄寓其保存國粹、提倡國學之學術理念。本文則由其古學術史觀入手，大體理出了其古學與「宗教→史官」、「實驗」之聯繫，也導出其六經皆史、諸子皆史、古學術皆出於王官之理論，其尊史的說法對於晚清民初一系列的考古學說亦是有所呼應。

又如其論述「民族」之用意大抵有排滿、光漢之情緒，而「民約」觀點則反映其對現實政治與社會情態之不滿，故也有藉西學之論以申訴對當代政制的不滿。劉氏前期的學術著作，有反對滿清專制以積極宣揚「民約」之趨向，其論說之目的本在於建立一個以漢民族爲核心的民主法治社會，其所直陳之「民約」、「民主」思想亦表達對當代滿清專制體制的反省。本文則以爲，劉氏所結合諸子學、西學所論說之君民能權分立、平等互利、社會分工，是可與當代的社會致用之學作一聯繫，故其學術對於晚清民初的古學研究、政治社會思想研究，亦頗有參考之價值。

總的來說，西學於晚清民初是爲顯學，其潮流也直接或間接影響當代社

〔註21〕劉師培：《劉申叔遺書》（江蘇，鳳凰出版社，2010年），下冊，頁2073。
〔註22〕《劉申叔遺書》，下冊，頁1758。

會與學術思想，本文由嚴復、梁啓超、劉師培之諸子學探析，此則反映了學界欲由義理思想、古史思想、自然科學、理則學的角度尋求古學與當代新學之聯繫，此三位學者之運用與深化西學理論固然只爲晚清「中體西用」之一隅，然其創新意義，大體影響了當代之科學觀與社會觀、文化觀點。〔註 23〕故視之爲晚清民初思想界之先驅人物亦無不可。

## （五）對晚清學術整理與考察的價值

本文所干涉的四個命題，即「乾嘉考據學」、「致用學術」、「佛學」、「西學」等，而其中學者或有干涉兩個命題以上者，此可從學者「前後期思想的差異」，與「該時期學術的多元性」論說。如章太炎本習正統派經學，與俞樾學術有緊密的關係，爾後則轉向道家與佛學哲理研究，故本文乃比較其學與俞樾學術的異同，又考察其以佛解莊的觀點，此整理可看出章太炎前後學術之嬗變，與其學術轉向之差異。因此，誠如前面所述，章氏固然早期以正統派學者自居，著重於經學、小學之研究，然因爲諸多事件的影響，旋改以哲學研究爲主要。此轉變也說明晚清學者受到時代或其他因素影響，或有前後期學術之轉變，如章太炎、梁啓超、劉師培之學皆有前後期之分，劉師培前期的積極援用西學，與其後期治經的保守態度，實大相逕庭，故其前期講「西學爲中學之源」，以爲中學的教育改革可經由西學啓發，但後期則回到其家學的意趣，全然以儒學爲宗。梁啓超也自言「不惜以今日之我，難昔日之我。」〔註 24〕此也表明晚清學者治學並非一味持守固有的畛界，反而欲在變動中求創意。

再者，晚清學術的多元化價值也值得留意，如嚴復之著重考據評點與西

〔註 23〕 西學所著重推理與數理的方法在晚清思想界造成渲染，所謂推理與數理的方法亦提供人文科學或自然科學研究之門徑，張曉在《近代漢譯西學書目提要·導論》云：「在我國，把科學作爲一種精神活動，嘗試將近代自然科學知識運用於社會人事的思考，雖然眞正的開端在二十世紀上半葉，但是，洋務運動是中國思想界、中國學人開始重視近代意義上的『科學』，並大規模運用於社會實踐的發端期。洋務知識分子對西學『格致』的認識，並非戊戌維新人士所批評的那樣，僅僅停留在『技藝』與『器物』的功利層面上。」可知晚清思想之開展，包含對理論與技藝層面的探討，與晚清學人特意伸張「科學」方法是有所關聯的，縱使所謂的「科學」理念非是以專業的觀點探索，或只爲一種普遍常識的認知，晚清民初思想與「科學」理念之干涉頗深。張曉等編：《近代漢譯西學書目提要》（北京，北京大學出版社，2012 年），頁 22。

〔註 24〕 《清代學術概論》，頁 74。

學，梁啓超《墨學微》有諸多社會「致用」觀點，且積極會通「西學」皆然。總言之，諸多晚清學人並非只局限於單一層次的研究，比如嚴復的道家著作《老子評點》、《莊子評點》都使用傳統的考據、評點為方法，但另一方面其又積極聯絡道家思想與西方之宗教、哲學、科學等，因此嚴復雖不廢舊學，然其學術實欲由新學而擴充其視野，以成就一家之言為的鵠。

又如梁啓超亦復如是，其原本師從康有為修習今文經學，其後參與戊戌變法，但後期又轉向推崇民主，反而鼓吹自由、民約、民權，提倡民德、社會道德的提升，其學非但受到傳統學術影響，也積極吸收新學的新知，其《墨學微》本以鑽研先秦《墨子》為主要，而《墨子》對於宗教、哲理、社會學、理則學的考察也成為梁氏《墨》學擴充的議題，後旋而成為其論說當代社會改革的利器，而梁氏之學也受到晚清新學的影響，其運用西學所作的探析亦成為其特色。從此來說，梁氏的《墨》學一來欲開出社會致用思想，一來也投入對新知識的吸收，此是為其學術的多元特色可知。

## 二、晚清諸子學之影響與未來研究之展望

晚清諸子學之流行，對於當代的學術思潮與社會思想改革有實質上的影響作用。本文則以為，晚清諸子學與該學所衍生之概念，對於民國以降的學術與社會皆有影響。可表現在幾方面，首先，與民初之復古、疑古學術思潮有所干涉。再次，與當代的社會致用、西化流行有所聯繫。第三，對民國以降的哲學思潮產生影響。

### （一）對復古與疑古思潮之影響

晚清諸子學是為晚清復古思潮的一環，亦受到晚清新學發展的渲染，故晚清子學除帶動學術復古與創新的擴充，亦影響了晚清之後學者對於古學真偽之反省與思辨，故晚清學術之內容與方法大抵渲染民初的學術界。如康有為之論辨孔子與先秦諸子改制的關係，章太炎與胡適對諸子源流的論說，梁啓超之整理國故與先秦儒學，劉師培對先秦古學源流的考辨等，這些晚清學者對於先秦諸子的考證與辯駁也同時開展了民初的疑古思潮，如錢玄同、顧頡剛、錢穆等儒者對古代典籍之成書與真偽的考察，皆可謂是受到晚清學者之啓發了。

以學術之「復古」來說，晚清諸子學之內容亦表現在民初學術研究。諸

子學於清代之復起本始乾嘉學者的以子證經、以子證史，學者以古籍論證古說的理念也促成諸子學發展的契機，梁啓超以爲此種學術復古現象直至晚清、民初而不墜，其言：「自清初提倡讀書好古之風，學者始以誦習經史相淬屬，其結果惹起許都古書之復活。內中最重要者爲秦、漢以前子書之研究；此種工作，頗間接影響於近年思想之變化。」〔註 25〕屬於古學研究之先秦諸子學仍可爲民初思想提供素材，學者對於古學理論的諸多審視與質疑，也使諸子學與當時代的研究接軌，章太炎的《訄書》、《檢論》，梁啓超《墨學微》、《墨子學案》開其先，胡適《中國哲學史大綱》、馮友蘭《中國哲學史》上下兩卷、顧頡剛的《古史辨》，錢穆《先秦諸子繫年》等論文繼其後，諸子學之內容仍爲學者所留意，此體現在一系列考究古代歷史、民族起源、文化變遷與古代學術源流等問題上，可知民國諸子學亦接承晚清諸子學的研究風氣，也形成另一股潮流。

晚清學人對於諸子學之研究，也影響民初之「疑古」思潮，如胡適著《中國哲學史大綱》便以爲之孫詒讓、章太炎治子皆著重「客觀的根據」，因此其治中國哲學也必然先審定其材料之眞僞：「《管子》一書既不是眞書，若用作管仲時代的哲學史料，便生出上文所說的三弊。（一）管仲本無這些學說，今說他有，便是張冠李戴，便是無中生有。……故認《管仲》爲眞書，便把諸子學直接間接的淵源系統一齊推翻。以上用《管子》爲例表示史料的不可不審定。」〔註 26〕胡氏於此呼籲史料的審定乃影響哲理研究之可信度，故其與章太炎對於治子方法的論戰，也極力說明考證方法與材料眞僞之重要。曾問學於胡適、錢玄同的顧頡剛可視爲民初疑古派之代表，謝桃坊〈古史辨派在國學運動中的意義〉言顧氏：「因胡適和錢玄同的鼓勵編集辨僞材料而使研究古史快速地進行。……1913 年冬，國學大師章太炎在北平共和黨本部主辦的國學會講學，顧頡剛前往聽太炎先生講宗教與學術的衝突，……這使他開闢了學術視野，知道治學是有若干途徑的。」〔註27〕顧氏學術以劉知幾、崔述、康有爲、胡適之辨僞學爲基礎，顧氏敢於質疑先秦儒家、諸子九流等諸多問題，也確立了民國疑古學派講究實證、科學的研究法。而顧氏諸多創新的考

〔註25〕 《中國近三百年學術史》，頁 315。
〔註26〕 《中國哲學史大綱》，頁 14。
〔註27〕 謝桃坊：〈古史辨派在國學運動中的意義〉收入《文史哲》第三期（山東，山東大學，2009 年 6 月），頁 65。

古，也可謂是借鑑於晚清學者的治學態度，顧氏甚至已能就當時少部份的出土文物，作於考訂文獻的第一手材料。總言之，晚清諸子學受到正統派研究法之影響，大抵能縝密的審定諸子學之材料，而以文字、訓詁爲研究之初步，民初疑古學派則受到此種風氣之影響，也進一步加強對中國古學的辨僞，其全面或更甚於前者，故說晚清諸子學研究與民國的疑古學風有所聯繫，此也是有證據可求索的。

### （二）對當代社會致用理論與西化思潮之影響

晚清自鴉片戰爭以來，中國舊傳統社會面臨制度改革與列強侵略的挑戰，故諸多學人乃以經世致用爲改造社會的途徑，嚮往西方之學術者則大量援用西學的識見，暢談西方的宗教思想、技藝、科學、民主制度與資本主義經濟等論，故社會致用與西學之應用乃成爲當代學術思潮所留意。孫文在《三民主義》言：「中國的革命思潮，是發源於歐美，平等自由的學說，也是由歐美傳進來的。」〔註 28〕《三民主義》係孫文用以改革中國社會的著作，可知孫文並不諱言這種借鑑西學並結合社會致用的論述。晚清學者之闡釋諸子學亦多有結合西學與經世的經驗，如嚴復以西方宗教對《老》、《莊》之學發微，章太炎以道家、法家所論述的法治治國與「俱分進化」思想，梁啓超攝入西方思想的《墨》學宗教觀、理則學皆然。而晚清學人這種結合西學、致用之學的趨勢，也影響民國以降的學術思潮。梁啓超在〈論國家思想〉中比較中國與歐洲的制度，便舉「大一統」爲說：「孔子作《春秋》務破國界歸於一王，以文致太平。孟子謂『天下惡乎定？定於一。』其餘先秦諸子，如墨翟、宋鈃、老聃、關尹之流，雖其哲理各自不同，至言及政術則莫不以統一諸國爲第一要義。蓋救當時之弊，不得不如是也。」〔註 29〕因此欲救時弊，首在於維持國家安定，此「大一統」思想也涉及學者治世的觀點與對中國內政的隱憂，梁氏舉諸子思想論說，莫不是要證明學人所論說之致用改革，是可以援取於先秦古學的。

民初的西化思朝，也觸及至社會改革與社會運動的層次，而如章太炎、梁啓超於諸子學研究所呼籲的「法治」、「新民」、「科學」，實也干涉於當代社會文化與教育的層次，錢穆在《國學概論・最近期之學術思想》一節說：「泊夫民國創建，而政象杌隉，國運依然，乃進而謀社會文化思想道德之革新，

〔註28〕《三民主義》，頁 93。
〔註29〕梁啓超：《飲冰室文集》（臺北，文化圖書公司，1981 年），頁 22。

以蘄夫一切之改造；始專爲西方思想之輸入。此則民五以來所謂『新文化運動』者是也。」〔註 30〕民初中國社會所尋求，無異在於一能改善社會道德、文化、教育的變革，而西學的諸多範疇乃能提供意見，當代新文化運動乃以「民主」、「科學」爲口號可知。而如梁啓超、胡適等儒，作爲新思潮運動的推動者與參與者，其並非全然否定舊學術思想，反而以爲現代與傳統可以進一步聯絡，大陸學者董德福在〈梁啓超與五四運動關係探源〉一文言：

> 梁啓超在五四時期確曾發表了一些似乎不合時宜的言論，對現代西
> 方文明有許多批叛性的反思，對全盤西化論大潑冷水，重新發現了
> 中國傳統文化中孔、老、墨「三聖」的價值，對孔子人格和儒家文
> 化大加贊賞，甚至認爲中國文明擔負著「救拔」西方的歷史責任。
> 但是，這絕不意味著梁啓超開始放棄西學而回歸傳統，也不能視之
> 爲梁啓超文化思想倒腿之標志。〔註31〕

事實上梁氏既無放棄西學之意，亦有保存中國傳統文化的呼籲，大體梁氏以爲先秦古學的許多觀點仍可有用於當代社會。這也證明梁氏非但不排斥先秦古學的識見，更急欲把中國文化與「西方文明」作一聯絡，而此即體現在梁氏對於先秦諸子學的鼓吹上。從此說，梁氏作爲五四運動、新文化運動的參與者與支持者，自然也有融入先秦之老、墨「自由」、「民約」、「兼愛」、「實利」、「科學」等思想旨趣了。

民初以「科學」方法研治先秦諸子者，則胡適爲先驅人物，胡適嘗留學西洋受到西方實驗學派影響甚深，而胡適也善用歸納、辨證的方法來論述先秦古學，其在〈治學方法與材料〉言：「科學的方法，說來其實很簡單，只不過『尊重事實，尊重證據』，在應用上，科學的方法只不過『大膽假設，小心求證』。」〔註32〕胡氏大抵以其所認同之科學實證方法考辨先秦學術，其欲經由對古學的系統研究以論述中國文化、哲學的，其剖析先秦古籍的成書與人物思想，這些莫不有西學影響之跡，其《中國哲學史大綱》說「我們中國到了這個古學昌明的時代，不但有古書可讀，又恰當西洋學術思想輸入的時代，有西洋的新舊學說可供我們的參考研究。……這兩大潮流匯合以後，中國若

---

〔註 30〕 錢穆：《國學概論》，頁 333。

〔註 31〕 董德福：〈梁啓超與五四運動關係探源〉收入《江蘇大學學報》社會科學版第
8 卷第 6 期（江蘇，江蘇大學，2006 年），頁 32。

〔註 32〕 胡適：《胡適文集》（北京，北京大學出版社，1998 年），第十二冊，頁 105。

不能產生一種中國的新哲學，那眞是辜負了這個好機會了。」〔註33〕因此胡
適承認先秦古學與西學是可匯合的，其探索中國古代哲學的方法亦不違離於
此，民初的諸子學思想也由此而有發展，故說西學思潮之影響清末民初思想
界此是可信。

### （三）擴充當代哲理思想之發展

　　晚清諸子學之勃興，也使稍後的民國思想界有所延革。錢穆述說清末民
初的諸子學，便認同章太炎的學術創新可視爲當代思想界之先驅，其言：「至
於最近學者，轉治西人哲學，反以證說古籍，而子學遂大白。最先爲餘杭章
炳麟，以佛理及西說闡發諸子，於墨、莊、荀、韓諸家皆有創見。」〔註34〕
大體章氏的貢獻在於能以佛理與西說闡發諸子，章氏承認諸子思想應以義理
闡發爲主，而不是單單局限於對文字、訓詁的考究，故章氏對義理思想之革
新，乃認爲可在傳統派方法之外，理出一專以析論哲理爲準之脈絡，因此其
以爲「諸子多明義理」，而此「融會貫通」的義理學脈絡，也爲當代思想研究
理出一個途徑。〔註35〕民國以後，諸子學的研究熱潮並無消逝，諸多的相關
著作大量出版，其中哲理研究與哲學史研究乃成爲主流，如李守素《先秦諸
子思想》、蔣伯潛的《諸子與理學》、《先秦諸子纂要》，周群玉《先秦諸子述
要》、羅焌《諸子學述》、馮友蘭《中國哲學史》等書的編撰，一時學者蔚然
奮起，乃爭相論述先秦諸子學，並能旁及其他哲學思想的聯絡，此也擴大了
民初思想之廊廡。蔣伯潛在《諸子與理學》一書便指出先秦諸子學與宋代理
學的關係，其言：「天道既爲孔子所罕言，故儒家的宇宙論不若道家之精
詳。……宋代理學諸儒喜以宇宙論爲人生哲學之根據，合天道與性而探討之
以成一系統，其宇宙論實多采道教之說。此亦無可諱言之事實。」〔註36〕蔣
氏由天道觀爲界說，以爲宋代理學大抵接承先秦諸子餘緒，以孔、孟之學爲
依據，甚至也攝入部份的道家思想。馮友蘭《中國哲學史》也言：「及乎北宋，
此種融合儒、釋之新儒學，又有道教中一部份之思想加入。……陰陽家言即

〔註33〕《中國哲學史大綱》，頁 8。
〔註34〕錢穆：《國學概論》，頁 322。
〔註35〕胡適以爲整理中國哲學史料之法有三，一者「校勘」，一者「訓詁」，最後爲
　　　　「貫通」，胡適以爲章太炎精於佛學、因明學，故能以此探索先秦的墨學、莊
　　　　學、荀學、名家思想，而尋出一條理系統。見胡適：《中國哲學史大綱》，頁
　　　　21～25。
〔註36〕蔣伯潛：《諸子與理學》（上海，上海書店出版社，1997 年），頁 168～169。

又挾儒家一部份之經典，附會入道家之學說，而成所謂道教。玄學家亦推衍道家之學說。」〔註37〕馮氏也認同宋代理學是有受到陰陽家、道家、道教思想的影響。此也可知民國以降的諸子學研究，不拘謹於對一家思想的探討，而以釐清歷來學術思想之會通為研究線索。

此外，民國佛學受到晚清佛學之渲染，佛學與諸子學之會通也為當時學者所留意。晚清佛學經楊文會之推動，於民初已稍有規模，再加之其後的歐陽漸、太虛法師、丁福保、呂澂的用力，也帶動了民國初期的佛學事業。楊文會作為晚清民初佛學復興之重要人物，其學術也認同佛學與道家、儒家思想之聯絡。民初丁福保所著《老子道德經箋注》亦不避佛家對於「外道」、「異端」之說，且多引入道家、道教理論，此也代表民國時期道家思想與佛學會通的另一面向。其言：「玄之又玄，眾妙之門，不可思議三觀也。知此則於釋老二家，得其圓融之道矣。故曰『名詞雖異，其理則一』。」〔註38〕其承認箋注《老子》的目的，在於上溯六朝之羅什、慧琳、慧觀，明代憨山等法師的學術視野，故其視道釋法門有一致處，因此不論道家、儒家或佛學之參契無漏智慧皆必須「修定」，且「離此無門」，此觀點與楊文會「老莊列皆從薩婆若海逆流而出」之說並不違離，大抵認同道、釋同源，皆邁向一「圓融之道」，故可以說晚清諸子學與佛學思想之媒合，也影響了民國佛學研究的諸多觀點。

民國以降的新儒學的發展，亦頗有晚清諸子學之影響，而道家思想特為民國學者所留意。近代新儒學的代表人物熊十力，原師從歐陽漸修習佛學，其後乃致力於儒釋會通，其強調各家哲學應泯除門戶之見，以「觀其會通，達於真理之域」為要，故其又言：「我們應相信，任何哲學家，縱未免戲論，也不會全無是處，而且古今來，於真理確有所見的哲學家，何曾絕無。我們只不要封執門戶見，更不意乎視東方哲學的修養方法（如中國儒家、道家、及印度佛家等。）」〔註39〕熊氏認同各家修養的理趣殊途同歸，故以為「老子之學出於易」，其以《老》學的「元德」解釋《周易》的元亨利貞，也證明其生生哲學，係擷取於儒釋道三家思想之精要。

熊氏嫻熟佛道義理，最終則開出俱備儒學色彩的「新唯識論」，其所論說

〔註37〕 馮友蘭：《中國哲學史》（臺北，臺灣商務印書館，1996年），下冊，頁813。
〔註38〕 丁福保：《老子道德經箋注》收入《無求備齋老子集成續編》（臺北，藝文印書館，1970年），第九十七冊，頁4。
〔註39〕 熊十力：《新唯識論》（臺北，明文書局，2000年），上冊，頁218。

的儒道佛合流，也影響其學生牟宗三以新儒家的觀點講中國文化、先秦諸子起源問題，牟氏在《中國哲學十九講》大抵對儒家的教化、墨家之功利、道家「自由主義」、法家的法術與制度有所評論。而牟氏以爲道家思想實影響中國社會深遠，云：「道家的層次與接觸的問題與儒家相平行，但道家在中國文化中屬於偏支。雖爲偏支，但道家亦在人生之基本方向上有所決定，因此對後世亦有很大的影響。」〔註40〕牟氏以爲道家的思想體系表現在「道」的工夫境界上，因此不論隱士之修隱、帝王的無爲觀望皆從此入手。牟氏又把「有」、「無」視爲「道」境界所體現的表象，其以工夫義爲觀察，以爲道家無心或可與心學的「致良知」，從陽明心學的「有心俱是幻，無心俱是實」而論，二者都有以「工夫說本體」的事實，且皆指向「終極的型態層次」。〔註41〕從這層意義來看，牟氏也不認爲儒學系統與道家的「玄理系統」是完全違離，因此「這三個系統在層次上並無高下之分，它們同屬於終極的型態之層次。從這終極的型態上說，它們都是縱貫系統。」〔註42〕其以爲三家所尋求最終理則並非有二，固然諸家思想有主觀、客觀與橫、縱講法之異，但所承認最高本體的意境，在層次上並無高下之分。

整體來說，晚清諸子學研究以哲理研究、社會致用與對西學的聯繫爲特色，此餘緒亦爲民國思想界所承接。而晚清學術的考古復古思潮，也帶動了民國初期的疑古之學，故從民初學者之師承、撰著宗旨與學說內容來說，以爲晚清諸子學之直接或間接影響民國以降學術，此大抵是有根據可論證的。

### （四）對未來研究之展望

此外，晚清學術以降的民初學術，也有其可觀處，民初諸子學的範疇可視爲晚清諸子學之延續，而本文的四個主題研究也可由此而延伸，與民初諸子學的理論進一步聯繫。事實上，民初諸子學的若干資料，本論文也有進一步的參酌、比較與引用，如梁啓超後期的《墨》學研究（《墨子學案》、《墨經校釋》）、胡適的《中國哲學史大綱》、蔡元培的〈中國近五十年來的哲學〉、陶師承的《荀子研究》、丁福保的道佛會通、錢穆對先秦諸子文獻的考察與整理等等。大抵晚清、民初思潮有繼承與影響的可能，或有學者不強以區分二時代的畛界，如蔡元培的〈中國近五十年來的哲學〉，便不區隔晚清與民初，

〔註40〕牟宗三：《中國哲學十九講》（臺北，學生書局，1999年），頁157。
〔註41〕《中國哲學十九講》，頁153～154。
〔註42〕《中國哲學十九講》，頁421。

而唯以近代「五十年」爲探索的時間脈絡，故其舉出嚴復、康有爲、章太炎、王國維這些晚清民初學者爲代表人物，可見晚清與民初學術思想雖有年代劃分上的意義，但前後的學術觀點實可銜接。因此，如能結合晚清與民初的諸子學研究，大體有助於釐清近代諸子學發展的脈絡。

以《荀》學研治爲例，固然晚清的《荀》學仍持守儒學的觀點，如俞樾《荀子平議》、王先謙《荀子集解》皆爲正統派之著作。然民國以降，學者治《荀》學則多能進一步由新學進行考查，故《荀》學與近代學科更之緊密。比如胡適在考證《荀子》的作者、政治思想、性惡思想之餘，又以爲《荀》學的心性論，與近代西方之心理學有相應處。胡適說〈正名〉篇：「人不必去欲，但求導欲；不必寡欲，但求有節；最要緊的是須先有一個『所可中理』的心作主宰。『心之所可中理，則欲雖多奚傷於治』。這種議論，極合近代教育心理。」〔註43〕雖宋儒對荀子心性說多有批評，以爲未能成就天理的高度，然胡適則以爲荀子說法頗符合現代人倫日用的作爲，其「求導欲，而不必寡欲」極符合人性需求，疏導而不壓抑，對於人類心理發展是有積極作用的；且荀子強調「積善」的工夫，爲善去惡對於教育有正面的影響，因此與現代心理學、教育學有近切之處。民國初期陶師承則積極聯繫《荀子》與西人海爾巴特（Johann Friedrich Herbart 1779～1841）的教育論，謂荀子〈勸學〉篇的「入乎耳，著乎心，布乎四體，形乎動靜」與海爾巴特的「四段法」有相近處，二者教育的目地皆在蘄求教材、經驗、動作的相配合，且認同「試驗」的效果，此則中西會通又一例也。〔註44〕故本文認爲，晚清諸子學之研究，向上可聯繫於乾嘉諸子學的考據學方法，往下也可求索於民初的諸子學思想，不論是對哲理議題的探析或者學術史的考察，都有繼往開來的作用。

---

〔註43〕 胡適：《中國哲學史大綱》，頁232。
〔註44〕 陶師承：《荀子研究》收入《無求備齋荀子集成》，第三十八冊，頁89～94。

# 引用書目

一、古籍（依著作年代排列）

經部類

1. 春秋繁露，董仲舒，臺北：臺灣商務印書館，1975 年。

2. 說文解字，許慎，香港：中華書局，2000 年。

3. 孟子注疏，趙岐注，孫奭疏，臺北：藝文印書館，1976 年。

4. 公羊注疏，何休注，徐彥疏，臺北：藝文印書館，1976 年。

5. 毛詩正義，鄭玄箋，孔穎達正義，臺北：藝文印書館，1976 年。

6. 禮記正義，鄭玄注，孔穎達正義，臺北：藝文印書館，1976 年。

7. 禮記正義，鄭玄注，賈公彥疏，臺北：藝文印書館，1976 年。

8. 論語注疏，何晏注，邢昺疏，臺北：藝文印書館，1976 年。

9. 周易正義，王弼注，孔穎達正義，臺北：藝文印書館，1976 年。

10. 左傳正義，杜預注，孔穎達正義，臺北：藝文印書館，1976 年。

11. 四書或問，朱熹，上海：上海古籍出版社，2002 年。

12. 論語類考，陳士元，臺北：臺灣商務印書館，1983 年。

13. 古韻標準，江永，臺北：臺灣商務印書館，1983 年。

14. 易例，惠棟，臺北：臺灣商務印書館，1983 年。

15. 洙泗考信錄，崔述，高雄：啓聖圖書公司，1972 年。

16. 周禮漢讀考，段玉裁，上海：上海古籍出版社，1995 年。

17. 廣雅疏證，王念孫，上海：上海古籍出版社，1995 年。

18. 經義述聞，王引之，臺北：廣文書局，1979 年。

19. 經學歷史，皮錫瑞，臺北：藝文印書館，2004 年。

20. 群經平議，俞樾，臺北：世界書局，1984 年。

21. 中庸注，康有為，臺北：商務印書館，1987 年。

## 史傳類

1. 史記，司馬遷，杭州：杭州古籍出版社，1998 年。

2. 漢書，班固，杭州：杭州古籍出版社，1998 年。

3. 後漢書，范曄，杭州：杭州古籍出版社，1998 年。

4. 三國志，陳壽，杭州：杭州古籍出版社，1998 年。

5. 直齋書錄解題，陳振孫，臺北：臺灣商務印書館，1978 年。

6. 明史，張廷玉等，杭州：杭州古籍出版社，1998 年。

7. 海國圖志，魏源，上海：上海古籍出版社，1995 年。

8. 中國民族志，劉師培，江蘇：鳳凰出版社，2010 年。

9. 周末學術史序，劉師培，江蘇：鳳凰出版社，2010 年。

10. 日本國志，黃遵憲，臺北：文海出版社，1968 年。

11. 清史稿，趙爾巽等，杭州：杭州古籍出版社，1998 年。

12. 清實錄，北京：中華書局，1987 年。

## 諸子類

1. 老子乙·丙，北京：文物出版社，2002 年。

2. 帛書老子甲，上海：上海古籍出版社，1995 年。

3. 帛書老子乙，上海：上海古籍出版社，1995 年。

4. 文子，文子，臺北：臺灣商務印書館，1983 年。

5. 老子道德經注，河上公，臺北：藝文印書館，1965 年。

6. 新書，賈誼，臺北：臺灣商務印書館，1983 年。

7. 道德指歸論，嚴遵，臺北：臺灣商務印書館，1983 年。

8. 論衡，王充，臺北：中華書局，1965 年。

9. 淮南子注，高誘，臺北：世界書局，1991 年。

10. 中論，龍樹，臺北：新文豐出版社，1987 年。

11. 孫子十家注，曹操等注，臺北：世界書局，1991 年。

12. 老子道德經注，王弼，臺北：世界書局，1991 年。

13. 王弼集校釋，王弼，北京：中華書局，1999 年。

14. 孔子家語，王肅註，臺北：臺灣商務印書館，1983 年。

15. 抱朴子內篇，葛洪，臺北：世界書局，1991 年。

16. 列子注，張湛，臺北：世界書局，1991 年。

17. 妙法蓮華經，鳩羅摩什譯，臺北：新文豐出版社，1987 年。

18. 肇論，僧肇，臺北：新文豐出版社，1987 年。

19. 注維摩詰經，僧肇，臺北：新文豐出版社，1987 年。

20. 大般若涅槃經，曇無讖譯，臺北：新文豐出版社，1987 年。

21. 高僧傳，慧皎，北京：中華書局，1997 年。

22. 涅槃經遊意，吉藏，臺北：新文豐出版社，1987 年。

23. 中觀論疏，吉藏，臺北：新文豐出版社，1994 年。

24. 維摩經義疏，吉藏，臺北：新文豐出版社，1987 年。

25. 大乘章義，慧遠著，臺北：新文豐出版社，1987 年。

26. 華嚴一乘十玄門，智儼，臺北：新文豐出版社，1987 年。

27. 瑜伽師地論，彌勒著，玄奘譯，臺北：新文豐出版社，1987 年。

28. 成唯識論，護法著，玄奘譯，臺北：新文豐出版社，1987 年。

29. 佛地論，親光著，玄奘譯，臺北：新文豐出版社，1987 年。

30. 因明入正理論，玄奘譯，臺北：新文豐出版社，1987 年。

31. 大方廣佛華嚴經疏，澄觀，臺北：新文豐出版社，1987 年。

32. 金光明最勝王經疏，慧沼，臺北：新文豐出版社，1987 年。

33. 大乘起信論，眞諦譯，臺北：新文豐出版社，1987 年。

34. 六祖壇經，慧能，臺北：新文豐出版社，1987 年。

35. 宗鏡錄，延壽輯，臺北：新文豐出版社，1987 年。

36. 天台四教儀，諦觀，臺北：新文豐出版社，1987 年。

37. 大乘入楞伽經，實叉難陀，臺北：新文豐出版社，1987 年。

38. 荀子註，楊倞，臺北：臺灣商務印書館，1983 年。

39. 張子全書，張載，臺北：臺灣商務印書館，1983 年。

40. 雲笈七籤，張君房編，臺北：臺灣商務印書館，1983 年。

41. 朱子語類，朱熹，上海：上海古籍出版社，2002 年。

42. 黃氏日抄，黃震，臺北：臺灣商務印書館，1983 年。

43. 西山讀書記，眞德秀，臺北：臺灣商務印書館，1983 年。

44. 古今源流至論，林駉、黃履翁，臺北：台灣商務印書館，1983 年。

45. 悟眞篇注疏，張伯端撰，翁葆光注，臺北：台灣商務印書館，1983年。

46. 金師子章雲間類解，淨源，臺北：新文豐出版社，1987 年。

47. 隱居通議，劉壎，臺北：台灣商務印書館，1983 年。

48. 老子翼，焦竑，臺北：台灣商務印書館，1983 年。

49. 本草綱目，李時珍，臺北：台灣商務印書館，1983 年。

50. 道德經解，釋德清，臺北：新文豐出版社，1973 年。

51. 觀老莊影響論，釋德清，臺北：新文豐出版社，2004 年。

52. 莊子內篇注，釋德清，臺北：新文豐出版社，2004 年。

53. 金剛經註解，洪蓮編，臺北：新文豐出版社，1991 年。

54. 天主實義，利瑪竇，上海：上海古籍出版社，1995 年。

55. 日知錄，顧炎武，臺北：臺灣中華書局，1984 年。

56. 御定道德經註，成克鞏，清世祖註，臺北：臺灣商務印書館，1983年。

57. 莊子南華經解，宣穎，臺北：廣文出版社，1978 年。

58. 道德經註，徐大椿，臺北：臺灣商務印書館，1983 年。

59. 商君書新校，嚴萬里，臺北：世界書局，1991 年。

60. 荀子箋釋，謝墉，臺北：成文書局，1977 年。

61. 老子章義，姚鼐，臺北：藝文印書館，1970 年。

62. 呂氏春秋新校正，畢沅校，臺北：世界書局，1991 年。

63. 孟子字義疏證，戴震，臺北：廣文書局，1978 年。

64. 讀書雜志，王念孫，臺北：世界書局，1988 年。

65. 道德經講義，黃裳，臺北：藝文印書館，1970 年。

66. 老子章義，宋翔鳳，臺北：藝文印書館，1970 年。

67. 老子本義，魏源，臺北：世界書局，1991 年。

68. 東塾讀書記，陳澧，臺北：臺灣商務印書館，1997 年。

69. 諸子平議，俞樾，臺北：世界書局，1991 年。

70. 點勘老子讀本，吳汝綸，臺北：藝文印書館，1970 年。

71. 墨子閒詁，孫詒讓，臺北：世界書局，1991 年。

72. 道德經講義，黃裳，臺北：藝文印書館，1970 年。

73. 莊子集解，王先謙，臺北：世界書局，1991 年。

74. 荀子集解，王先謙，臺北：世界書局，1991 年。

75. 韓非子集解，王先慎，臺北：世界書局，1991 年。

76. 評點老子道德經，嚴復，臺北：廣文書局，1979 年。

77. 南華經發隱，楊文會，臺北：藝文印書館，1972 年。

78. 道沖虛經發隱，楊文會，臺北：新文豐出版公司，1993 年。

79. 道德經證，德園子，臺北：藝文印書館，1970 年。

80. 孟子微，康有為，臺北：臺灣商務印書館，1987 年。

81. 齊物論釋，章炳麟，臺北：廣文書局，1970 年。

82. 訄書，章炳麟，臺北：世界書局，1987 年。

83. 菿漢微言，章炳麟，臺北：世界書局，1982 年。

84. 國學略説，章炳麟，臺北：文史哲出版社，1987 年。

85. 仁學，譚嗣同，北京：中華書局，1990 年。

86. 墨子學案，梁啓超，臺北：新文豐出版社，1975 年。

87. 墨經校釋，梁啓超，臺北：成文出版社，1975 年。

88. 墨學微，梁啓超，臺北：成文出版社，1975 年。

89. 墨子之論理學，梁啓超，臺北：成文出版社，1975 年。

90. 儒家哲學，梁啓超，上海：上海人民出版社，2009 年。

91. 老子斠補，劉師培，江蘇：鳳凰出版社，2010 年。

92. 墨子拾補，劉師培，江蘇：鳳凰出版社，2010 年。

93. 金花的秘密，衛禮賢，榮格，合肥：黃山書社，2011 年。

94. 老子道德經箋注，丁福保，臺北：藝文印書館，1970 年。

95. 莊子集釋，郭慶藩，臺北：世界書局，1974 年。

96. 儒教與現代思潮，服部宇之吉，臺北：文鏡文化事業有限公司，1983 年。

97. 新唯識論，熊十力，臺北：明文書局，2000 年。

98. 老子古義，楊樹達，上海：上海古籍出版社，2007 年。

99. 荀子研究，陶師承，臺北：成文書局，1977 年。

100. 西方哲學講義，湯用彤，臺北：佛光事業出版有限公司，2001 年。

101. 中國哲學史，馮友蘭，臺北：臺灣商務印書館，1996 年。

102. 諸子與理學，蔣伯潛，上海：上海書店出版社，1997 年。

### 其他著作

1. 臨川文集，王安石，臺北：臺灣商務印書館，1983 年。

2. 烏托邦，湯瑪斯・摩爾，宋美璍譯，臺北：聯經出版社，2003 年。

3. 少室山房筆叢正集，胡應麟，臺北：臺灣商務印書館，1983 年。

4. 少室山房集，胡應麟，臺北：臺灣商務印書館，1983 年。

5. 新工具，培根著，許寶騤譯，北京：商務印書館，2010 年。

6. 利維坦，霍布斯，北京：商務印書館，1986 年。

7. 彥周詩話，許顗，臺北：臺灣商務印書館，1983 年。

8. 御選古文淵鑒，愛新覺羅・玄燁，臺北：臺灣商務印書館，1983 年。

9. 社會契約論，盧梭，何兆武譯，北京：商務印書館，2005 年。

10. 原富，亞當‧斯密，嚴復譯，臺北：臺灣商務印書館，2009 年。

11. 國富論，亞當‧斯密，周憲文譯，臺北：臺灣銀行經濟研究室，1965 年。

12. 四庫全書總目，紀昀，臺北：漢京文化，1981 年。

13. 實踐理性批判，康德著，張永奇譯，北京：九州出版社，2007 年。

14. 戴震全書，戴震，合肥：黃山書社，2010 年。

15. 復初齋文集，翁方綱，臺北：文海出版社，1966 年。

16. 雕菰樓集，焦循，北京：中華書局，1985 年。

17. 一八四四年經濟學哲學手稿，卡爾‧馬克思，伊海宇譯，臺北：聯經出版社，1992 年。

18. 龔自珍全集，龔自珍，臺北：河洛圖書出版社，1975 年。

19. 古微堂集，魏源，上海：上海古籍出版社，1995 年。

20. 物種起源，達爾文著，舒德干等譯，廣西：廣西人民出版社，2001 年。

21. 東塾集，陳澧，上海：上海古籍出版社，2008 年。

22. 東塾讀書論學札記，陳澧，上海：上海古籍出版社，2008 年。

23. 春在堂雜文，俞樾，臺北：文海出版社，1969 年。

24. 古書疑義舉例，俞樾，臺北：世界書局，2004 年。

25. 賓萌集，俞樾，上海：上海古籍出版社，1995 年。

26. 論美國的民主，托克維爾，董果良譯，北京：商務印書館，1997 年。

27. 皇朝經世文編，賀長齡，臺北：文海出版社，1966 年。

28. 李文忠公全集，李鴻章，臺北：文海出版社，1965 年。

29. 嚴復合集，嚴復，臺北：財團法人辜公亮文教基金會，1998 年。

30. 楊仁山全集，楊文會，安徽：黃山書社，2005 年。

31. 勸學篇，張之洞，四川：四川人民出版社，1998 年。

32. 張文襄公全集，張之洞，臺北：文海出版社，1963 年。

33. 校邠廬抗議，馮桂芬，四川：四川人民出版社，1998 年。

34. 弢園文集新編，王韜，北京：三聯書局，1998 年。

35. 無邪堂答問，朱一新，臺北：世界書局，1963 年。

36. 天演論，赫胥黎著，嚴復譯，鄭州：中州古籍出版社，2000 年。

37. 群己權界論，約翰‧穆勒，嚴復譯，臺北：臺灣商務印書館，2009 年。

38. 嚴復集補編，嚴復，福州：福建人民出版社，2004 年。

39. 嚴幾道詩文鈔，嚴復，臺北：文海出版社，1966 年。

40. 皇朝經世文三編，陳忠倚，臺北：文海出版社，1972 年。

41. 大同書，康有為，上海：上海古籍出版社，2005 年。

42. 康有爲政論集，康有爲，湯志鈞編，北京：中華書局，1998 年。

43. 長興學記，康有爲，臺北：宏業書局，1976 年。

44. 湘學新報，徐仁鑄等，臺北：華文書局，1966 年。

45. 三民主義，孫文，臺北：大中國圖書公司，1984 年。

46. 建國方略，孫文，臺北：三民書局，1994 年。

47. 國學概說，章炳麟，臺北：五洲出版社，1976 年。

48. 民國章太炎先生自訂年譜，章炳麟，臺北：臺灣商務印書館，1987 年。

49. 章太炎卷，章炳麟，河北：河北教育出版社，1996 年。

50. 章太炎政論選集，章炳麟，湯志鈞編，北京：中華書局，1977 年。

51. 康南海傳，梁啓超，臺北：商務印書館，1987 年。

52. 中國近三百年學術史，梁啓超，臺北：里仁書局，2002 年。

53. 清代學術概論，梁啓超，臺北：里仁出版社，2002 年。

54. 飲冰室文集點校，梁啓超，雲南：雲南教育出版社，2001 年。

55. 飲冰室全集，梁啓超，臺北：文化圖書公司，1981 年。

56. 飲冰室合集，梁啓超，北京：中華書局，1989 年。

57. 王國維學術文化隨筆，王國維著，佛雛輯，北京：中國青年出版社，1996 年。

58. 劉申叔遺書，劉師培，江蘇：鳳凰出版社，2010 年。

59. 攘書，劉師培，江蘇：鳳凰出版社，2010 年。

60. 古政原始論，劉師培，江蘇：鳳凰出版社，2010 年。

61. 倫理教科書，劉師培，江蘇：鳳凰出版社，2010 年。

62. 左盦集，劉師培，江蘇：鳳凰出版社，2010 年。

63. 左盦外集，劉師培，江蘇：鳳凰出版社，2010 年。

64. 互助論，克魯泡巴金，李平漚譯，北京：商務印書館，2010 年。

65. 古書句讀舉例，楊樹達，臺北：世界書局，2004 年。

66. 景印國粹學報舊刊全集，鄭實，臺北：臺灣商務印書館，1974 年。

67. 中國倫理學史，蔡元培，臺北：臺灣商務印書館，1991 年。

68. 蔡元培文集，蔡元培，臺北：錦繡出版社，1995 年。

69. 蔡元培全集，蔡元培，浙江：浙江教育出版社，1997 年。

70. 中國哲學史大綱，胡適，上海：上海古籍出版社，1997 年。

71. 胡適文存，胡適，臺北：遠東出版社，1979 年。

72. 續修四庫全書提要，王雲五等，臺北：臺灣商務印書館，1972 年。

## 二、近人著作（依出版年份）

1. 俞曲園學記，曾昭旭，臺北：中華書局，1971 年。
2. 國父學術思想與國家建設，余堅，臺北：臺灣商務印書館，1973 年。
3. 嚴幾道年譜，王蘧常，臺北：臺灣商務印書館，1977 年。
4. 般若與佛性，牟宗三，臺北：台灣學生書局，1977 年。
5. 諸子概說與書目提問，蕭天石，臺北：中國子學名著集成編印委員會，1978 年。
6. 魏源研究，陳耀南，香港：昭明出版社，1979 年。
7. 梁啟超與民國政治，張朋園，臺北：食貨出版社，1981 年。
8. 亞里斯多德的三段論，盧卡西維茨，李眞、李先錕譯，北京：商務印書館，1981 年。
9. 晚清變法思想論叢，汪榮祖，臺北：聯經出版社，1983 年。
10. 墨子，周富美，臺北：時報出版社，1983 年。
11. 晚清政治思想研究，小野川秀美，林明德等譯，臺北：時報文化，1985 年。
12. 郭象與魏晉玄學，湯一介，臺北：谷風出版社，1987 年。
13. 一個被放棄的選擇——梁啟超調適思想之研究，黃克武，臺北：中央研究院近代史研究所，1994 年。
14. 中國文化與現代變遷，余英時，臺北：三民書局，1995 年。
15. 中國哲學史，王邦雄等，臺北：空中大學，1995 年。
16. 嚴復學術思想研究，張志建，北京：北京商務印書館，1995 年。
17. 中國近代思想史論，李澤厚，臺灣：三民書局，1996 年。
18. 章太炎傳，湯志鈞，臺北：台灣商務印書館，1996 年。
19. 莊學研究，崔大華，北京：人民出版社，1997 年。
20. 國學概論，錢穆，臺北：臺灣商務印書館，1998 年。
21. 新譯老子解義，吳怡，臺北：三民書局，1998 年。
22. 中國文學發展史，劉大杰，臺北：華正書局，1998 年。
23. 中國經濟思想史，胡寄窗，上海：上海財經大學出版社，1998 年。
24. 中國哲學十九講，牟宗三，臺北：學生書局，1999 年。
25. 兩漢思想史，徐復觀，臺北：學生書局，1999 年。
26. 新編中國哲學史，勞思光，臺北：三民書局，1999 年。
27. 晚清小說理論研究，康來新，臺北：大安出版社，1999 年。

28. 老子校釋，朱謙之，北京：中華書局，2000 年。

29. 公與私：近代中國個體與群體之重建，黃克武，臺北：中央研究院近代史研究所，2000 年。

30. 中國現代學術之建立——以章太炎、胡適之爲中心，陳平原，臺北：麥田出版社，2000 年。

31. 訓詁學大綱，胡楚生，臺北：華正書局，2000 年。

32. 中國古代科學思想史，李約瑟著，陳立夫等譯，江西：江西人民出版社，2000 年。

33. 國族主義，艾尼斯特·格爾納，李金梅譯，臺北：聯經出版社，2001 年。

34. 朱熹思想研究，張立文，北京：中國社會科學出版社，2001 年。

35. 墨學研究，徐燕希，北京：商務印書館，2001 年。

36. 墨子與中國文化，張永義，貴州：貴州人民出版社，2001 年。

37. 道書輯校十種，蒙文通，成都：巴蜀書社，2001 年。

38. 先秦諸子繫年，錢穆，河北：河北教育出版社，2002 年。

39. 帛書老子校注，高明，北京：中華書局，2002 年。

40. 二十世紀中國老學研究，熊鐵基等，福建：福建人民出版，2002 年。

41. 晚清哲學，蔣國保等，合肥：安徽人民出版社，2002 年。

42. 同治中興，芮瑪麗著，房德鄰譯，北京：中國社會科學出版社，2002 年。

43. 道家易學建構，陳鼓應，臺北：臺灣商務印書館，2003 年。

44. 清代諸子學研究，劉仲華，北京：中國人民大學出版社，2004 年。

45. 黃帝四經注釋，谷斌等，北京：中國社會科學出版社，2004 年。

46. 中國近三百年學術史，錢穆，北京：商務印書館，2005 年。

47. 保守主義的含義，羅傑·希斯克頓，王皖強譯，北京：中央編輯出版社，2005 年。

48. 墨辯發微，譚戒甫，北京：中華書局，2005 年。

49. 中國佛教的復興，霍姆斯·維慈著，王雷泉等譯，上海：上海古籍出版社，2006 年。

50. 康章合論，汪榮祖，北京：新星出版社，2006 年。

51. 清代的義理學轉型，張麗珠，臺北：里仁書局，2006 年。

52. 烈士精神與批判意識——梁啓超與中國思想的過渡（1890～1907），張灝，北京：新星出版社，2006 年。

53. 中國哲學史三十講，張麗珠，臺北：里仁書局，2007 年。

54. 《老子本義》研究，張博勳，臺北：花木蘭文化出版社，2007 年。